汽车电子控制技术

主　编　汤　沛　陆兆纳　盛　敬
副主编　王学军　刘国满　陆　俊

北京理工大学出版社
BEIJING INSTITUTE OF TECHNOLOGY PRESS

内 容 简 介

编者在总结自身教学实践经验的基础上结合汽车电子控制技术的发展趋势，编写了本教材。全书共11章，包括绪论、汽油机电控喷油技术、柴油机电控喷油技术、自动变速器电子控制技术、汽车行驶安全性控制系统、电子控制动力转向系统、电子控制悬架系统、巡航控制系统、中央门锁与防盗系统、车载网络技术、智能网联汽车技术等内容。

本教材满足高等院校交通运输、车辆工程、汽车服务工程等专业相关课程的教学需求，也可供汽车工程技术人员参考借鉴。

图书在版编目（CIP）数据

汽车电子控制技术/汤沛，陆兆纳，盛敬主编. —北京：北京理工大学出版社，2021.5
ISBN 978-7-5682-9801-8

Ⅰ．①汽…　Ⅱ．①汤…②陆…③盛…　Ⅲ．①汽车-电子控制-高等学校-教材
Ⅳ．①U463.6

中国版本图书馆 CIP 数据核字（2021）第 077550 号

出版发行 / 北京理工大学出版社有限责任公司	
社　　址 / 北京市海淀区中关村南大街 5 号	
邮　　编 / 100081	
电　　话 / （010）68914775（总编室）	
（010）82562903（教材售后服务热线）	
（010）68948351（其他图书服务热线）	
网　　址 / http：//www.bitpress.com.cn	
经　　销 / 全国各地新华书店	
印　　刷 / 三河市华骏印务包装有限公司	
开　　本 / 787 毫米×1092 毫米　1/16	
印　　张 / 14.5	责任编辑 / 张鑫星
字　　数 / 315 千字	文案编辑 / 张鑫星
版　　次 / 2021 年 5 月第 1 版　2021 年 5 月第 1 次印刷	责任校对 / 刘亚男
定　　价 / 79.00 元	责任印制 / 李志强

前　言

随着现代汽车工业的不断发展，新技术的研究与应用越来越集中在汽车电子控制技术领域。汽车电子控制技术的广泛应用，不仅提高了汽车的安全性、动力性、舒适性，而且满足了减少有害气体排放的需求。近年来，汽车智能化、网联化技术的迅速发展也对汽车相关专业的学生提出了更高的理论和实践要求。基于此，汽车专业的学生通过对"汽车电子控制技术"这门涉及多学科领域知识课程的系统学习，以获得汽车电子控制技术方面的综合知识，对于培养应用型技术人才具有重要意义。

编者在总结自身教学实践经验的基础上，结合汽车电子控制技术的发展趋势，编写了本教材。本教材满足高等院校交通运输、车辆工程、汽车服务工程等专业相关课程的教学需求，也可供汽车工程技术人员参考借鉴。

全书共 11 章，包括绪论、汽油机电控喷油技术、柴油机电控喷油技术、自动变速器电子控制技术、汽车行驶安全性控制系统、电子控制动力转向系统、电子控制悬架系统、巡航控制系统、中央门锁与防盗系统、车载网络技术、智能网联汽车技术等内容。本教材第 1、2、3 章由汤沛和盛敬编写；第 4、5、6、7 章由陆兆纳和王学军编写；第 8、9 章由刘国满编写；第 10、11 章由汤沛、陆俊编写。

作者在本书的编写过程中参考了大量的著作、发表的专业论文以及网上的相关资料，在此对有关作者、编者以及同行致以衷心的感谢。

限于作者的水平，书中难免存在疏漏之处，欢迎各位专家和读者提出宝贵意见和建议，以便丰富、完善和补充教材，为再版奠定基础。

编　者

2020 年 11 月

目 录

第1章

绪 论

1.1 汽车电子控制技术的发展历程

汽车电子控制技术是以汽车构造、电工学、电子学、计算机技术、传感器技术、控制技术、通信技术、网络技术为基础，研究现代汽车电器、电子控制系统、嵌入式系统及车载网络的组成、构造、原理、特性、检测和使用的一门专业课。

汽车电子化是汽车电子控制技术发展历程中的一个里程碑，现代汽车水平的高低可以用汽车的电子化程度来衡量。汽车已由单纯的机械产品发展成了高级的机电一体化产品，汽车的电子化、智能化、网联化已成为现代汽车发展的主要方向。

汽车电子控制技术的发展及其大规模的应用是从20世纪70年代末开始的，大致经历了以下4个发展阶段。

第一个发展阶段（1974年以前）：开始生产技术起点较低的交流发电机、电压调节器、电子闪光器、电子喇叭、间歇刮水装置、汽车收音机、电子点火装置和数字钟等。

第二个发展阶段（1974—1982年）：以集成电路和16位以下的微处理器在汽车上的应用为标志，主要包括电子燃油喷射系统、自动门锁、程控驾驶系统、高速警告系统、自动灯光系统、自动除霜控制系统、防抱死系统、车辆导向装置、撞车预警传感器、电子正时、电子变速器、闭环排气控制系统、自动巡航控制系统、防盗系统、实车故障诊断等电子产品。这期间最具代表性的是电子燃油喷射技术的发展和防抱死技术的成熟，它们使汽车的主要机械功能可用电子技术来控制。

第三个发展阶段（1982—1995年）：微型计算机在汽车上的应用日趋可靠和成熟，并向智能化方向发展。在此阶段开发的产品有胎压控制装置、数字式油压计、防睡器、牵引力控制系统、全轮转向控制系统、直视仪表板、声音合成与识别器、电子负荷调节器、电子道路监视器、蜂窝式电话、可热式风挡玻璃、倒车示警装置、高速限制器、自动后视镜系统、道路状况指示器、电子冷却控制系统和寄生功率控制系统等。

第四个发展阶段（1995 年至今）：智能化电子控制、无人驾驶系统、车辆网技术等迅速发展，成为汽车电子控制技术的新兴热点。

1.2 汽车电子控制技术的发展趋势

近年来，汽车电子控制技术的发展日新月异，主要体现在以下几方面。

1. 电子控制燃油喷射装置（Electronic Fuel Injection，EFI）

在现代汽车上，机械式或机电混合式燃油喷射系统已逐渐被淘汰，电子控制燃油喷射装置因其性能优越而日益普及。电子控制燃油喷射装置可以自动地保证发动机始终工作在最佳状态，使其在输出一定功率的条件下最大限度地节油和净化空气。人们经过实验、修正得到发动机最佳工况时的供油控制规律，并事先把这些客观规律编成程序存储在微机的存储器中。当发动机工作时，微机根据各传感器测得空气流量、排气管中含氧量、进气温度、发动机转速及工作温度等参数，按预先编好的运算程序进行运算，然后和内存中的最佳工况的参数进行比较和判断并调整供油量。这样，发动机就能够一直处于最优工作条件下运行，综合性能得到提高。

2. 电子点火装置（Electronic Spark Advance，ESA）

电子点火装置（ESA）由微机、传感器及其接口、执行机构等几部分构成，该装置可根据传感器送来的发动机各种参数进行运算、判断，然后进行点火时刻的调节，以节约燃料，减少空气污染。

3. 智能可变气门正时系统（Variable Valve Timing-intelligent，VVT-i）

为了使发动机获得最佳的空燃比，并使其在不同转速能得到不同的燃油供应，现代汽车采用了智能可变气门正时系统（VVT-i）。VVT-i 系统由传感器、电子控制单元、凸轮轴液压控制阀、控制器等部分组成。ECU 储存了最佳气门正时参数值，将曲轴位置传感器、进气歧管空气压力传感器、节气门位置传感器、水温传感器和凸轮轴位置传感器等传来的反馈信息与预定参数值进行对比计算，计算出修正参数并发出指令到控制凸轮轴正时液压控制阀。控制阀根据 ECU 指令控制机油槽阀的位置，也就是改变液压流量，同时把提前、滞后、保持不变等信号指令选择输送至 VVT-i 控制器的不同油道上。

4. 电控自动变速器（Electronic Controlled Transmission，ECT）

电控自动变速器（ECT）可以根据发动机的载荷、转速、车速、制动器工作状态及驾驶员所设置的各种参数，经过计算、判断后自动地改变变速杆的位置，从而实现变速器换挡的最佳控制，即得到最佳挡位和最佳换挡时间。它的优点是加速性能好、灵敏度高、能准确地反映行驶负荷和道路条件等。

5. 防抱死制动系统（Antilock Brake System，ABS）

防抱死制动系统是一种开发时间长、推广应用迅速的重要的安全性部件。它通过控制并防止汽车制动时车轮的抱死来保证车轮与地面达到最佳滑动率（15%～20%），从而使汽车在各种路面上制动时，车轮与地面的纵向附着系数能达到峰值、侧向附着系数能达到较大值，以保证车辆制动时不发生抱死拖滑、失去转向能力等不安全的工况，提高汽车的操纵稳定性和安全性，减小制动距离。驱动防滑系统（ASR）也叫作牵引力控制系统（TCS 或 TRC），是对 ABS 的完善和补充，它可以防止起动和加速时驱动轮打滑，既有助于提高汽车加速时的牵引性能，又能改善其操作稳定性。

6. 电子转向助力系统（Electronic Power Steering，EPS）

电子转向助力系统是一种直接依靠电动机提供辅助扭矩的动力转向系统。这种微机控制的转向助力系统和传统的液压助力系统比起来具有部件少、体积小、质量轻的特点，优化了转向作用力、转向回正特性，提高了汽车的转向能力和转向响应特性，增加了汽车低速时的机动性以及调整行驶时的稳定性。

7. 适时调节的自适应悬挂系统（Adaptive Suspension System，ASS）

自适应悬挂系统能根据悬挂装置的瞬时负荷，自动地适时调节悬架弹簧的刚度和减震器的阻尼特性，以适应当时的负荷，保持悬挂的既定高度，从而极大地改进车辆行驶的稳定性、操纵性和乘坐的舒适性。

8. 定速巡行自动控制系统（Cruise Centrol System，CCS）

在高速长途行驶时，可采用定速巡行自动控制系统，根据行车阻力自动调整节气门开度，驾驶员不必经常踏加速踏板以调整车速。在爬坡时，车速有下降趋势，微机控制系统则自动加大节气门开度；在下坡时，又自动关小节气门开度，以调节发动机功率达到一定的转速。当驾驶员换低速挡或制动时，该控制系统则会自动断开。

随着世界各大汽车生产商对汽车安全问题的高度重视，安全气囊系统、行驶动力学调节系统（FDR 或 VDC）、防撞系统、安全带控制、照相控制等方面已大量采用了电子控制新技术。

汽车电子控制技术向着控制分布化、集中化、智能化、网络化、模块化方向发展，主要表现在以下 8 个方面：

（1）重视安全、环保和节能。汽车电子控制技术的应用是解决安全、环保、节能相关问题的主要技术手段。例如：在节能方面，世界主要汽车生产商开始研究和应用电子模块控制的混合动力轿车、氢燃料电池混合动力轿车及纯电动轿车等。

（2）传感器性能不断提高，数量不断增加。由于汽车电子控制系统的多样化，使其所需要的传感器种类、数量不断增加，因此众多新型、高精度、高可靠性、低成本和智能化的传感器应运而生。这些传感器，在性能上具有较强的抵抗外部电磁干扰的能力，能够保证信号的质量不受影响，在特别严酷的使用条件下也能保持较高的精度；在结构上具有紧凑、安装方便的优点，从而免受机械特性的影响。

（3）车用微处理器不断升级换代。随着汽车电子部件在整车中的比重不断提高，汽车领域微控制单元的应用数量将超过家电和通信领域，成为世界上最大的 MCU（Micro Controller Unit）应用领域。

（4）汽车电气系统不断升压。汽车电子控制技术的不断发展使汽车电子装置在整车中所占比例和相应耗电量大幅提高，大量汽车电子控制系统的电源已从 12 V 提高到 42 V。42 V 供电系统的应用已经成为一种发展趋势，这将导致一场汽车电子产品的革命。

（5）数据总线技术应用日益普及。大量数据的快速交换能力、高可靠性及廉价性是对汽车电子网络系统的基本要求。汽车内部网络的构成主要依靠总线传输技术，其优点为：减少线束的数量和线束的容积，提高电子系统的可靠性和可维护性；采用通用传感器达到数据共享的目的；通过系统软件实现系统功能的变化，以改善系统的灵活性等。

（6）智能汽车及智能交通系统（Intelligent Traffic System，ITS）开始应用。以卫星通信、移动通信、计算机技术为依托进行车载电子产品的开发和应用，实现计算机（Computer）、通信（Communication）和消费类电子产品（Consumer-Electrics）"3C"整合。例如：车辆定位、自主导航、无线通信、语音识别、出行信息通报、电子防撞产品、车路通信以及多媒体车载终端等。

（7）车用嵌入式软件和硬件平台逐步替代传统设计开发模式。汽车电子产品的研发周期正在缩短，一般汽车发动机的更新周期为 7 年，而电子产品的更新周期通常为 1~3 年。

（8）新技术在汽车电子产品中不断得到应用。光纤、蓝牙技术等都是汽车电子技术的发展趋势。

思考题

1. 汽车电子控制技术的发展趋势有哪些？
2. 汽车电子控制技术有哪些发展方向？

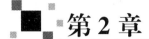

第2章
汽油机电控喷油技术

汽油机电控喷油技术也称汽油电喷技术，全称是汽油发动机电子控制燃油喷射技术，借鉴飞机汽油机喷油技术而诞生，并伴随着汽车油耗法规、排放法规的发展和电子技术的进步而逐步发展到当今水平。因为电子控制燃油喷射式发动机（电控发动机或电喷发动机）具有降低油耗和减少有害物质排放等优点，所以到20世纪末完全取代了化油器式发动机。

2.1 汽油机电控喷油系统组成

汽油发动机电子控制燃油喷射系统（Engine Fule Injection，EFI）也称为发动机电控喷油系统或燃油喷射系统，主要由空气供给系统、燃油供给系统和燃油喷射电子控制系统3个子系统组成。

1. 空气供给系统

空气供给系统简称供气系统，主要功用是向发动机提供新鲜空气，并测量进入气缸的空气量。行驶时，空气量由节气门来控制；怠速时，节气门关闭，空气量由旁通气道控制。

根据燃油喷射式发动机怠速进气量控制方式的不同，可将供气系统分为旁通式和直接供气式两种，如图2-1所示。北京切诺基吉普车和BJ2020VJ型吉普车、桑塔纳2000GLI采用了旁通式供气系统；桑塔纳2000GSI、3000型轿车、宝来（BORA）、捷达系列轿车和红旗轿车采用了直接供气式供气系统。

1）旁通式供气系统

旁通式供气系统设置有旁通空气道，发动机怠速进气量由怠速控制阀控制，其结构如图2-1（a）所示。其主要由空气滤清器、空气流量传感器、怠速控制阀、进气歧管、动力腔、节气门体等组成。

旁通式供气系统的工作路径根据发动机的不同工况分两个通道，如图2-2所示。当发动机正常工作时，按照空气通道①进行；当发动机怠速运转时，按照空气通道②进行。汽车正常行驶时，由节气门控制进入发动机气缸的空气流量，ECU根据安装在进气道上的空气流量传感器检测的进气量信号控制流量大小。怠速时，节气门关闭，由怠速控制阀控制流经旁通空气道的空气量来实现怠速控制。

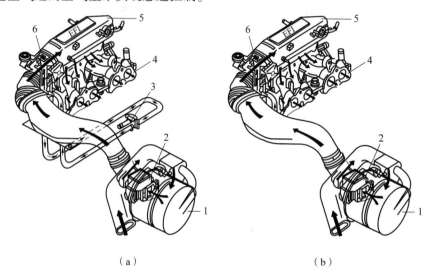

（a）   （b）

图2-1 空气供给系统

（a）旁通式供气系统；（b）直接供气式供气系统

1—空气滤清器；2—空气流量传感器；3—怠速控制阀；4—进气歧管；5—动力腔；6—节气门体

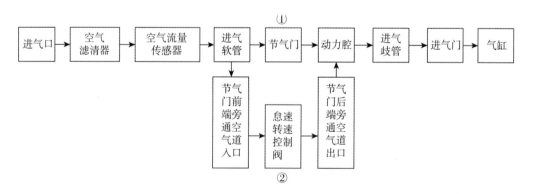

图2-2 旁通式供气系统空气通道

①—发动机正常工作通道；②—发动机怠速运行通道

2）直接供气式供气系统

直接供气式供气系统没有设置旁通空气道，发动机怠速进气量由节气门直接控制，其结构如图2-1（b）所示。与旁通式供气系统相比，直接供气式供气系统没有怠速控制阀。

该系统发动机正常工作和怠速运转时的空气通道完全相同，其空气通道如图2-3所示。由节气门控制进入发动机气缸的空气流量，ECU 根据安装在进气道上的空气流量传感器传来的进气量信号控制流量大小。捷达 AT、GTX 与桑塔纳 2000GSI、3000 型轿车发动机怠速运转时，直接供气系统的标准进气量为 2.0～5.0 g/s。

图 2-3 直接供气式供气系统空气通道

2. 燃油供给系统

燃油供给系统简称供油系统，其功用是向发动机供给燃烧所需的燃油。燃油喷射式发动机供油系统的结构如图 2-4 所示，主要由燃油箱、电动燃油泵、燃油滤清器、油压调节器、燃油分配管、喷油器和回油管等组成。其工作原理如图 2-5 所示。

发动机工作时，燃油由电动燃油泵从油箱中泵出，经燃油管、燃油滤清器，由油压调节器调压，然后经燃油分配管配送给各个喷油器，喷油器根据 ECU 发出的指令，将适量的燃油适时喷入各进气支管或进气总管，与供气系统提供的空气混合形成雾化良好的可燃混合气。当进气门打开时，混合气被吸入气缸燃烧做功。当燃油泵泵入供油系统的燃油增多、油路中的油压升高时，油压调节器将自动调节燃油压力，保证供给喷油器的油压基本不变，供油系统过剩的燃油由低压回油管流回油箱。

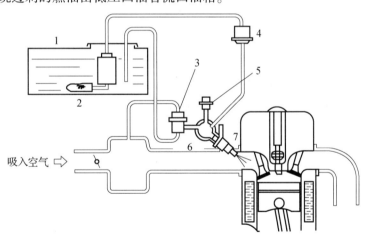

图 2-4 燃油喷射式发动机供油系统的结构

1—油箱；2—电动燃油泵；3—油压调节器；4—燃油滤清器；5—压力波缓冲器；6—燃油分配管；7—喷油器

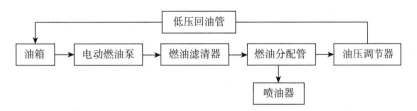

图 2-5 燃油供给系统工作原理

3. 燃油喷射电子控制系统

燃油喷射电子控制系统的功能是根据发动机工况和车辆运行状况来确定汽油的最佳喷射量，使发动机既可获得较大的动力，又可具备良好的经济性，同时还能满足对排放的要求。该系统由传感器、ECU 和执行器组成，其功能如表 2-1 所示。

表 2-1 燃油喷射电子控制系统组成部件及其功能

部件		功能
传感器	进气管压力传感器	检测发动机的进气压力，用以计算空气量
	空气流量传感器（空气流量计）	检测发动机吸入的空气量
	空气温度传感器	检测进气温度，用以计算空气量
	冷却液温度传感器	检测发动机冷却液温度
	转速与曲轴位置传感器	检测发动机转速及曲轴位置
	节气门位置传感器	检测节气门开度
	氧传感器	检测发动机空燃比
	车速传感器	检测汽车车速
	爆燃传感器	检测发动机有无爆燃产生
	开关量及其信号发生装置	检测各用电设备的开关状态，向 ECU 提供信号
ECU		系统控制的核心，根据由传感器确定的发动机运行工况，计算喷油量的大小，并对喷油器进行控制
执行器	主继电器	控制电控燃油喷射系统总电源
	断路继电器	控制燃油泵电源
	冷起动喷油器定时开关	控制冷起动喷油的喷油时间

燃油喷射电子控制系统的总体结构如图 2-6 所示。传感器是检测发动机工作状态的元件，ECU 是电控汽油机喷射系统的核心。发动机工作状态通过传感器感知并传递给 ECU，ECU 内部存储器存储喷射持续时间、点火时刻、怠速和故障诊断等数据，这些数据与发动机工况相匹配。ECU 经过逻辑运算，输出控制信号给执行器，通过执行器控制发动机工作状态。

发动机燃油喷射电子控制系统采用的传感器主要有空气流量传感器（或歧管压力传感器）、曲轴位置传感器、凸轮轴位置传感器、节气门位置传感器、冷却液温度传感器、进气温度传感器、氧传感器和车速传感器；开关信号主要有点火开关信号、起动开关信号、电源电压信号；执行器主要有电动燃油泵和电磁喷油器等。将这些传感器和执行器进行不同组合，即可组成若干个子控制系统，如喷油控制系统、断油控制系统和空燃比反馈控制系统等。其中，空气流量传感器（或歧管压力传感器）、曲轴位置传感器、凸轮轴位置传感器和节气门位置传感器是不可少的，对发动机的控制运行起到了决定性作用，其他传感器主要用于精度控制，起到辅助作用。

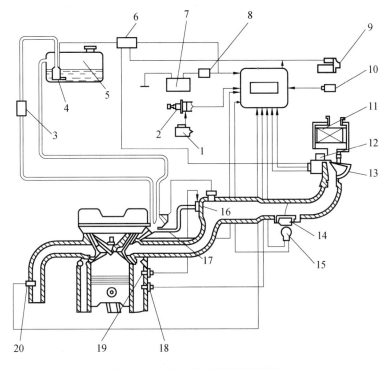

图2-6 电子控制系统的总体结构

1—点火开关；2—曲轴位置传感器（分电器）；3—汽油滤清器；4—电动汽油泵；5—油箱；6—断路继电器；

7—蓄电池；8—主继电器；9—起动装置；10—大气压力传感器；11—空气滤清器；12—进气温度传感器；

13—空气流量计；14—空气阀；15—节气门位置传感器；16—冷起动喷油器；17—燃油压力调节器；

18—冷却液温度传感器；19—温度时间开关；20—氧传感器

2.2 汽油机电控喷油系统分类

汽油机电控喷油技术经历了机械控制、机电结合控制和电子控制等发展过程，其常用的分类方法有按控制方式、按燃油喷射部位和喷油方式、按空气流量的测量方式，如图2-7所示。

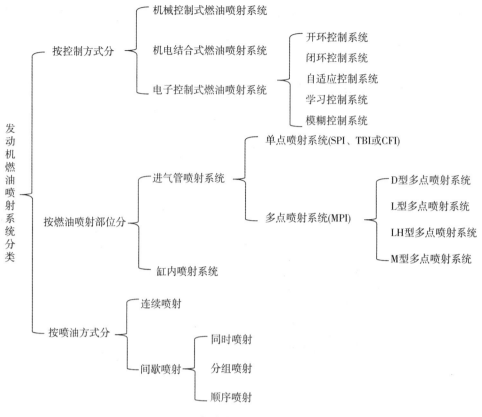

图 2-7 发动机燃油喷射系统分类

按喷油器喷射燃油的部位不同，可将汽油机电控喷油系统分为缸内喷射系统和进气管喷射（即缸外喷射）系统两种类型。进气管喷射系统又可分为单点喷射和多点喷射两种类型。多点喷射系统按进气量的检测方式的不同，又可分为压力型（D型）和流量型（L型）燃油喷射系统两种类型。

1. 缸内喷射系统

缸内喷射是指喷油器将燃油直接喷射到气缸内部的喷射，又称为缸内直接喷射，如图2-8（a）所示。缸内直喷技术是柴油机分层燃烧技术衍生而来的汽油喷射新技术。缸内直喷系统均为多点喷射系统，这种喷射系统将喷油器安装在火花塞附近的气缸盖上，并以较高的燃油压力（10 MPa左右）将燃油直接喷入气缸燃烧。因为汽油黏度低而喷射压力较高，且缸内工作条件恶劣（温度高、压力高），所以对喷油器的技术条件和加工精度要求较高。试验证明：缸内喷射的优越性在于喷油压力高、燃油雾化好，并能实现稀薄混合气（空燃比40∶1）燃烧。因此，该方式能够显著降低油耗，减少排放和提高动力性。

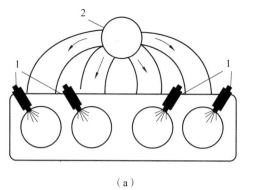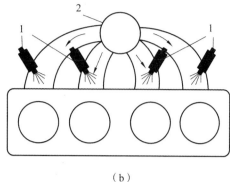

图 2-8 喷油器喷油位置示意图

（a）缸内喷射；（b）进气管喷射

1—喷油器；2—节气门体

2. 进气管（缸外）喷射系统

进气管喷射又称为缸外喷射，该喷射方式是将燃油喷射在节气门或进气门附近的进气管内，然后再与空气混合形成可燃混合气进入气缸，如图 2-8（b）所示。与缸内喷射系统相比，进气管喷射系统对发动机机体的改动量较小，喷油器不受燃烧高温、高压的直接影响；设计喷油器时受到的制约较少，喷油压力不高（0.2～0.3 MPa），结构简单，使喷油器工作条件大大改善。

1）单点燃油喷射系统

单点燃油喷射系统（Single Point Fuel Injection System，SPFI 或 SPI）是指在多缸发动机节气门的上方，安装一只或并列安装两只喷油器来喷油的燃油喷射系统。这种喷射系统因喷油器位于节气门体上并集中喷射，故又称节气门体喷射或集中喷射，也称中央燃油喷射（Central Fuel Injection，CFI）。美国通用汽车公司的 TBI（Throttle Body Injection）系统、福特汽车公司的 CFI 系统以及德国博世公司的 Mono-Motronic 系统等均采用单点燃油喷射系统，如图 2-9（a）所示。

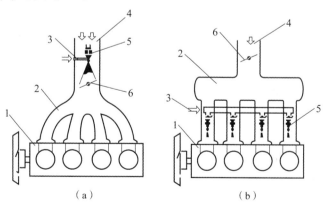

图 2-9 单点和多点汽油喷射系统示意图

（a）电控单点喷射系统；（b）电控多点喷射系统

1—发动机；2—进气支管；3—燃油入口；4—空气入口；5—喷油器；6—节气门

2）多点燃油喷射系统

多点燃油喷射系统（Multi-Point Fuel Injection System，MPFI 或 MPI）是指在发动机每个气缸都安装一只喷油器的燃油喷射系统，汽油直接喷射到各缸的进气门附近并与空气混合形成混合气，如图 2-9（b）所示。多点喷射使各缸混合气的均匀性得到改善，目前使用较为普遍。

多点燃油喷射系统根据进气量的检测方式不同，又分为压力型（即 D 型）和流量型（即 L 型）两种燃油喷射系统。博世公司在 L 型燃油喷射系统的基础上又进行了改进，研发了 LH-Jetronic 型（LH 型）和 Motronic 型燃油喷射系统。

LH 型燃油喷射系统采用热丝式空气流量传感器替代叶片式空气流量传感器来检测进气量，如图 2-10 所示。由于热丝式空气流量传感器没有运动部件，进气量用电子电路检测，因此该系统具有减小进气阻力、提高检测精度等优点。同时，该系统还采用了大规模集成电路组成电控单元，提高了运算速度，扩大了控制范围，增强了控制功能。

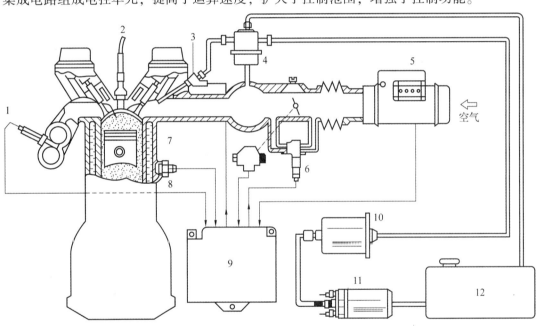

图 2-10 博世公司 LH 型电控多点燃油喷射系统

1—氧传感器；2—火花塞；3—喷油器；4—油压调节器；5—热丝式空气流量计；6—怠速控制器；
7—节气门位置传感器；8—水温传感器；9—电控单元（ECU）；10—燃油滤清器；11—电动燃油泵；12—油箱

M 型燃油喷射系统是在 L 型燃油喷射系统上进行了改进，如图 2-11 所示。除了具有 L 型和 LH 型的全部功能之外，该系统还将点火提前角和喷油时间组合在一个电控单元中进行控制，所以在发动机起动，怠速，加、减速，全负荷等工况下，不仅能够自动调节喷油量，而且能自动控制点火提前角，实现喷油量与点火提前角最佳匹配控制，使发动机的起动性能、加速性能、怠速稳定性能、动力性能、经济性能以及排放性能得以大大提高。

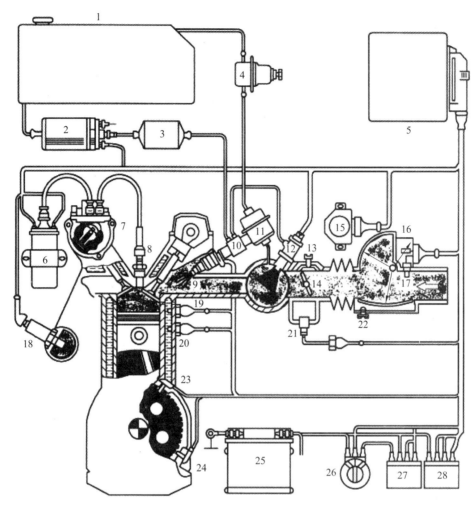

图2-11 博世公司 M 型燃油喷射系统

1—油箱；2—电动燃油泵；3—汽油滤清器；4—油压缓冲器；5—ECU；6—点火线圈；7—配电器；8—火花塞；
9—喷油器；10—燃油分配管；11—油压调节器；12—冷起动喷油器；13—怠速调节螺钉；14—节气门；
15—节气门位置传感器；16—叶片式空气流量传感器；17—进气温度传感器；18—氧传感器；
19—冷起动限时开关；20—冷却液温度传感器；21—怠速控制阀；22—CO调节螺钉；23—凸轮轴位置传感器；
24—曲轴位置传感器；25—蓄电池；26—点火开关；27—燃油喷射主继电器；28—燃油泵继电器

2.3 电控喷油系统传感器的结构原理

传感器是指能感受某种物理量，并将其按一定规律转换成可用输入信号的器件或装置。车用传感器是将各种非电量（空气流量、油液温度和压力、转速与转角、位置和位移等）按一定规律转换成为电量的装置。电控喷油系统采用的传感器有空气流量传感器（或歧管压力传感器)、曲轴位置传感器、凸轮轴位置传感器、节气门位置传感器、冷却液温度传感器、进气温度传感器、氧传感器和车速传感器等;开关信号主要有点火开关信号、起动开关信号、电源电压信号等。各传感器将检测到的发动机运行参数输入 ECU,ECU 据此控制燃油量、空气流量和喷油时间等,以实现与发动机工况的最佳匹配,达到节省燃油、净化排气、改善加速性能和低温起动性能等目的。

1. 空气流量传感器

空气流量传感器(Air Flow Sensor,AFS)又称为空气流量计,其功用是检测发动机进气量的大小,将进气流量转变为相应的电信号并输入 ECU,以供 ECU 计算确定喷油时间(即喷油量)和点火时间。进气量是电子控制计算器计算基本喷油量、确定最佳点火提前角的重要参数之一。根据测量原理不同,空气流量传感器分为叶片式、热丝(膜)式等几种类型。

热丝式和热膜式空气流量传感器的不同之处主要在于二者电热体的结构形式,热丝式空气流量传感器的发热元件是铂金属丝,热膜式空气流量传感器的发热元件是铂金属膜。铂金属导热性好,响应速度快,与卡门旋涡流量计相比,测量时不受进气气流脉动的影响,测量精度较高。目前,大多中高档轿车采用的均是这两种传感器。

热丝式空气流量传感器如图 2-12 所示,主要由壳体、取样管、铂金属丝(热丝)、温度补偿电阻(冷丝)、控制热丝电流并产生输出信号的控制电路板等元件组成。传感器入口与空气滤清器一端的进气管连接,出口与节流阀体一端的进气管连接。传感器内部套装有两个塑料护套和一个热丝支撑环构成的取样管,取样管中设有一根直径约 $70\ \mu\mathrm{m}$ 的铂金属丝 R_H 作为发热元件,并制作成 $\prod$ 形张紧在取样管内。由于在工作时,铂金属丝要被电路提供的电流加热到高于进气温度($100\sim120\ ^\circ\mathrm{C}$),所以称为"热丝"。由于进气温度变化会使热丝的温度发生变化而影响进气量的测量精度,因此在热丝附近的气流上游设有一只温度补偿电阻,其温度接近进气温度,所以称为"冷丝"。由于电阻丝在使用中容易折断而导致传感器报废,因此目前普遍采用在氧化铝陶瓷基片上印刷制作铂膜电阻。

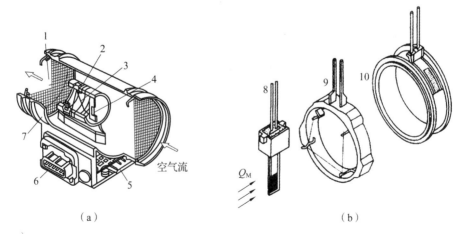

（a）　　　　　　　　　　　　　　　　（b）

图 2-12　热丝式空气流量传感器

（a）传感器结构;（b）传感器元件

1—防护网;2—取样管;3—铂金属丝;4—温度补偿电阻;5—控制电路板;6—电连接器;7—壳体;

8—温度补偿电阻;9—铂金属丝的支撑环;10—精密电阻;Q_M—流入的空气质量

为防止热丝有沉积物而影响传感器的测量精度，主流热丝式空气流量传感器都设有自洁功能：在发动机熄火后约 5 s，控制电路使热丝通过较大的电流脉冲（约 1 s），将热丝迅速加热到 1 000 ℃ 左右，以烧掉热丝上的沉积物。

热丝式和热膜式空气流量传感器除发热元件不同外，其测量原理完全相同。为了叙述方便，下面将热丝与热膜统称为发热元件。发热元件放置在进气通道中，通电后保持在某一温度。当有空气经过发热元件时，空气带走热量而使发热元件温度下降，电阻降低，电流增加。进气通道中的空气流量与发热元件的电流在一定范围内成正比关系，一般采用恒温差控制电路来实现流量检测，由测量电路将电热体的电流变化转换为电压变化，通过电压信号反映空气流量，如图 2-13 所示。

在恒温差控制电路中，发热元件电阻 R_H 布置在取样管中，取样管前后端安装有温度补偿电阻 R_T 和作为惠斯通电桥臂的精密电阻 R_S，电桥另外一个臂有安装在控制电路板上的精密电阻 R_1，R_H、R_2、R_A、R_T 共同组成惠斯通桥，电桥的两个对角分别接控制电路的输入和输出。

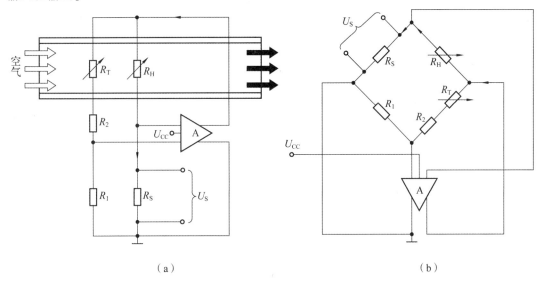

图 2-13　热丝式与热膜式空气流量传感器的测量原理电路

（a）电路连接；（b）电桥连接

R_T—温度补偿电阻（进气温度传感器）；R_H—发热元件（热丝或热膜）电阻；

R_S—信号取样电阻；R_1、R_2—精密电阻；U_{CC}—电源电压；U_S—信号电压；A—控制电路

当发热元件的温度高于进气温度时，电桥电压才能达到平衡。加热电流（50 ~ 120 mA）由具有电流放大作用的控制电路 A 进行控制，其目的是使发热元件的温度 T_H 与温度补偿电阻的温度 T_T 之差保持恒定，即 $\Delta T = T_H - T_T = 120$（℃）。

当空气气流流经发热元件时，发热元件的热量被空气吸收，温度降低，阻值减小，从而使电桥电压失去平衡。此时，控制电路将增大供给发热元件的电流，使其温度高于与温度补偿电阻的温度差 120 ℃。电流增量的大小取决于发热元件受到冷却的程度，即取决于流过传感器的空气量。

2. 压力传感器

压力传感器在发动机上主要有两方面的应用：一是用于气压的检测，包括进气压力、大气压力、气缸内的压力；二是用于油压的检测，包括燃油压力、润滑油压力、制动油压力等。压力传感器的功能就是将气体或液体的压力信号转换为电信号，并输入 ECU 进行处理，从而保证汽车正常行驶。

压阻效应式歧管压力传感器利用半导体的压阻效应将压力转换为相应的电压信号，其工作原理电路如图 2-14（a）所示。压敏电阻是一种受拉或受压时电阻值会发生相应变化的敏感元件。硅膜片的一面是真空，另一面导入进气管压力，当进气管内的压力变化时，硅膜片的变形量会随之变化，并产生与进气压力相对应的电压信号。采用集成电路加工技术与台面扩散技术（扩散硼）制作四只阻值相等的梳状半导体力敏电阻，并将四只电阻连接成惠斯顿电桥电路，如图 2-14（b）所示。在应力作用下，半导体力敏电阻的电阻率会发生变化，进而引起阻值变化，惠斯顿电桥上电阻值的平衡就会被打破。当电桥输入端有电压时，输出端就有相应的电压变化，根据电压大小即可求出压力的大小。

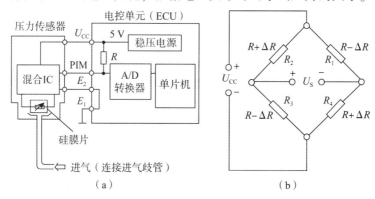

图 2-14 歧管压力传感器工作原理电路及等效电路图

（a）传感器工作原理电路；（b）等效电路图

发动机正常运行时，进气歧管内部的压力随进气流量的变化而变化。当节气门开度减小时，空气流量减小，空气流通面积减小，气体流速增加，压力降低，硅膜片感受到的应力减小，电阻的阻值变化量减小，电压降低，传感器输入 ECU 的信号电压降低。当节气门开度由小增大时，空气流量增大，空气流通面积增大，气体流速降低，压力升高，相应的硅膜片应力增大，经过电路传给 ECU 的电压升高。

3. 曲轴与凸轮轴位置传感器

曲轴位置传感器（Crankshaft Position Sensor，CPS）又称为发动机转速与曲轴转角传感器，其功用是采集发动机曲轴转动角度信号和发动机转速信号，并将信号输入 ECU，以便确定合适的喷油时刻与点火时刻。

凸轮轴位置传感器（Camshaft Position Sensor，CPS）又称为气缸判别传感器（Cylinder Identification Sensor，CIS）或相位传感器。为了区别于曲轴位置传感器 CPS，凸轮轴位置传感器一般都用 CIS 表示。

曲轴位置传感器也称为点火信号发生器，用于点火正时控制。在多点燃油顺序喷射系统中，由曲轴位置传感器来控制喷油器喷油或火花塞跳火时刻。凸轮轴位置传感器主要是采集配气凸轮轴的位置信号，并将信号输入 ECU，以便 ECU 能够识别 1 缸活塞的上止点，从而进行顺序喷射。曲轴位置传感器和凸轮轴位置传感器是多点燃油顺序喷射系统必不可少的传感器。如果曲轴位置传感器和凸轮轴位置传感器失效，那么发动机将不能起动。

电控发动机燃油喷射系统常用的曲轴与凸轮轴位置传感器分为磁感应式和霍尔式两种类型。

1）磁感应式曲轴与凸轮轴位置传感器

磁感应式传感器的基本结构与工作原理如图 2-15 所示，它主要由信号转子、传感线圈、永久磁铁和磁轭等组成，转子外圆设有与气缸数相等且等距离分布的 4 个齿，对应四缸发动机的 4 个缸，定子和转子及转子凸齿之间有一定的气隙。当信号转子旋转时，磁路中的气隙就会周期性地发生变化，磁路的磁阻和穿过传感线圈（信号线圈）磁头的磁通量会随之发生周期性的变化。根据电磁感应原理，传感线圈会感应产生交变电动势。

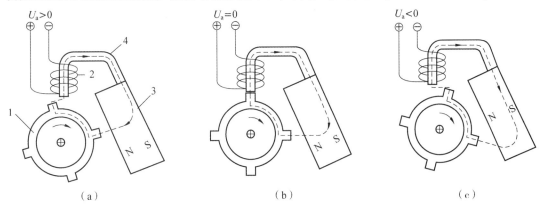

图 2-15　磁感应式传感器的基本结构与工作原理
（a）凸齿接近磁头；（b）凸齿正对磁头；（c）凸齿离开磁头
1—信号转子；2—传感线圈；3—永久磁铁；4—磁轭

如图 2-16 所示，当转子上的凸齿接近定子时会形成磁路并产生磁通，转子凸齿与磁头间的气隙减小，磁路磁阻减小、磁通量 Φ 增多，感应电动势 E 为正（即 $E>0$），在凸齿接近或离开凸齿与定子最近点的瞬间，磁通量变化最大，感应电动势也最大；当转子继续转动时，定子与转子凸齿之间的气隙增大，磁阻也随之增大，虽然磁通量 Φ 仍在增多，但磁通变化率减小，因此感应电动势 E 降低，由正脉冲转变为负脉冲的中点，感应电动势为零，可用作触发点火的信号。

由此可见，信号转子每转过一个凸齿，就会在传感线圈中产生一个周期的交变电动势，即电动势出现一次最大值和一次最小值，传感线圈输出端相应地输出一个交变电压信号。把输出的变电压信号经整形、放大后送至功率开关电路，就可控制点火线圈一次线圈电流的通断，从而在其二次线圈中产生高压并经火花塞放电点火。

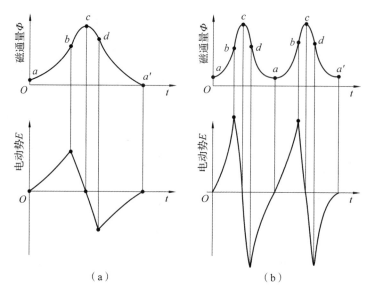

（a）　　　　　　　　　　　（b）

图 2-16　传感线圈中的磁通量 Φ 和电动势 E 波形

（a）低速时输出波形；（b）高速时输出波形

2）霍尔式曲轴与凸轮轴位置传感器

霍尔效应（Hall effect）是美国约翰·霍普金斯大学物理学家爱德华·霍尔博士（Dr. Edward H Hall）于 1879 年首先发现的。利用霍尔效应制成的元件称为霍尔元件，利用霍尔元件制成的传感器称为霍尔效应式传感器，简称霍尔传感器。霍尔式曲轴与凸轮轴位置传感器的结构如图 2-17 所示，它主要由两个部件组成，一个部件是与分火头制成一体的定时转子，即触发叶轮；另一个部件是霍尔信号发生器。触发叶轮由导磁材料制成，其上的叶片数与发动机气缸数相同。霍尔信号发生器由霍尔集成电路、永久磁铁等组成，两者之间留有一个气隙，以便叶轮的叶片能在其内转动。

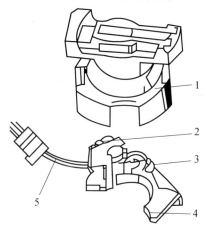

图 2-17　霍尔式曲轴与凸轮轴位置传感器的结构

1—定时齿轮；2—霍尔开关电路；3—永久磁铁；4—底板；5—导线及接插件

霍尔集成电路由霍尔元件、放大电路、稳压电路、温度补偿电路、信号变换电路和输出电路等组成，如图2-18所示。

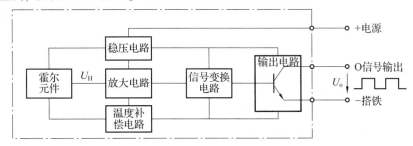

图2-18　霍尔集成电路组成框图

当传感器轴转动时，触发叶轮的叶片便从霍尔集成电路与永久磁铁之间的气隙中转过。当叶片进入气隙时，霍尔集成电路的磁场被叶片旁路，霍尔电压 U_H 为零，霍尔集成电路表面无磁场作用，内部的霍尔元件不产生霍尔电动势。当叶片离开气隙时，永久磁铁的磁通便经霍尔集成电路和导磁钢片构成回路，霍尔元件产生电压 U_H 为 1.9~2.0 V，霍尔集成电路输出级的三极管导通，内部的霍尔元件产生霍尔电动势输出。随着叶轮的旋转，每个叶片都会使霍尔集成电路产生脉冲输出。该脉冲经电子点火组件控制点火或经ECU点火。

汽车电控系统中广泛采用霍尔传感器的原因：一是霍尔传感器的输出电压信号近似于方波信号；二是霍尔传感器的输出电压高低与被测物体的转速无关。霍尔传感器与磁感应式传感器不同的是需要外加电源。

4. 节气门位置传感器

各类型汽车电子控制系统用节气门位置传感器（Throttle Position Sensor，TPS）都安装在节气门体上节气门轴的一端，其外形结构基本相同，用以检测节气门的开度。节气门位置传感器的功用是将节气门开度（即发动机负荷）大小转变为电信号并输入发动机ECU，以便ECU判别发动机工况，如怠速工况、加速工况、减速工况、小负荷工况和大负荷工况等，并根据发动机不同工况来进行点火时间、燃油喷射、怠速、废气再循环、炭罐通气量及其他的控制。在装备电子控制自动变速器的汽车上，TPS信号还要输入变速器ECU，作为确定变速器换挡时机和变速器锁止时机的主要信号之一。

按结构的不同，可将节气门位置传感器分为触点式、线性可变电阻式、触点与可变电阻组合式三种。按输出信号的类型不同，可将节气门位置传感器分为线性（模拟）信号输出型和开关（数字）信号输出型两种。下面主要介绍线性可变电阻式和组合式节气门位置传感器。

1）线性可变电阻式节气门位置传感器

线性可变电阻式节气门位置传感器的结构和内部电路如图2-19所示。传感器主要由滑片电阻、传感器轴、怠速触点、电源等组成。线性可变电阻式节气门位置传感器相当于一个加设了怠速触点的滑片式电位器，测节气门位置滑片和测节气门全开滑片都与节气门联动。节气门开度变化时，节气门位置滑片在电阻体上做相应的滑动，电位器输出相应的

节气门位置信号 V_{TA}。节气门关闭时，节气门关闭滑片使怠速触点 IDL 处于接通状态，从 IDL 端子输出发动机怠速信号。

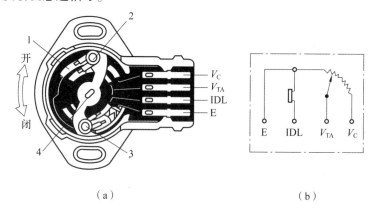

（a）　　　　　　　　　　　　（b）

图 2-19　线性可变电阻式节气门位置传感器的结构与内部电路

（a）结构；（b）内部电路

1—滑片电阻；2—测节气门位置滑片；3—测节气门全开滑片；4—传感器轴；

V_C—电源；V_{TA}—节气门位置输出信号；IDL—怠速触点；E—搭铁

2）组合式节气门位置传感器

组合式节气门位置传感器的内部结构与原理电路如图 2-20 所示，它主要由可变电阻滑动触点、节气门轴、怠速触点和壳体组成。可变电阻为镀膜电阻，安装在传感器底板上，其滑臂随节气门轴一同转动并与输出端子 V_{TA} 连接。

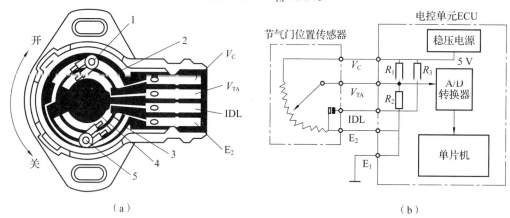

（a）　　　　　　　　　　　　（b）

图 2-20　组合式节气门位置传感器的内部结构与原理电路

（a）内部结构；（b）原理电路

1—可变电阻滑动触点；2—电源电压（5 V）；3—绝缘部件；4—节气门轴；5—怠速触点

如图 2-21（a）所示，当节气门关闭或开度小于 1.2° 时，怠速触点与节气门联动的动触点接通，传感器输出怠速信号，节气门位置传感器输出的线性电压信号经 A/D 转换后输送给 ECU。

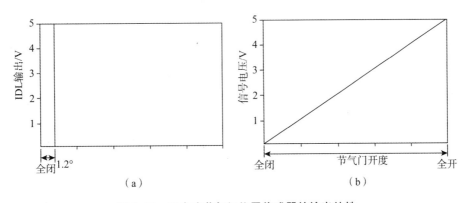

图2-21　组合式节气门位置传感器的输出特性

（a）怠速触点输出信号；（b）滑动触点输出信号

当节气门开度变化时，可变电阻的滑臂随节气门轴转动，滑臂上的触点便在镀膜电阻上滑动，传感器的输出端子 V_{TA} 与 E_2 之间的信号电压随之发生变化［见图2-21（b）］，节气门开度越大，输出电压越高。传感器输出的线性信号经过 A/D 转换器转换成数字信号后再输入 ECU。

5. 温度传感器

温度传感器用于将被测对象的温度转换为相应的电信号，以使控制器能进行温度修正或进行与温度相关的控制。测量对象不同，传感器信号反映的热负荷状态也不相同。安装在发动机冷却液管道上的冷却液温度传感器（CTS）的功用是：将发动机冷却液温度变换为电信号输入发动机 ECU，以便修正喷油时间和点火时间。安装在进气管道中的进气温度传感器（IATS）的功用是：将进气温度信号变换为电信号输入发动机 ECU，以便修正喷油量。

汽车上最常用的为 NTC 型热敏电阻式温度传感器，其工作电路如图2-22所示。传感器的两个电极用导线与 ECU 插座连接。ECU 内部串联了一只分压电阻，ECU 向热敏电阻和分压电阻组成的分压电路提供一个稳定的电压（一般为5 V）。传感器输入 ECU 的信号电压值与热敏电阻上的分压值相等。当被测对象的温度升高时，传感器阻值减小，热敏电阻上的分压值降低；反之，当被测对象的温度降低时，传感器阻值增大，热敏电阻上的分压值升高。ECU 根据接收到的信号电压值，便可计算求得对应的温度值。

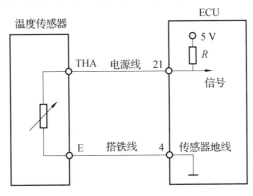

图2-22　温度传感器工作电路

6. 氧传感器

氧传感器用于检测发动机废气中的氧含量，电子控制系统根据氧传感器的电信号进行喷油器的混合气空燃比反馈修正控制，将混合气浓度控制在理论空燃比附近，以使排气管中三元催化反应器对废气中 HC、CO、NO_x 的净化达到最佳效果。汽车上应用最多的氧传感器是氧化锆式氧传感器。

氧化锆式氧气传感器主要由氧化锆陶瓷管、电极、电极座、导线、排气管、气孔等组成，其结构如图 2-23 所示。氧化锆陶瓷管为固定电解质管，也称为锆管。锆管固定在带有安装螺钉的固定套内，其内表面与大气相通，外表面与排气相通，且内外表面都覆盖着一层多孔性的铂膜作为电极。氧传感器安装在排气管上，为了防止排气管内废气中的杂质腐蚀铂膜，在锆管外表的铂膜上覆盖有一层多孔性的陶瓷层，并加有带槽口的防护套管。

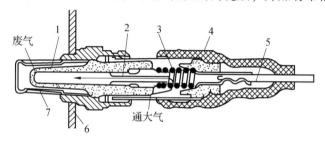

图 2-23　氧化锆式氧传感器的结构

1—锆管；2—电极；3—弹簧；4—电极座（绝缘）；5—导线；6—排气管；7—气孔

当锆管接触氧气时，氧气透过多孔铂膜电极吸附氧化锆，并经电子交换成为负离子。由于锆管内表面通大气，外表面通排气，因此其内外表面的氧气分压不同，则负氧离子浓度也不同，从而形成负氧离子由高浓度侧向低浓度侧扩散。当扩散处于平衡状态时，两电极间便形成电动势。由于上述电动势太小，因此通常采用铂催化。浓混合气时，燃烧后残留的低浓度氧和排气中的 HC、CO 发生反应，氧气基本消失，氧浓差非常大，会产生 0.8～1 V 的电动势。稀混合气时，排气中氧气浓度高，催化反应后仍有氧气残留，氧浓差小，约有 0.1 V 的电动势。氧化锆式传感器的电压特性如图 2-24 所示，可见其输出特性在过量空气系数 $\alpha=1$ 时突变，当 $\alpha>1$ 时，输出几乎为 0；当 $\alpha<1$ 时，输出电压接近 1 V。

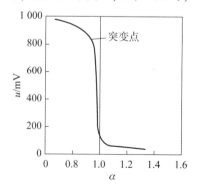

图 2-24　氧化锆式氧传感器的电压特性

ECU 将氧传感器的输出信号值以 0.5 V 为界，大于 0.5 V 表示混合气过浓，小于 0.5 V 表示混合气过稀。ECU 通过控制喷油量的大小使混合气浓度在理论空燃比的附近波动。通常，ECU 按每 10 s 变化 8 次的频率使氧传感器的输出电压在 0.1 ~ 0.8 V 波动。

氧化锆传感器的工作温度在 300 ℃ 以上，需要设置电加热元件，一般在发动机起动后的 20 ~ 30 s 将氧化锆式传感器加热到工作温度。

7. 爆燃传感器

爆燃传感器用于监测发动机是否爆燃：当发动机出现爆燃时，传感器便产生相应的电信号，并输送给电子控制器，使电子控制器通过点火推迟的方法消除发动机爆燃。发动机爆燃时，其机体会产生异常的振动，爆燃传感器就是通过感知发动机机体振动的方式来监测爆燃的。爆燃传感器有压电式和磁电式两种，磁电式爆燃传感器目前已经被淘汰。

压电式爆燃传感器的工作原理：由石英晶体、钛酸钠等晶片制成的压电元件在受力变形时，因内部产生极化现象而在其两个表面分别产生正负两种电荷，当力消失时，元件变形恢复，电荷也立即消失，此种现象称为压电效应。利用压电元件测量振动时，在传感器内部设置一个具有一定质量的振子，振子随被测对象振动给压电元件施力。被测物体振动越大，传感器振子的振动也越大，压电元件产生的电压信号幅值也就越大，传感器输出电压的变化就反映了被测对象振动幅度和振动频率的变化。

压电式爆燃传感器根据其识别爆燃信号的方式不同，可分为共振型和非共振型两种，其结构如图 2-25 所示。

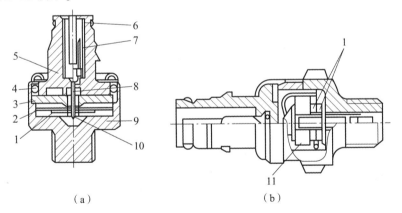

（a）　　　　　　　　　　（b）

图 2-25　压电式爆燃传感器的结构

（a）共振型；（b）非共振型

1—压电元件；2—振荡片；3—基座；4，6—O 形环；5—连接器；7—连线端子；

8—密封剂；9—外壳；10—引线；11—振子

由于共振型爆燃传感器内振荡片 2 的自振频率在发动机爆燃的特征频带内，因此发动机爆燃时会产生共振，造成与其紧贴的压电元件 1 受力变形加剧，产生比非爆燃时大许多倍的电压信号。共振型爆燃传感器的信噪比高，检测电路对爆燃信号的识别和处理比较容易。

非共振型爆燃传感器内的振子 11 通过对发动机机体的振动而对压电元件施加压力，

使压电元件产生振荡的电压信号。由于非共振型爆燃传感器的振子在发动机爆燃时不会产生共振，其电压信号并无明显增大，因此还需要用专门的滤波器来识别爆燃。

2.4　汽车电控单元

电控单元（ECU）作为发动机电子控制的核心，是具有强大的数学运算、逻辑判断、数据处理与数据管理等功能的电子控制装置。ECU 是汽车电子控制系统的控制中心，其功用是分析处理传感器采集到的各种信息，并向受控装置（即执行器或执行元件）发出控制指令。

各种 ECU 的电路都十分复杂，随着车型、控制系统的不同，ECU 的电路亦各有不同，但其都是由输入回路、输出回路和单片微型计算机（即单片机）三部分组成。汽车 ECU 的硬件都是由不同种类的专用集成电路、电阻器、电容器、二极管、稳压管、三极管等电子元件和印制电路板构成，如图 2-26 所示。

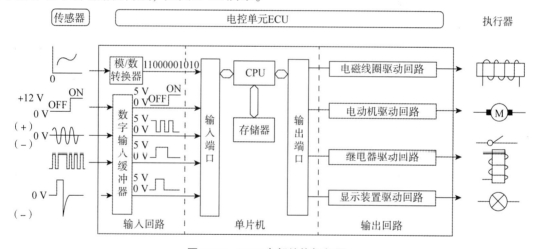

图 2-26　ECU 内部结构框架图

2.5　电控喷油系统执行器的结构原理

执行器是接收控制信息并对受控对象施加控制作用的装置，是电子控制系统的执行机构，能够根据输出信号控制参量，并将其迅速调整到设定的值，以使控制对象工作在设定的状态。汽车发动机电子控制燃油喷射系统采用的执行器主要有电动燃油泵和电磁喷油器等。

1. 电动燃油泵

在电子控制燃油喷射系统中，电动燃油泵的作用是从油箱中吸出燃油，将其加压后输送到管路中，最终输送到喷油器。此外，电动燃油泵还与燃油压力调节器配合建立合适的系统压力，通常高于进气歧管压力 250～300 kPa。为防止出现发动机供油不足及由于高温而产生的气阻，油泵的最高输出油压需要 470 kPa 左右，其供油量比发动机最大油耗量大得多，多余的燃油从回油管返回油箱。

1）电动燃油泵的分类

电动燃油泵按结构的不同，可分为滚柱式、叶片式、齿轮式、涡轮式和侧槽式等，目前常用的有滚柱式、叶片式和齿轮式三种。电动燃油泵按安装方式的不同，可分为外置式和内置式两种。外置式安装在油箱外的输油管路中，内置式安装在油箱内。目前，大多数汽车都采用内置式燃油泵。与外置式燃油泵相比，内置式燃油泵不易产生气阻和泄漏，有利于燃油输送和电动机冷却，且噪声较小。

2）电动燃油泵的结构和工作原理

电动燃油泵的外形与内部结构如图 2-27 所示，主要由电枢、泵壳、接线插头、单向阀、永久磁铁等组成。当点火开关接通时，直流电动机电路接通，电枢受电磁力的作用而开始转动，泵转子便随电动机一同转动，将燃油从油箱经输油管和进油口泵入燃油泵。当油泵内油压超过单向阀处的弹簧压力时，燃油便从出油口经输油管泵入供油总管，再分配给每只喷油器。

为保证系统安全，电动燃油泵还装备了泄压阀和单向阀。当油路中燃油泵出口连接的管路因为堵塞等的影响而造成燃油压力高于限定值（一般为 320 kPa）时，泄压阀打开，高压燃油与燃油泵入口管路连接，使燃油在油泵内部循环，避免压力升高而使管路破裂。单向阀的作用：当发动机熄火时，关闭单向阀可使电动燃油泵和燃油压力调节器之间保持一定的压力，以便发动机再次起动。

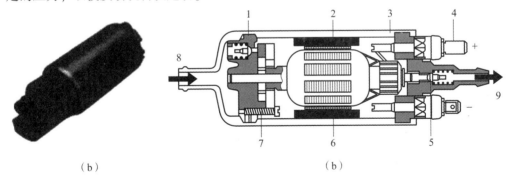

（b）　　　　　　　　　　　　　　（b）

图 2-27　电动燃油泵的外形与内部结构

（a）油泵外形；（b）内部结构

1—限压阀；2—电枢；3—泵壳；4—接线插头；5—单向阀；6—永久磁铁；7—泵体；8—进油口；9—出油口

2. 燃油分配管

燃油分配管安装在发动机进气歧管上方，其功用是储存燃油、固定喷油器和油压调节器，并将燃油分配给每只喷油器。由于燃油液体具有可压缩性，因此燃油分配管还有抑制油压脉动的功能。燃油分配管、油压调节器和电磁喷油器等组成燃油分配管总成，其结构如图 2-28 所示。

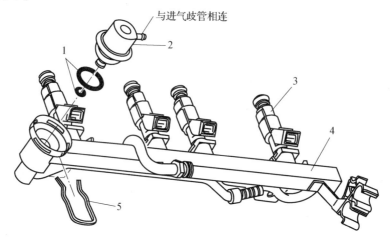

图 2-28　燃油分配管总成

1—O 形圈；2—油压调节器；3—电磁喷油器；4—燃油分配管；5—卡簧

3. 油压调节器

油压调节器一般都安装在燃油分配管的一端，其主要功能是使供油总管内的油压（系统油压与进气歧管压力之差）保持恒定，缓冲喷油器断续喷油引起的压力波动和燃油泵供油时产生的压力波动。

油压调节器主要由燃油室、出油阀、壳体、弹簧室、弹簧、膜片、进油口、出油口等组成，其结构如图 2-29 所示。金属外壳的内部被膜片分割为弹簧室和燃油室，弹簧室通过软管与发动机进气歧管相通，其内有螺旋弹簧作用在膜片上；燃油室通过进油口直接与燃油总管相通。

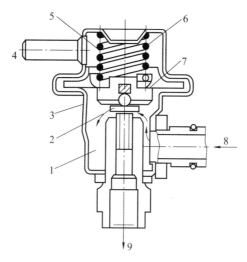

图 2-29　油压调节器结构

1—燃油室；2—出油阀；3—壳体；4—真空接口；5—弹簧室；6—弹簧；7—膜片；8—进油口；9—出油口

发动机根据 ECU 加给喷油器的通电时间长短来控制燃油喷射量，如果不控制燃油压力，即使加给喷油器的通电时间相同，当燃油压力高时，燃油喷射量也会增加；当燃油压力低时，燃油喷射量也会减少。为使系统油压和进气歧管压力差保持稳定，采用油压调节器来控制系统油压，使其随着进气歧管压力变化而相应变化。

油压调节器实际上是一个膜片式溢流阀。当电动燃油泵运转时，燃油不断被泵入燃油分配管，并从油压调节器进油口进入调节器燃油腔。燃油压力作用到金属膜片上，并随泵油量增加而增大。当燃油压力与歧管压力的合力大于弹簧预紧力时，膜片向上拱曲，打开阀门，部分燃油通过回油口和回油管流回油箱，燃油压力随之降低。当燃油压力与歧管压力的合力小于弹簧预紧力时，膜片复位，出油阀关闭，燃油压力随泵油量增加而增大。

4. 电磁喷油器

电磁喷油器简称喷油器，俗称喷嘴，是电控燃油系统中十分关键的一类执行器。为了满足燃油喷射系统控制精度的要求，喷油器应具有抗堵塞性能好、燃油雾化好和动态流量范围大等优点。喷油器安装在燃油分配管上，其功用是按照 ECU 的指令准确计量燃油并适时将燃油喷入进气道或进气管内与空气形成可燃混合气。

按总体结构的不同，可将喷油器分为轴针式、球阀式和片阀式三种；按喷油器电磁线圈阻值大小的不同，可将喷油器分为高阻型（$13\sim18\ \Omega$）和低阻型（$1\sim3\ \Omega$）两种。喷油器的驱动方式分为电流驱动和电压驱动，电流驱动只适用于低电阻喷油器；电压驱动既可用于低电阻喷油器，又可用于高电阻喷油器。

球阀式喷油器主要由带球阀的阀体、带喷孔的阀座、带线束插座的喷油器体、电磁线圈和复位弹簧等组成，其结构如图 2-30 所示。

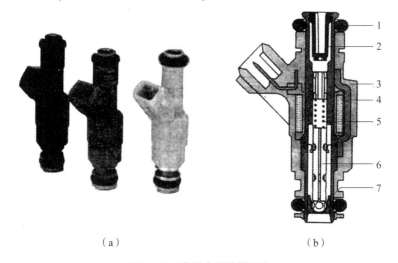

（a）   （b）

图 2-30 球阀式喷油器结构

（a）外形；（b）内部结构

1—O 形密封圈；2—滤网；3—喷油器体；4—线圈；5—复位弹簧；6—球阀阀体；7—阀座

2.6 汽油机电控喷油系统工作原理

在汽油机电控喷油系统的工作过程中，ECU 接收各种传感器输出的发动机工况信号，并根据内部预先编制的控制程序和存储的试验数据，确定适应发动机工况的喷油时间、喷油脉宽等参数，主要控制喷油器的喷射、喷油正时和喷油量，使发动机能够保持在最佳运行状态。

1. 燃油喷射控制原理

虽然不同汽车采用的传感器和执行器的数量和形式各不相同，但其燃油喷射的控制原理大同小异，空气流量型（即 L 型）燃油喷射系统的控制原理图如图 2-31 所示。

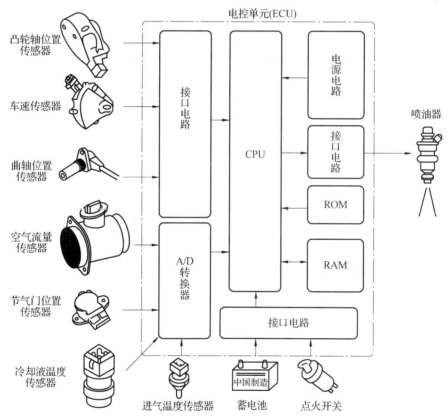

图 2-31 L 型燃油喷射系统喷油控制原理图

首先，在发动机工作过程中，各种传感器和开关信号通过输入接口电路输入 ECU；然后，ECU 根据输入信号进行数学计算和逻辑判断，并确定出具体的控制量（如喷油开始时刻、喷油持续时间等）；最后，ECU 通过输出接口电路（即输出回路）向执行器（即喷油器）发出喷油控制指令，控制信号经输出电路进行功率放大后，再驱动喷油器喷油。喷油时，ECU 还要控制喷油开始时刻、喷油持续时间等，从而实现发动机不同工况时的喷油实时控制。在控制过程中，各种传感器的工作情况如下：

（1）凸轮轴位置传感器（Cylinder Identification Sensor，CIS）向 ECU 提供反映活塞上止点位置的信号，以便计算确定和控制喷油提前角（即提前时间）。

（2）车速传感器（Vehicle Speed Sensor，VSS）向 ECU 提供反映汽车车速的信号，以便判断发动机是运行在怠速状态（节气门关闭、车速为零），还是运行在减速状态（节气门关闭、车速不为零）等。

（3）曲轴位置传感器（Crankshaft Position Sensor，CPS）向 ECU 提供反映发动机曲轴转速和转角的信号。

（4）空气流量传感器（Air Flow Sensor，AFS）或进气歧管绝对压力传感器（Manifold Absolutely Pressure，MAP）向 ECU 提供反映进气量多少的信号，ECU 根据这两个信号计算基本喷油量（即喷油持续时间），并根据曲轴转角信号控制喷油提前角和点火提前角等。

（5）节气门位置传感器（Throttle Position Sensor，TPS）向 ECU 提供反映发动机负荷大小的信号，ECU 根据 TPS 信号确定增加或减少喷油量。

（6）冷却液传感器（Coolant Temperature Sensor，CTS）向 ECU 提供发动机冷却液温度信号，以便计算确定喷油修正量、判断是否为冷机起动等。

（7）进气温度传感器（Intake Air Temperature Sensor，IATS）提供吸入进气歧管空气的温度信号，以便计算确定喷油修正时。

点火起动开关信号包括点火开关接通信号 IGN 和起动开关接通信号 STA，供 ECU 判定发动机是工作在起动状态还是处于正常工作状态，并控制运行相应的控制程序。

蓄电池电压信号是汽车电源电压信号，蓄电池正极柱经导线直接与 ECU 的电源端连接，不受点火开关和其他开关控制。当电源电压变化时，ECU 将改变喷油脉冲宽度，修正喷油器持续喷油的时间。当发动机停止工作时，蓄电池将向 ECU 和存储器等提供 5～20 mA 电流，以便存储器保存故障代码等信息而不致丢失。

2. 发动机喷油量的控制

喷油量的控制其实就是喷油器持续喷油时间的控制。发动机工况不同，对混合气浓度的要求也不相同，特别是在冷起动、怠速、急加减速等特殊工况时，对混合气浓度都有特殊要求。因此，喷油量的控制大致可分为发动机起动时喷油量的控制和发动机起动后（即运转过程中）喷油量的控制两种情况。

1）发动机起动时喷油量的控制

当起动机驱动发动机运转时，发动机转速很低（汽油发动机为 30～50 r/min，柴油发动机为 150～200 r/min）且波动较大，导致反映进气量的空气流量或进气压力无法被精确测量。因此，在起动发动机时，ECU 不是以空气流量传感器信号或进气压力信号作为计算喷油量的依据，而是按照可编程只读存储器（ROM）中预先编制的起动程序和预先设定的空燃比来控制喷油，如图 2-32 所示。

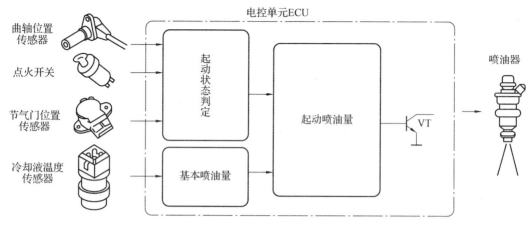

图 2-32　起动时的喷油量控制

（1）ECU 根据曲轴位置传感器、点火开关和节气门位置传感器提供的信号，判定发动机是否处于起动状态，以便决定是否按起动程序控制喷油。

（2）ECU 根据发动机冷却液温度，由存储器中事先设定好的冷却液温度–喷油时间的关系找出相应的喷油脉宽图，再用进气温度和蓄电池电压等参数进行修正，得到起动时的喷油脉宽。

当冷车起动时，发动机温度很低，喷入进气管的燃油不易蒸发，吸入气缸内的可燃混合气浓度相对减小。因此，为了保证发动机起动时具有足够浓度的可燃混合气，ECU 还要根据冷却液温度传感器信号反映的发动机温度高低控制喷油器的喷油量，以使冷态发动机能够顺利起动。冷起动时喷油时间与冷却液温度的关系如图 2-33 所示，温度越低，喷油时间越长，喷油量则越大；反之，温度越高，喷油时间越短，喷油量则越小。

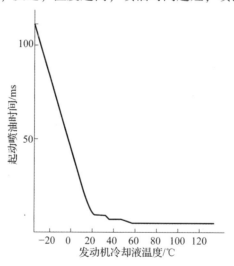

图 2-33　冷起动时喷油时间与冷却液温度的关系

2）发动机起动后喷油量的控制

在发动机起动后的运转过程中，为了提高控制精度，简化计算程序，一般将喷油总量分为基本喷油量、喷油修正量和喷油增量三部分，如图 2-34 所示。计算时先分别计算，然后再叠加在一起。

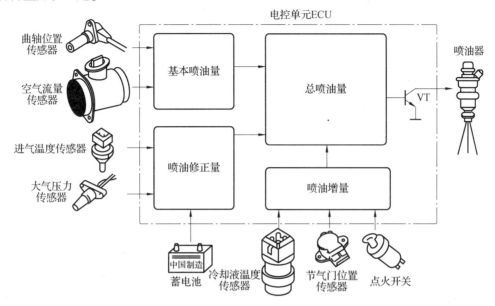

图 2-34 发动机起动后喷油量控制示意图

基本喷油量由空气流量传感器（AFS）信号或歧管压力传感器（MAP）信号、曲轴位置传感器（CPS）信号以及试验设定的空燃比计算确定。

喷油修正量由与进气量有关的进气温度传感器（IATS）信号、大气压力传感器（APS）信号、氧传感器（EGO）信号和蓄电池电压（UBAT）信号计算确定。

喷油增量由反映发动机工况的节气门位置传感器（TPS）信号、冷却液温度传感器（CTS）信号和点火开关（IGN）信号等计算确定。

2.7 发动机怠速控制系统

发动机怠速是很常见的工况，如果怠速控制质量不好，则很容易引起起步后熄火、怠速转速波动大以及怠速振动等现象。因此，需要对发动机怠速转速进行控制。燃油喷射式发动机都配置有怠速控制系统。

影响发动机怠速工况的因素有很多，如发动机老化、气缸积炭、火花塞间隙变化和温度变化等都会导致怠速转速发生改变。为了保持怠速转速的稳定性，需要在负载变化时进行补偿。

1. 怠速控制方式与原理

怠速控制实质上就是怠速转速的控制，也是对怠速工况下进气量的控制，主要有两种控制方式：节气门直动式和旁通空气式，如图2-35所示。

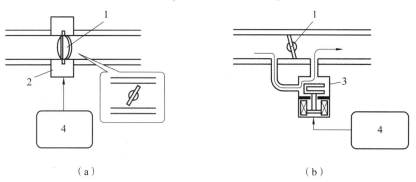

（a）　　　　　　　　　　　　　　（b）

图2-35　怠速进气量控制方法

（a）节气门直动式；（b）旁通空气式

1—节气门；2—节气门控制电动机；3—怠速空气控制阀；4—ECU

车速传感器提供车速信号，气门位置传感器提供节气门开度信号，这两个信号用来判定发动机是否处于怠速状态。ECU识别到怠速状态后，再根据负载情况以及目标怠速转速的设置，实施转速闭环控制。对于旁通空气式，通过怠速控制阀改变怠速旁通空气量，再控制相应燃油供给量的增减，从而改变怠速时的可燃混合气总量，达到怠速转速控制的目的。

2. 怠速控制阀的功用与类型

怠速控制阀的功用是：通过调节发动机怠速时的进气量来调节怠速转速。怠速控制阀安装在发动机节气门体上或节气门体附近，各型汽车采用的怠速控制阀各有不同，常用的怠速控制阀分为步进电动机式、旋转滑阀式、脉冲电磁阀式三种。

1）步进电动机式怠速控制阀

步进电动机是一种由脉冲信号控制其转动方向和转动角度的电动机，利用同性相斥、异性相吸原理即可使转子步进旋转。步进电动机式怠速控制阀安装在发动机进气总管上，主要由步进电动机、螺旋机构、阀芯、阀座等组成，如图2-36所示。

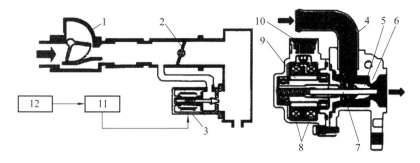

图2-36　步进电动机式怠速控制阀的结构

1—空气流量传感器；2—节气门；3—怠速控制阀；4—旁通空气道；5—阀芯；6—阀座；
7—螺杆；8—定子绕组；9—永磁转子；10—线束插座；11—ECU；12—各种传感器信号

步进电动机的结构与其他电动机一样，由永磁转子、定子绕组等组成，其功用是产生驱动力矩。螺旋机构的作用是将步进电动机的旋转运动变换为往复运动，由螺杆（又称为丝杠）和螺母组成。螺母与步进电动机的转子制成一体，螺杆的一端制有螺纹，另一端固定有阀芯，螺杆与阀体之间为滑动花键连接，只能沿轴向做直线移动，不能做旋转运动。

当步进电动机的转子转动时，螺母将带动螺杆做轴向移动。转子转动一圈，螺杆移动一个螺距。因为阀芯与螺杆固定连接，所以螺杆将带动阀芯调整阀门开度。ECU 通过控制步进电动机的转动方向和转动角度来控制螺杆的移动方向和移动距离，从而达到控制怠速阀开度、调整怠速转速的目的。

2）旋转滑阀式怠速控制阀的结构原理

旋转滑阀式怠速控制阀的结构如图 2-37 所示，主要包括控制阀、冷却液腔、阀体、线圈、永久磁铁、阀轴等。控制阀安装在阀轴的中部，阀轴的一端装有圆柱形永久磁铁，永久磁铁对应的圆周位置上装有位置相对的两个线圈。由 ECU 控制两个线圈的通电和断电，改变两个线圈产生的磁场强度，两线圈产生的磁场与永久磁铁形成的磁场相互作用，即可改变控制阀的位置，从而调节怠速空气口的开度，实现怠速空气量的控制。奥迪 100、200 轿车和别克世纪等轿车都采用的是旋转滑阀式怠速控制阀。

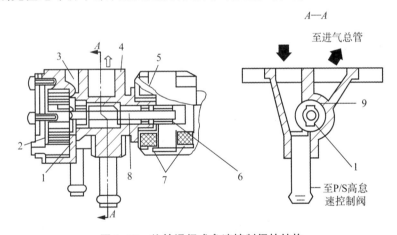

图 2-37　旋转滑阀式怠速控制阀的结构

1—控制阀；2—双金属片；3—冷却液腔；4—阀体；5，7—线圈；6—永久磁铁；8—阀轴；9—怠速空气口

3）脉冲电磁阀式怠速控制阀（ISCV）

脉冲电磁阀式怠速控制阀的结构与普通电磁阀基本相同，具有结构简单、成本低廉、工作可靠等优点。因此，采用车型越来越多，国产奥迪轿车就采用了这种怠速控制阀。

脉冲电磁阀式怠速控制阀的结构如图 2-38 所示，主要由电磁线圈、复位弹簧、阀芯、阀座、固定铁芯、活动铁芯、进气口和出气口等组成。阀芯固定在阀杆上，阀杆一端与固定铁芯连接，另一端设置有复位弹簧。进气口与节气门前端的进气管相通，出气口与节气门后端的进气管相通。

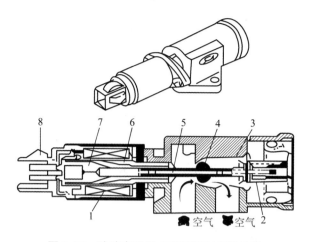

图 2-38　脉冲电磁阀式怠速控制阀的结构

1—线圈；2—复位弹簧；3—阀座；4—阀芯；5—阀杆；6—固定铁芯；7—活动铁芯；8—线束插座

2.8　进气控制系统

进气控制系统主要用来在发动机气缸容积不变的情况下，尽量增加进入气缸的空气量、喷油量，增加混合气总量，提高发动机功率。目前，提高进气量的进气控制系统主要包括进气惯性增压控制系统、废气涡轮增压系统、可变气门控制系统、电子节气门控制系统等。

1. 进气惯性增压控制系统

进气惯性增压系统利用进气惯性产生的压力波来提高充气效率。当气体高速流向进气门时，如果进气门突然关闭，进气门附近的气体流动突然停止，由于惯性作用，进气管中气体仍继续流动，将使进气门附近的气体压缩，压力上升，随即被压缩的气体开始膨胀，向与进气气流相反的方向波动，压力下降。膨胀气体波传到进气管口又被反射回来，如此反复就形成压力波。

如果使进气压力脉动波与进气门的配气相位相配合，就可使进气管内的空气产生谐振，利用谐振效果在进气门打开时就会形成增压进气效果，有利于提高发动机性能。

研究表明，进气管长度变长，压力波波长也变长，可使发动机中低速区功率增大；进气管长度变短，压力波波长也变短，可使发动机高速区功率增大。所以，如果改变进气管长度或者用其他方法改变波长，就可以兼顾整个发动机的工作过程。目前，常见的增压系统有可变进气歧管长度增压系统和谐波进气增压系统。

1）可变进气歧管长度增压系统

可变进气歧管长度增压系统可以根据发动机的转速和负荷的变化来自动改变进气歧管的有效长度，其结构如图2-39所示。当发动机中低速运行时，发动机ECU控制转换阀控制机构关闭转换阀，空气将沿着弯曲而细长的进气歧管进入气缸，如图2-39中实线所示。当发动机高速运转时，转换阀开启，空气经空气滤清器和节气门直接进入进气歧管，路径较短，如图2-39中虚线所示。粗短的进气歧管进气阻力小，波长短，与进气门的开启频率相适应，可提高进气量。

图2-39　可变进气歧管长度增压系统结构

1—转换阀；2—转换阀控制机构；3—ECU

2）谐波进气增压系统

谐波进气增压系统在发动机其他结构不变的基础上，增加了一个谐振室和相应的控制装置在进气管中部。丰田皇冠车型2JZ-GE发动机就是采用的谐波进气增压系统，其总体布置及工作原理如图2-40所示。该发动机进气管长度虽不能变化，但由于在进气管中部增设了一个大容量的空气室和电控真空阀，因此可实现压力波传播有效长度的改变，从而在低速和高速都能够提高发动机性能。

当发动机转速较低时，大容量空气室出口的控制阀关闭，进气管内的脉动压力波传动长度为由空气滤清器到进气门的距离，这一距离较长，是按发动机中低速进气增压效果要求设计的。当发动机转速较高时，ECU接通电磁真空通道阀的电路，真空阀打开，由于大容量空气室的参与，在进气道控制阀处形成气帘，使进气压力脉动波只能在空气室出口和进气门之间传播，便等效缩短了压力波传播距离，使发动机在高速区也能得到较好的气体动力增压效果。

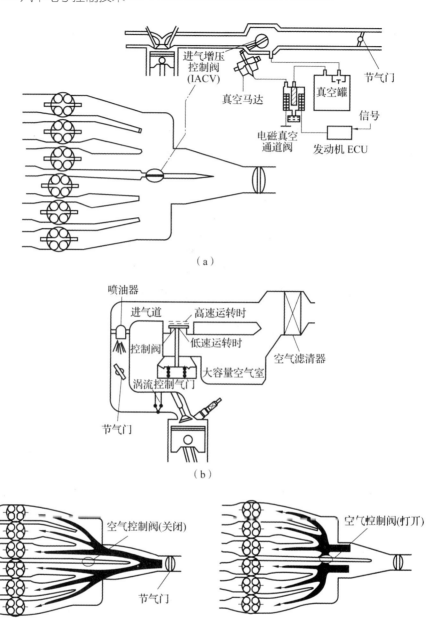

图 2-40　谐波进气增压系统的总体布置及控制工作原理

（a）总布置图 1；（b）总布置图 2；（c）打开 VSV（进气增压阀关闭）；（d）关闭 VSV（进气增压阀打开）

2. 废气涡轮增压系统

废气涡轮增压系统在发动机进气管外安装了一个废气涡轮增压器，进入气缸的气体预先被压缩，再以高密度被送入气缸，使发动机得到更多的新鲜空气，提升发动机功率。研究表明，增压可使发动机功率比非增压提高 40%～60%。

废气涡轮增压系统如图 2-41 所示，主要由废气涡轮增压器（包括动力涡轮和增压涡轮）、膜片式放气控制阀、废气旁通阀组成。发动机的废气在动力涡轮中降压、降温、增速、膨胀，其压力能变为动能，推动涡轮旋转，并带动增压器轴和增压涡轮一起旋转。空气经过空滤器进入增压涡轮，在增压涡轮中减速增压，大部分动能转化为压能，使进气密度增加，从而提高发动机功率。

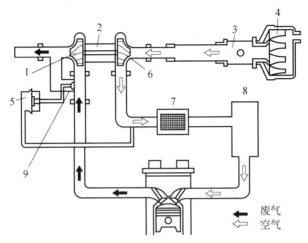

图2-41 废气涡轮增压系统

1—动力涡轮；2—涡轮增压器；3—空气流量计；4—空气滤清器；5—膜片式放气控制阀；
6—增压涡轮；7—中冷器；8—进气室；9—废气旁通阀

废气涡轮增压压力闭环控制系统如图2-42所示。ECU依据发动机的加速、爆震、冷却液温度、进气量等信号确定增压压力的目标值，并通过进气管压力传感器来反馈发动机的实际增压压力值。ECU根据两者的差值控制脉冲信号的占空比，进而分别控制电磁阀的相对开启时间，以此调节可变喷嘴环的角度和废气放气阀的开度，从而控制废气涡轮的转速，以此产生发动机所需要的目标增压压力。

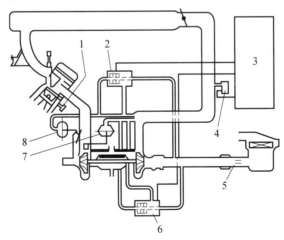

图2-42 废气涡轮增压压力闭环控制系统

1—爆震传感器；2—放气阀控制电磁阀；3—ECU；4—进气管压力传感器；5—空气流量计；
6—可变喷嘴环控制电磁阀；7—可变喷嘴环控制膜盒；8—放气阀真空膜盒

3. 可变气门控制系统

传统的自然吸气式发动机，其配气机构的配气相位和气门升程都是固定的，不同工况下的进气量也是固定的。为了兼顾高低速和大小负荷的各种工况的经济性、排放性能等，可变气门控制技术得到了迅速发展。在发动机转速较高时，希望进气门提早开启、推迟关闭，尽量地增大进气量，提高充量系数。在发动机转速较低时，希望进气门相对推迟开启、提早关闭，如果仍然像高速时一样将进气门提前开启、推迟关闭，会造成进气门开启相位提前角和排气门关闭相位推迟角过大，不仅会使大量废气冲入进气管，还可能将已经吸入气缸的新鲜空气重新推回进气管中，导致发动机工作粗暴、怠速不稳、起动困难。

大众车系可变气门正时系统如图2-43所示，该系统主要由调整电磁阀、可移动活塞、正时链条、凸轮轴调节器、进排气凸轮轴构成。当ECU判定发动机为可变气门正时系统工作时，凸轮轴调整电磁阀并通电，改变凸轮轴调整器内机油的流向，使可移动活塞上、下的机油压力发生变化，从而使链条上、下长度发生变化。

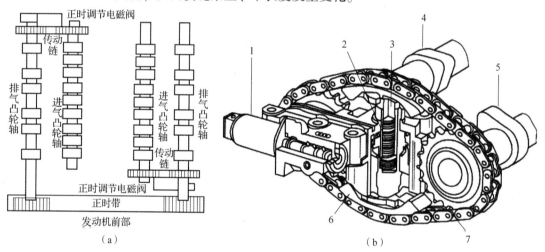

图2-43　大众车系可变气门正时系统

（a）安装位置；（b）组成结构

1—凸轮轴调整电磁阀；2—活塞；3—液压缸；4—排气凸轮轴；5—进气凸轮轴；

6—凸轮轴调整器（与张紧器一体）；7—正时链条

大众车系可变气门正时系统工作情况如图2-44所示。当发动机高速运转时，凸轮轴调整器向上推动活塞，链条下部短、上部长。排气凸轮轴被正时带固定不能转动，链条带动进气凸轮轴顺时针旋转一定角度，从而使进气门打开时间提前，使发动机提前进气，提高进气效率。当发动机在中、低速运转时，凸轮轴调整器向下推动活塞，链条上部变短，下部变长。进气凸轮轴被逆时针旋转一定角度，进气门打开和关闭时间推迟，此时可获得较大输出扭矩。

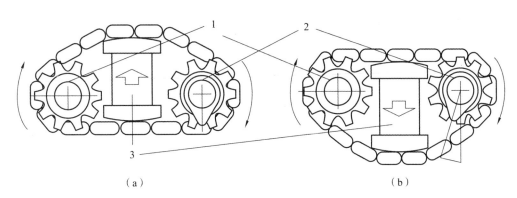

图2-44　大众车系可变气门正时系统工作情况

（a）高转速时；（b）低转速时

1—排气凸轮轴；2—进气凸轮轴；3—可移动活塞

4. 电子节气门控制系统

节气门可直接控制进气发动机的空气流量，决定发动机的运行工况。电子节气门控制系统通过节气门体上的电动机驱动节气门，可实现对节气门开度的快速精确地控制，使发动机处于最佳运行状态。

电子节气门控制系统主要由节气门体、加速踏板、加速踏板位置传感器、节气门位置传感器、直流电动机和电子控制单元等组成，如图2-45所示。ECU根据加速踏板位置传感器的信号检测加速踏板位置和变化速率，并根据节气门位置传感器判断节气门开度大小和变化速率。

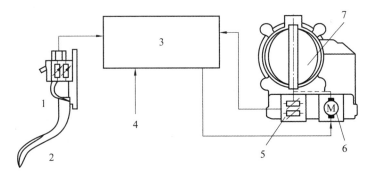

图2-45　电子节气门控制系统

1—加速踏板位置传感器；2—加速踏板；3—电子控制单元；4—其他相关传感器信号；

5—节气门位置传感器；6—直流电动机；7—节气门体

驾驶员操纵加速踏板，加速踏板位置传感器产生相应的电压信号并输入ECU，ECU根据当前的工作模式、踏板移动量和变化率解析驾驶员意图，计算出对发动机转矩的基本需求，得到相应的节气门转角的基本期望值。同时，ECU根据转速、挡位等传感器的信号对该期望值进行修正。节气门位置传感器会把节气门开度信号反馈给ECU，形成闭环控制。电子节气门控制系统的工作原理如图2-46所示。

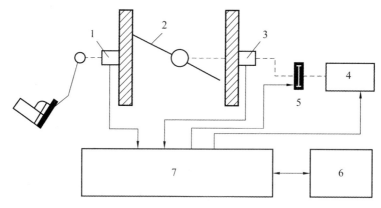

图 2-46 电子节气门控制系统工作原理

1—加速踏板位置传感器；2—节气门；3—节气门位置传感器；4—节气门控制电动机；

5—电磁离合器；6—ABS & TRC & VSC ECU；7—发动机 ECU

2.9 缸内直接喷射系统

缸内直喷式汽油机工作方式与直喷式柴油机工作方式相似，安装在燃烧室内的喷油器将汽油直接喷入燃烧室内，空气则通过进气门进入燃烧室与汽油混合形成混合气。这样，有利于实现合理的气流运动和控制精确的喷油时间，根据不同工况组织混合气，从而达到更好的燃油经济性和更低的排放。

博世公司缸内直喷系统如图2-47所示，该系统主要由空气质量流量传感器、电子节气门、进气歧管压力传感器、燃油压力控制阀、高压油泵、共轨式燃油储压器、点火线圈、电磁高压涡流喷油器、燃油压力传感器、ECU等组成。活塞顶部设计成特殊的凹坑形状，使吸入气缸的空气形成涡流。喷油器直接将汽油喷入，在火花塞周围形成较浓的混合气，以利于混合气的点燃。

缸内直喷发动机的关键技术是稀薄燃烧技术。从理论上来说，空燃比大于理论空燃比14.7：1时的燃烧称为稀薄燃烧。在稀薄燃烧的情况下，热效率随空燃比增加而增加，与一般当量空燃比的发动机相比，热效率能提高8%以上。由于稀薄燃烧时的燃烧温度较低，完全燃烧程度高，爆燃不易发生，可以采用较高的压缩比；再加上汽油能够在过量的空气中充分燃烧，可以提高能量利用率，以及有效降低排放气体中 CO 和 HC 含量；同时，由于燃烧温度的降低，可以有效抑制产生 NO_x 所需的高温条件。

缸内直喷的汽油机燃烧模型可以分为分层稀燃和均质稀燃两种。分层燃烧可以提高空燃比，是缸内直喷发动机实现稀燃的主要方式，也是最有特色、燃油经济性高的主要工作状态之一。

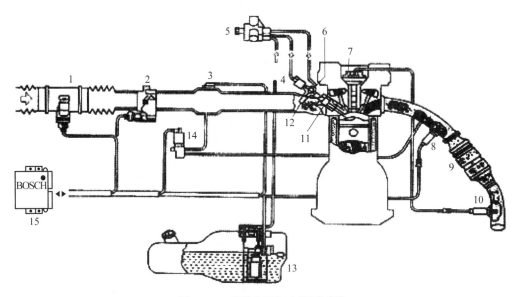

图 2-47 博世公司缸内直喷系统

1—空气质量流量传感器；2—电子节气门；3—进气歧管压力传感器；4—燃油压力控制阀；5—高压油泵；
6—共轨式燃油储压器；7—点火线圈；8—上游宽带氧传感器；9—NO_x 催化转化器；10—下游宽带氧传感器；
11—电磁高压涡流喷油器；12—燃油压力传感器；13—低压油泵；14—EGR 阀；15—ECU

2.10 排放控制系统

随着汽车保有量的增加，汽车排出的尾气成为主要大气污染源之一，汽车尾气造成的环境问题也日益引起人们的重视。汽车排放的主要有害气体有 CO、HC、NO_x 等。汽车产生的废气主要通过排气管、曲轴箱以及汽油蒸发等排入大气，其中 65% ~ 85% 的有害气体来自排气管排出的废气。

为了满足日益严格的排放要求，现代汽车普遍同时采用多种排气净化措施，如废气再循环控制、三元催化转化、活性炭罐蒸发控制、二次空气控制等。

1. 废气再循环控制

废气再循环（Exhaust Gas Recirculation，EGR）控制就是将发动机排出的部分废气引入进气管与新鲜混合气混合后进入气缸，利用废气中所含有大量的二氧化碳不参与燃烧却能吸收热量的特点，降低燃烧温度，达到减少 NO_x 排放的目的，从而实现再循环，同时对送入进气系统的排气进行最佳的控制。

废气再循环系统减少 NO_x 排放的基本原理：混合气在高温下燃烧时，燃烧温度越高，排出的高浓度 NO_x 越多；将废气引入进气系统，混合气的热容量会增加；在进行相同发热量的燃烧时，与不混合废气时相比，混合废气可使燃烧温度下降，从而抑制 NO_x 的产生。NO_x 排放量与燃烧温度的关系如图 2-48 所示，从图中可以看出，NO_x 的排放量随着燃烧温度下降急剧减少。因此，许多生产厂家都把废气再循环作为降低 NO_x 排放量的一种有效手段来使用。

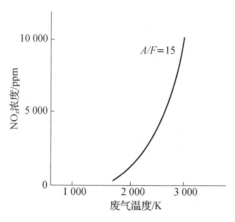

图 2-48 NO_x 排放量与燃烧温度的关系

1）电子式废气再循环控制系统

电子式废气再循环控制系统主要由废气再循环电磁阀、节气门位置传感器、废气再循环控制阀、曲轴位置传感器、ECU、冷却液温度传感器、起动信号开关等组成，如图 2-49 所示。

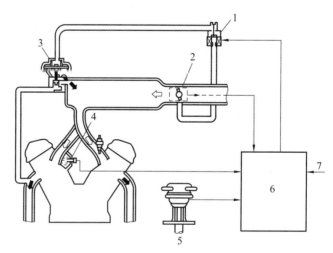

图 2-49 电子式废气再循环控制系统

1—废气再循环电磁阀；2—节气门开关；3—废气再循环控制阀；4—冷却液温度传感器；
5—曲轴位置传感器；6—ECU；7—起动信号

发动机工作时，ECU 根据各种传感器信号，确定发动机处于何种工况之下，控制电磁阀的打开和关闭，使废气再循环进行或停止。当 ECU 对 EGR 控制电磁阀通电时，电磁阀开启，进气管的真空度经真空通道传送到 EGR 阀使 EGR 阀开启，部分废气经废气再循环通道进入进气歧管。当 ECU 对 EGR 控制电磁阀断电时，电磁阀关闭，隔断了通向 EGR 阀的真空通道，EGR 阀关闭，不进行废气再循环。

2）可变 EGR 率废气再循环控制系统

在发动机出厂时，根据发动机台架试验确定的 EGR 率与发动机转速、进气量的对应关系等有关数据被存入发动机 ECU 的 ROM 中。发动机运行时，ECU 根据各种传感器送来的信号，确定发动机在哪一种工况下工作，并经过查表和计算修正，输出适当的指令，控制电磁阀的开度，以调节 EGR 率。

可变 EGR 率的废气再循环控制系统主要由 EGR 控制阀、VCM 真空控制阀、ECU 及各种传感器等组成，如图 2-50 所示。

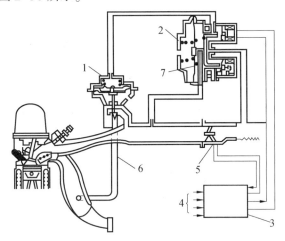

图 2-50　可变 EGR 率的废气再循环控制系统

1—EGR 控制阀；2—VCM 真空控制阀；3—ECU；4—传感器输入信号；
5—节气门位置传感器；6—EGR 管路；7—定压室

VCM 真空调节阀内有两个电磁阀，一个是废气再循环控制电磁阀，另一个是怠速调节电磁阀。发动机工作时，ECU 根据各种传感器信号判断发动机的工况，提供给废气再循环控制电磁阀不同占空比的脉冲电压，使其具有不同打开、关闭频率，以调节进入 VCM 阀负压室的空气量，得到控制 EGR 阀不同开度所需的各种真空度，从而调节不同发动机工况下的 EGR 率。脉冲电压信号的占空比越大，电磁阀打开时间就越长，进入 VCM 阀负压室的空气量就越多，真空度就越小，废气再循环控制阀开度就越小，EGR 率就越小，当小至某一值时，废气再循环阀关闭，废气再循环系统停止工作。相反，脉冲电压信号的占空比越小，EGR 率越大。

3）闭环控制废气再循环系统

上面所述的两种废气再循环系统中，EGR 率只能预先设定，不能检测发动机各种工况下的实际 EGR 率。闭环控制废气再循环系统以 EGR 率作为反馈信号实现闭环控制，如图 2-51 所示。EGR 率传感器安装于稳压箱上，通过测量混合气中的氧气浓度来检测混合气的 EGR 率，并将其检测信号反馈给 ECU。ECU 根据此信号发出控制指令，不断调整 EGR

控制阀的开启高度,以控制混合气中的 EGR 率,使其始终保持在最佳状态。

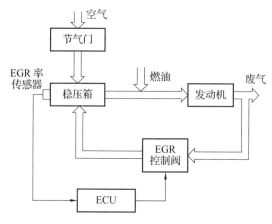

图 2-51 用 EGR 率作为反馈信号的闭环控制系统

2. 三元催化转化

三元催化转化器安装在排气管中部的消声器内,通常由金属外壳、隔热减振衬垫、催化剂载体和催化剂组成,如图 2-52 所示。载体一般为陶瓷材料,分为颗粒和蜂巢两种类型,催化剂一般为铂或钯与铑的混合物,涂附在很薄的孔壁上。废气通过时,三元催化转化器利用催化剂使尾气中的 CO、HC 氧化,同时又利用铑作催化剂使尾气中的 NO_x 还原,生成 CO_2、H_2O、N_2 等无害气体。

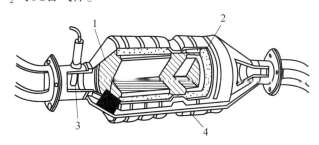

图 2-52 三元催化转化器的结构

1—载体(催化剂);2—衬垫;3—氧传感器;4—外壳

三元催化转化器转化效率与空燃比的关系如图 2-53 所示,从图中可以看出,只有当发动机混合气的浓度在理论空燃比 14.7 附近时,三元催化转化器的转化效率最佳。因此,需要对空燃比进行精确的控制,使空燃比保持在理论空燃比附近。为了更精确地控制空燃比,在发动机控制系统中普遍采用由氧传感器采集的信号作为反馈信号的闭环控制方式。

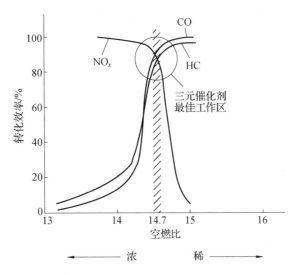

图 2-53　三元催化转化器转化效率与空燃比的关系

3. 活性炭罐蒸发控制

为防止燃油箱向大气排放燃油蒸气而产生污染，在发动机控制系统中普遍采用了由ECU 控制的活性炭罐蒸发污染控制装置。该装置主要由油箱、燃料单向阀、蒸气通气管路、EGR 和炭罐控制电磁阀、排放控制阀、活性炭罐等组成，如图 2-54 所示。

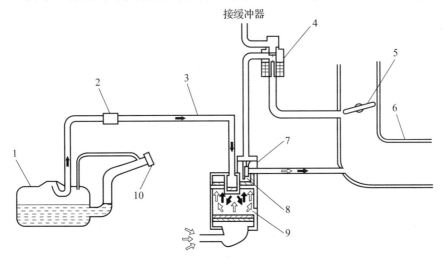

图 2-54　活性炭罐蒸发污染控制装置

1—油箱；2—燃料单向阀；3—蒸气通气管路；4—EGR 和炭罐控制电磁阀；5—节气门；6—进气支管；
7—排放控制阀；8—定量排放小孔；9—活性炭罐；10—油箱盖附真空泄放阀

油箱的燃油蒸气通过单向阀进入活性炭罐上部，空气从活性炭罐下部进入清洗活性炭。炭罐右上方有排放小孔以及受真空控制的排放控制阀，排放控制阀上部的真空度由ECU 控制的炭罐控制电磁阀控制。

发动机工作时，ECU 根据发动机转速、温度、空气流量等信号，控制炭罐电磁阀的开闭来控制排放控制阀上部的真空度，从而控制排放控制阀的开度。当排放控制阀打开时，燃油蒸气通过排放控制阀被吸入进气支管，并进入燃烧室参与燃烧。

4. 二次空气控制

二次空气喷射方法是使用空气泵将一定量的新鲜空气经空气喷管喷入排气管或催化转化器中，使废气中的 CO 和 HC 进一步氧化或者燃烧成为 CO_2 和 H_2O，达到减少 CO 和 HC 排放的目的。

二次空气喷射系统主要由空气泵、旁通阀、真空管、空气分配管、单向阀等组成，如图 2-55 所示。空气泵通常由发动机驱动，其产生的低压空气称作二次空气。分流阀与排气管之间以及分流阀与催化转化器之间装有单向止回阀，以防废气进入二次空气喷射系统。分流线圈及旁通线圈由 ECU 控制，当接通发动机点火开关之后，电源电压便施加到两个线圈的绕组上，ECU 通过对每个绕组提供接地使线圈通电。

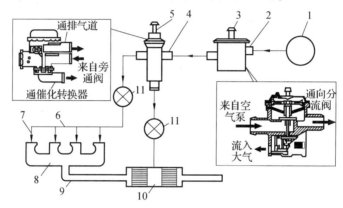

图 2-55 二次空气喷射系统

1—空气泵；2—旁通阀；3，5—真空管；4—分流阀；6—空气分配管；7—空气喷管；
8—排气歧管；9—排气管；10—催化转化器；11—单向阀

思考题

1. 汽车发动机电子控制燃油喷射系统（EFI）由哪几部分组成？

2. 电控发动机空气供给系统的功用是什么？

3. 电控发动机燃油供给系统的功用是什么？

4. 按控制方式的不同，可将发动机燃油喷射系统分为哪几种类型？按喷油器喷油部位的不同，可将发动机燃油喷射系统分为哪几种类型？

5. 何谓单点燃油喷射系统（SPI）？何谓多点燃油喷射系统（MPI）？

6. 空气流量传感器的功用是什么？

7. 热丝式与热膜式空气流量传感器主要由哪些部件组成？为什么现代汽车电子控制汽油喷射系统普遍采用热膜式空气流量传感器？

8. 压力传感器的功用是什么？

9. 曲轴位置传感器（CPS）的功用是什么？凸轮轴位置传感器（CIS）的功用是什么？

10. 发动机燃油喷射系统常用的曲轴与凸轮轴位置传感器有哪些？

11. 节气门位置传感器的功用是什么？根据结构和输出信号的类型不同，可将节气门位置传感器分为哪些类型？

12. 在电子控制燃油喷射系统中，电动燃油泵的供油量远远大于发动机最大耗油量的目的是什么？

13. 按结构的不同，可将电控喷油系统采用的电动燃油泵分为哪五种？常用的电动燃油泵有哪三种？

14. 按安装方式的不同，可将发动机燃油喷射系统采用的电动燃油泵分为哪两种？为什么大多数汽车燃油喷射系统都采用内置式电动燃油泵？

15. 发动机燃油喷射系统采用的电动燃油泵主要由哪些部件组成？电动燃油泵设置单向阀的目的是什么？电动燃油泵设置限压阀的目的是什么？

16. 在发动机燃油喷射系统中，油压调节器的功用是什么？一般安装在什么部位？

17. 电磁喷油器的功用是什么？按结构和阻值的不同，可将其分为哪几种类型？

18. 喷油器的控制原理是什么？

19. 汽油发动机怠速时进气量的控制方式分为哪两种？怠速控制阀的功用是什么？

20. 提高进气量的进气系统有哪些？

21. 可变气门正时系统的工作过程是怎样的？

22. 何谓缸内直喷？其优点是什么？

23. 排气净化措施主要有哪些？

24. 废气再循环系统减少 NO_x 排放的原理是什么？

第3章

柴油机电控喷油技术

柴油机电控喷油技术的全称是柴油发动机电子控制燃油喷射技术。1893 年 2 月 23 日，德国人鲁道夫·狄塞尔（Rudolf Diesel）博士发明了狄塞尔发动机，即柴油发动机或柴油机。柴油发动机为压燃式发动机，喷油压力很高（160 ~ 200 MPa）。柴油机电子控制技术在汽车上的应用，有力地推动了柴油机技术的进一步发展。

3.1　柴油机电控燃油喷射系统的组成与分类

目前，装备柴油机电控燃油喷射系统的载货汽车和轿车越来越多。柴油机上采用电子控制技术，特别是采用高压共轨式电控喷油技术，是柴油机技术发展的必然趋势。

1. 柴油机电控燃油喷射系统的组成

柴油机电控燃油喷射系统同汽油机电控燃油喷射系统一样，也是由传感器、电子控制单元和执行器三大部分组成。

传感器的功用是检测发动机运行时的状态参数。柴油机电控燃油喷射系统常用的传感器有：曲轴位置（发动机转速与转角）传感器、凸轮轴位置传感器、加速踏板位置（或油量调节齿杆位置）传感器、大气压力传感器、进气温度传感器、燃油温度传感器、冷却液温度传感器、共轨油压传感器、空气流量传感器（增压柴油机采用）以及车速传感器等。

电子控制单元是柴油机电控燃油喷射系统的核心，是一个以单片机为核心的电子控制器。目前，中央处理器（Central Processing Unit，CPU）普遍采用高速 32 位进行数学运算和数据处理。ECU 的功用是根据发动机转速和油量调节齿杆位置等传感器检测的柴油机运行状态参数，与其内预先存储的发动机特性参数图谱（MAP 图）进行比较，计算确定喷油量和喷油时间等控制参数，并按计算所得目标值向执行器发出控制指令。此外，ECU 还具有通信和其他功能，如与自动变速 ECU 进行数据传输和交换、适时修正喷油量和喷油提前角等。

执行器（执行机构）的功用是根据 ECU 发出的控制指令执行相应的任务，主要是控制喷油量、喷油定时和喷油压力等。控制系统的控制策略不同，采用执行器的种类也不相同。位置控制式柴油喷射系统采用的执行器有电磁铁机构、直流电动机、步进电动机和机械式喷油器；时间控制式柴油喷射系统采用的执行器有电磁阀和机械式喷油器；高压共轨式柴油喷射系统采用的执行器有电动燃油泵、燃油压力控制阀、电磁式喷油器或压电晶体式喷油器等。无论采用何种控制策略，喷油器都是控制喷油量和喷油定时的最终执行器。

2. 柴油机电控燃油喷射系统的分类

柴油机从机械控制时代就已开发应用了直列泵、分配泵、单体系和泵喷嘴等结构形式、适用范围和自身特点完全不同的燃油系统，产品种类繁多。因此，在此基础上开发研制的电控燃油喷射系统种类繁多、形式各异。柴油机电控燃油喷射系统分类如下：

按控制方式的不同，可将柴油机电控燃油喷射系统分为位置控制式柴油喷射系统、时间控制式柴油喷射系统和高压共轨式电控燃油（柴油）喷射系统三种类型。

按控制对象的不同，可将柴油机电控燃油喷射系统分为电控喷油泵系统和共轨式电控喷油系统两大类。共轨式喷油系统分为高压共轨式喷油系统和中压共轨式喷油系统两种类型，目前使用的共轨式喷油系统大都是高压共轨式喷油系统。

按喷油泵供油机构结构形式的不同，可将电控喷油泵系统分为直列泵式电控喷油系统、分配泵式电控喷油系统、泵喷嘴式电控喷油系统和单体系式电控喷油系统四种类型。

3.2　柴油机电控喷油技术基础

20 世纪 70 年代以来，在满足柴油机排放法规和提高燃油经济性等要求的背景下，柴油机电控燃油喷射技术先后被各汽车生产厂家用来控制喷油量和喷油定时等控制参数，开发了各式各样的电控柴油喷射系统。由于控制对象各不相同，因此，各电控喷油系统的控制功能、控制策略与控制原理亦不尽相同。

1. 柴油机电控喷油系统的控制功能

柴油发动机电控燃油喷射系统的种类不同、应用对象不同（轿车或载货汽车）以及控制策略不同，其控制功能各不相同。但是，每一种电控柴油喷射系统都具有喷油量控制和故障自诊断控制等基本功能。到目前为止，柴油发动机电子控制燃油喷射系统的控制功能如表 3-1 所示。

表 3-1 柴油发动机电子控制燃油喷射系统的控制功能

控制功能	控制内容	备注
喷油量控制	基本喷油量控制	
	起动喷油量控制	
	怠速转速（喷油量）控制	
	加速时喷油量控制	
	各缸不均匀油量补偿控制	
	恒定车速（巡航）控制	
喷油定时控制	基本喷油定时控制	
	起动喷油定时控制	
	低温时喷油定时控制	
喷油压力控制	基本喷油压力控制	共轨式电控柴油喷射系统可以实现
喷油特性控制	预喷油量控制	
	预行程控制	
	多段喷射控制	高压共轨式电控柴油喷射系统才能实现
辅助控制	故障自诊断控制	
	故障应急处理控制	
	进气量控制	
	排气再循环 EGR 控制	EGR 系统才能实现

2. 柴油机电控喷油系统的控制策略

40 多年来，柴油机电控喷油系统已经经历了位置控制、时间控制和高压共轨控制三代变化。典型控制系统的控制策略和主要技术特点如表 3-2 所示。

表 3-2 柴油发动机电子控制燃油喷射系统的控制策略

技术类别	控制策略	典型燃油系统名称	控制项目				技术特点
			喷油量	喷油定时	喷油压力	喷油特性	
第一代	凸轮压油+位置控制	COVEC-F	●	●	○	○	喷油量由 ECU 控制油量调节齿杆或滑套的位移量进行控制；喷油定时由定时控制阀 TCV 通过控制液压提前器活塞高压腔与低压腔之间的压差来控制
		ECD-V1	●	●	○	○	
		TICS	●	●	○	○	

技术类别	控制策略	典型燃油系统名称	控制项目				技术特点
			喷油量	喷油定时	喷油压力	喷油特性	
第二代	凸轮压油+电磁阀时间控制	ECD-V3	●	●	○	○	喷油量由 ECU 控制电磁阀进行控制；喷油定时控制方法与第一代相同，但反馈控制信号不同
		VP	●	●	○	○	
第三代	燃油蓄压+喷油器时间控制	ECD-U2 ECD-U2P UNIJET CRS	●	●	●	●	喷油量和喷油定时均由 ECU 通过控制各缸喷油器的电磁机构来控制；喷油压力由 ECU 通过控制压力控制阀 PCV 来控制，燃油压力的产生与发动机转速和负荷无关

注：符号●表示具有该项控制功能；符号○表示没有该项控制功能。

喷油量是柴油机工作过程中最重要的参数之一。柴油机设计师们的最大理想就是根据柴油机的实际工况，自由控制每循环的喷油量。随着高压共轨式电控柴油喷射技术的应用，设计师们的梦想正在变为现实。

3. 柴油机喷油量的计算方法

柴油机每循环的基本喷油量可用公式（3-1）进行计算。

$$Q_j = \frac{98 p_e V_h g_e}{27 \gamma_m} = \frac{50 N_e g_e}{3 n_t \gamma_m} \quad （\text{mm}^3/\text{冲程}） \tag{3-1}$$

式中　Q_j——基本（标定工况）喷油量，mm^3/冲程；

p_e——平均有效压力，kPa；

V_h——每缸排量，L；

g_e——比油耗，g/（kW·h）；

γ_m——燃油密度（轻质柴油：$\gamma_m = 0.82 \sim 0.89$ g/cm^3）；

N_e——每缸标定功率，kW；

n_t——标定工况凸轮转速，r/min。

标定工况的喷油量是柴油机工作过程中最基本的喷油量。式（3-1）说明，基本喷油量 Q_j 与凸轮转速 n_t 成反比。因为发动机转速 n_e 与凸轮转速 n_t 为一定比值关系，所以基本喷油量 Q_j 与发动机转速 n_e 也成反比关系。当转速升高时，发动机在一个工作循环内所占的时间缩短，其进气量将减小，所以基本喷油量 Q_j 减小。

柴油机在各种工况下工作时，每循环喷油量的变化范围是（1.0~1.5）Q_j。其他工况下的喷油量与基本喷油量之间的关系如下。

起动喷油量为

$$Q_q = (1.3 \sim 1.5)Q_j \tag{3-2}$$

怠速喷油量为

$$Q_d = (0.2 \sim 0.25)Q_j \tag{3-3}$$

上述公式都是经验公式，用其计算的喷油量具有一定的精度，曾广泛应用于机械式供油系统喷油量的计算。由于柴油机各具特点，因此，最后仍应在此基础上，根据具体发动机进行试验修正后，即可得到较为理想实用的喷油量数据。

4. 电控喷油泵系统喷油量的控制原理

在机械式燃油系统中，柴油机大都采用机械式调速器来调节喷油量，利用离心力与弹簧作用力的平衡关系决定调节齿杆的位移，从而控制喷油量的大小。在电控喷油系统中，喷油器则是在电控单元 ECU 的控制下喷射燃油。控制对象不同，喷油器的控制原理也不相同。

为了满足排放法规和油耗法规的要求，每循环的基本喷油量 Q_j 都经过精确计算和反复试验。利用计算机的存储功能，将试验得到的最佳数据（即发动机在不同转速和不同负荷下对应的最佳基本喷油量）以三维图形（称为曼谱图 MAP）形式存储在计算机的只读存储器 ROM 中，如图 3-1 所示。再利用计算机的查寻功能和控制功能，通过控制执行器动作将喷油量控制在最佳值。

当发动机工作时，ECU 根据加速踏板位置传感器信号（齿杆位置信号）A_c 和发动机转速（曲轴位置）传感器信号 n_e，利用计算机的查寻功能，即可从三维图形（MAP 图）中得到相应的最佳基本喷油量数值 Q_j；再利用计算机的数学计算与逻辑判断功能以及其他传感器提供的喷油量修正信号，即可计算确定最佳喷油量，并向执行器（电磁铁机构、直流电动机或电磁阀）发出控制指令；执行器在 ECU 输出回路的驱动下动作，使喷油器按最佳喷油量喷射柴油，完成一次喷油过程。

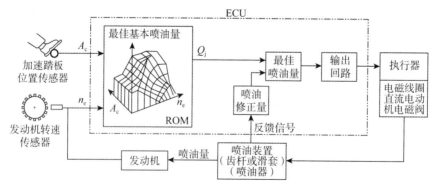

图 3-1 电控喷油泵系统基本喷油量的控制原理

在发动机工作过程中，电控系统不断循环上述过程，即可实现喷油量的实时控制。

在位置控制式电控喷油泵系统中，利用转速传感器+齿杆（或滑套）位置传感器+电控单元 ECU+电磁执行机构来替代机械式调速器，由电控单元 ECU 根据各种传感器信号计算确定喷油量，通过控制这些执行机构动作使调节齿杆（或滑套）产生位移来控制喷油量，执行器为电磁机构。齿杆（或滑套）的位移量信号为反馈信号，输入ECU对喷油量实现反馈控制。

在电磁阀时间控制式电控喷油泵系统中，执行器为电磁阀，ECU则直接控制电磁阀来控制喷油量。因为电磁阀响应速度较快，故系统中未采用反馈控制信号来修正喷油量。

在柴油发动机中，因为喷油量由柴油机的工作负荷确定，所以反映发动机负荷的加速踏板位置（齿杆位置）传感器信号 A_c 与反映发动机进气量的发动机转速（曲轴位置）传感器信号 n_e 是确定喷油量最基本也是最重要的信号。因此，加速踏板位置传感器或发动机转速传感器一旦发生故障，电控系统将控制发动机处于应急状态（跛行状态）运行，以便驾驶员回家或将车辆行驶到修理厂修理。

3.3　位置控制式柴油喷射系统

位置控制式柴油喷射系统为第一代电子控制柴油喷射系统，是早期（20世纪70年代）研制的电子控制柴油喷射系统，其结构特点是：将机械式调速器换成了电子调速器（确切地说，应该是机电一体式调速器或电子控制式调速器），将机械式喷油提前器换成了电子提前器（机电一体式提前器或电子控制式提前器），二者既可选装其中一种，也可同时安装两种；执行器采用了电磁执行机构，包括线性电磁铁机构、旋转电磁铁机构、线性直流电动机和步进电动机等，使油量调节实现了电子控制。

1. 位置控制式喷油系统的控制方法

1）喷油量的控制

位置控制式柴油喷射系统的控制策略是：凸轮压油+位置控制。即燃油的压送机构与机械式燃油系统相同，仍由凸轮驱动压油；喷油量则由转速传感器+齿杆（或滑套）位置传感器+电控单元ECU+电磁执行器组成的电子调速器进行调节。控制方法是ECU通过控制电磁执行机构动作，使油量调节齿杆（又称为齿条）或油量调节滑套（简称滑套）的位移量产生变化来调节喷油量，故又称为位移控制式柴油喷射系统，其控制方法如图3-2所示。

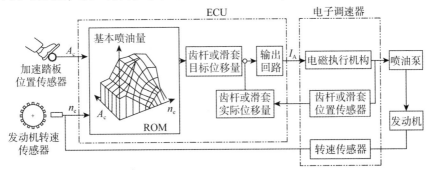

图3-2　位置控制式柴油喷射系统喷油量的控制方法

控制喷油量的基本信号有发动机转速信号和加速踏板位置传感器检测的节气门开度信号；喷油量反馈控制信号是齿杆（或滑套）位置传感器信号（即位移量信号）。控制原理如下：

加速踏板位置（齿杆位置）传感器信号和发动机转速传感器信号输入 ECU 后，即可从 MAP 图中查寻得到基本喷油量数值，ECU 根据喷油量数值即可计算确定调节齿杆（或滑套）的目标位移量（即齿杆或滑套的目标位置），并向电子调速器发出控制指令，电磁执行机构（线性电磁铁机构、旋转电磁铁机构或线性直流电动机等）在输出回路的驱动下动作，同时驱动油量调节齿杆（或滑套）向目标位置移动，从而改变喷油器喷油量的大小。

喷油量采用电子调速器控制的系统是一个闭环控制系统。在电磁执行机构驱动调节齿杆（或滑套）向目标位置移动的同时，齿杆（或滑套）位置传感器将把齿杆（或滑套）的实际位移量信号检测出来，并反馈到电控单元 ECU，ECU 根据目标位移量和实际位移量计算确定位移的修正量，通过调节电磁执行机构驱动电流的大小，对齿杆（或滑套）的位移量进行修正，从而实现喷油量闭环控制。

2）喷油定时的控制

喷油定时是指何时开始喷油，又称为喷油正时。因此，控制喷油定时就是控制喷油提前角。位置控制式喷油系统喷油定时（喷油提前角）控制采用了喷油泵转速传感器、ECU、喷油定时控制阀和喷油提前器活塞位置传感器组成的电子提前器进行控制，其控制方法如图 3-3 所示。

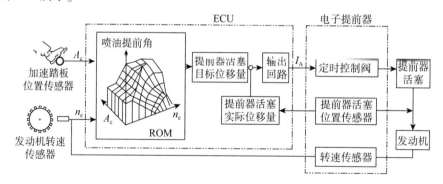

图 3-3　位置控制式柴油喷射系统喷油定时的控制方法

电控单元 ECU 根据喷油泵（或发动机）转速传感器信号和加速踏板位置传感器信号在 MAP 图中查寻喷油提前角数值后，计算确定定时控制活塞的目标位移量，并向定时控制阀发出占空比信号控制活塞左右移动，从而使喷油提前角增大或减小。

在提前器活塞移动的同时，位置传感器将把活塞的实际位移量信号检测出来并反馈到 ECU，ECU 根据实际位移量与目标位移量之差，通过调节控制信号的占空比，对喷油定时进行反馈控制，从而实现喷油定时的闭环控制。

2. 位置控制式柴油喷射系统的特点

位置控制式柴油喷射系统是在机械式柴油喷射系统的基础上进行电子技术改造而成，控制喷油量的实质是：控制油量调节滑套（或齿杆）的位移量；控制喷油定时（喷油提前角）的实质是：控制定时控制活塞的位移量。上述分析可见，位置控制式柴油喷射系统主要具有以下特点：

（1）升级改造成本较低，不仅保留了传统供油系统的喷油泵、高压油管、喷油嘴等主要部件，而且保留了喷油泵中控制喷油量的油量调节滑套（或齿杆）等机械传动机构，柴油机原有喷油系统改动较小。因此，生产继承性较好。

（2）喷油量采用电子调速器控制，取消了原有的机械式调速机构，采用了发动机（或喷油泵）转速传感器、滑套（齿杆）位置传感器、电控单元 ECU 和线性电磁铁机构组成的电子调速器来控制喷油量，并利用滑套（或齿杆）位置传感器信号对喷油量实施反馈控制。

（3）喷油定时采用电子提前器 EVT 控制，采用了发动机（或喷油泵）转速传感器、喷油提前器活塞位置传感器、电控单元 ECU 和喷油定时控制阀组成的电子提前器来控制喷油定时（喷油提前角），并利用喷油提前器活塞位置传感器信号对喷油定时（喷油提前角）实施反馈控制。

（4）柴油机性能得以改善。由于喷油量采用电子调速器控制，喷油定时（喷油提前角）采用电子提前器 EVT 控制，并利用位置传感器信号分别对喷油量和喷油提前角进行反馈控制，因此，执行机构的响应速度有所加快，控制精度大大提高，柴油机的动力性和经济性得到改善。但是，由于燃油的压送机构与机械式燃油系统相同，仍由凸轮驱动压油，燃油喷射压力没有提高，因此，难以改善柴油机的排放性能。

位置控制式柴油喷射系统虽然只能有限改善柴油机的动力性与经济性，但是，电子调速器和电子提前器在柴油机上的应用，为柴油机电子控制技术的发展奠定了基础。

3.4　时间控制式柴油喷射系统

时间控制式柴油喷射系统为第二代电子控制柴油喷射系统，是在位置控制式柴油喷射系统的基础上开发而成的。由于位置控制式柴油喷射系统喷油量控制采用的是电磁机构驱动杠杆传动机构使滑套或齿杆位移以进行控制的方式，故喷油延迟时间较长（ECD-V1 型电控分配泵系统为 40～50 ms）。为了提高柴油喷射系统的响应速度和控制精度，20 世纪 80 年代开始利用结构简单、响应速度快的电磁阀来直接控制喷油，去掉了导致喷油延迟的杠杆传动机构，使喷油延迟时间接近于 0。

所谓时间控制，是指利用高速电磁阀控制喷油结束时刻来调节喷油量的控制方法。高速电磁阀又称为高速开关电磁阀，是一种电磁阀阀门打开与关闭动作速度快、响应时间短的电磁阀。

时间控制式柴油喷射系统的控制策略是：凸轮压油＋电磁阀时间控制，即通过喷油泵的凸轮运动来实现燃油升压。喷油量由电磁阀直接控制，控制方法是将控制柴油机齿杆（或滑套）的位移改为直接控制电磁阀阀门的开闭，使高压柴油立即卸压溢流来结束喷油，如图3-4所示。

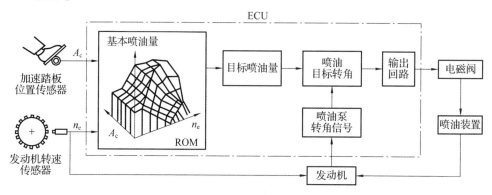

图3-4　时间控制式电控分配泵系统的控制方法

加速踏板位置（齿杆位置）传感器信号和发动机转速传感器信号输入ECU后，即可从MAP图中查寻得到目标喷油量，ECU根据目标喷油量和喷油泵转角信号计算确定对应的喷油目标转角，并向高速电磁阀发出控制指令，电磁阀在输出回路的驱动下动作，从而实现喷油量控制。

在时间控制式电控分配泵系统中，喷油始点并未采用高速电磁阀控制，而是与传统的分配泵一样，由分配泵端面凸轮的行程决定，凸轮运动使油压开始上升时刻对应了喷油开始时刻。

时间控制式柴油喷射系统的显著特点是：喷油终点（喷油结束时刻）由高速电磁阀控制。因为高速电磁阀开关动作的响应速度很快（目前，电磁阀的开关响应时间已经达到0.25 ms），所以控制喷油结束时刻就可控制喷油量：喷油结束时刻越晚，喷油量越大；反之，喷油结束时刻越早，喷油量就越小，故称为"时间控制"。

由于采用单片机准确地控制时间比控制位移要容易得多，因此时间控制系统的结构得到了大大简化，响应速度和控制精度得到了大大提高，该系统至今仍广泛用于各种乘用汽车和商用汽车，并为进一步开发降低柴油机排放的高压共轨式柴油喷射系统奠定了良好的基础。

时间控制式柴油喷射系统的缺点是：未能从根本上解决柴油机的动力性、经济性和排放性能问题，难以满足日益严格的排放要求。由于喷油压力仍然利用凸轮驱动柱塞压油产生，因此对转速的依赖性很大，在低速、小负荷时，其喷油压力不高，难以实现多次喷射，不利于降低柴油机的振动噪声和提高动力性与经济性。此外，喷油压力完全依赖于凸轮型线的设计，难以实现喷油压力控制，使发动机的排放性能改善受限。

3.5 高压共轨式柴油喷射系统

高压共轨式柴油喷射技术是一种全新的电子控制柴油喷射技术，其基本原理与汽油喷射技术相似。输油泵（电动燃油泵）将柴油从油箱输送到高压泵（高压油泵）内，高压泵在发动机的驱动下将柴油加压压缩成高压燃油（油压高达 160～200 MPa）后供入公共供油轨（俗称"共轨"），在电控单元 ECU 的控制下，共轨中的适量高压燃油经各缸高压油管和各缸电控喷油器直接喷射到气缸内燃烧做功。

1. 高压共轨式柴油喷射系统的组成

目前，全球提供共轨式柴油喷射系统的公司主要有德国博世（Bosch）公司和西门子（Siemens）公司、美国德尔菲（Delphi）公司和凯特皮勒（Caterpillar）公司以及日本电装（Denso）公司。各公司研制的共轨式柴油喷射系统有多种类型，但结构原理大同小异，最具代表性的是 20 世纪 70 年代中后期博世公司和电装公司推出的高压共轨式柴油喷射系统。其中，博世公司高压共轨式柴油喷射系统（Common Rail System，CRS）的结构如图 3-5 所示。

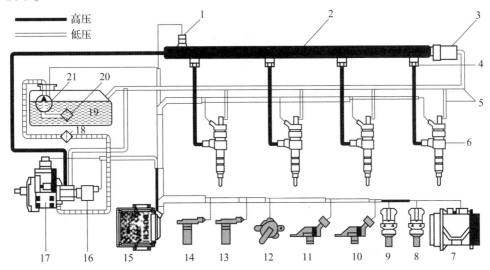

图 3-5 博世公司高压共轨式柴油喷射系统的结构

1—共轨油压传感器；2—共轨；3—限压阀；4—流量限制阀；5—低压回油管；6—电控喷油器；7—空气流量传感器；
8—进气温度传感器；9—冷却液温度传感器；10—大气压力传感器；11—增压压力传感器；12—加速踏板位置传感器；
13—凸轮轴位置传感器；14—曲轴位置传感器；15—ECU；16—压力控制阀 PCV；17—高压泵（带供油切断电磁阀）；
18—燃油细滤器；19—油箱；20—燃油粗滤器；21—电动燃油泵

1）电动燃油泵

电动燃油泵既可安装在柴油箱内部，也可安装在柴油箱外面的低压油路上。由于安装在油箱内部易于散热,故普遍采用这种安装方式。电动燃油泵的功用是向高压泵提供具有一定压力(一般为 250 kPa)和容积(最大供油量为 3 L/min)的燃油。电动燃油泵受 ECU 控制,点火开关一旦接通,ECU 便控制油泵继电器接通电动燃油泵电路,电动燃油泵就开始供油。如果在规定时间内(9 s 左右)仍未接通起动开关来起动发动机,ECU 将自动切断电动燃油泵电源电路,电动燃油泵将停止运转。

2)高压泵

高压泵又称为供油泵或高压油泵,是燃油供给系统低压通道与高压通道之间的接口部件。高压泵的功用是:在柴油机各种工况下,将低压柴油加压压缩,向共轨管内供入压力足够高、油量足够大的高压燃油。高压泵与普通喷油泵一样安装在柴油机上,通过离合器、齿轮、链条或齿带由发动机驱动。但安装高压泵时,只需考虑供油功能,无须考虑定时位置。

博世公司高压共轨式电控喷油系统采用 CPI 系列柱塞式高压泵,其轴向剖面结构如图 3-6 所示,主要由偏心轮、柱塞组件、进油阀、出油阀和油道等组成。

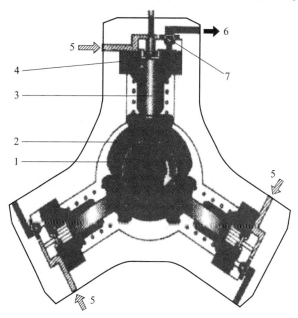

图 3-6 CPI 型高压泵轴向剖视图

1—传动轴;2—偏心轮;3—柱塞组件;4—进油阀;5—进油口;6—出油口;7—出油阀

高压泵加压的燃油由输油泵供给。输油泵(电动燃油泵)运转时,将油箱内柴油经低压油管、高压泵进油口、单向阀和低压通道输送到进油阀处。当柴油机转动时,高压泵按一定速比随柴油机一同旋转。高压泵转动时,偏心轮便使柱塞径向移动。

当柱塞下行时,柱塞腔容积增大,压力降低,使进油阀打开,低压燃油由进油阀进入柱塞腔,对高压泵进行充油。

当柱塞上行时(见图 3-7),柱塞腔容积减小,压力增大,使进油阀关闭,燃油建立起高压。当柱塞上行行程增大使腔内压力高于共轨中的燃油压力时,出油阀被打开,柱塞腔内的高压燃油便在压力控制阀的控制下供入共轨管内。

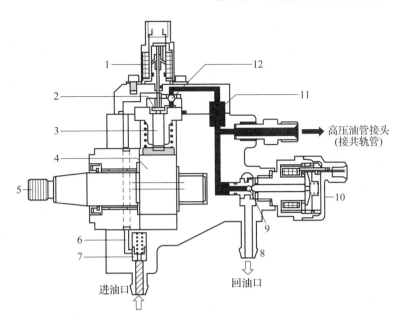

高压油管接头
(接共轨管)

回油口

进油口

图 3-7 博世高压共轨系统 CP3 系列高压泵的轴向结构

1—供油切断电磁阀；2—进油阀；3—柱塞；4—偏心轮；5—驱动轴；6—低压通道；7—单向阀；
8—低压回油管接头；9—球阀；10—压力控制阀；11—密封件；12—出油阀

3）压力控制阀

压力控制阀（Pressure Control Valve，PCV）又称为调压阀、共轨压力控制阀或供油泵控制阀，其功用是根据发动机负荷和转速变化，自动调节供入共轨管内的燃油压力（包括压力升高、降低或保持不变）。

博世公司高压共轨式电控喷油系统中 PCV 的结构如图 3-8 所示，主要由电磁线圈（电阻值为 3.2 Ω）、衔铁（铁芯）、球阀和复位弹簧等部件组成。为了保证衔铁润滑和线圈散热，衔铁周围有燃油流过。

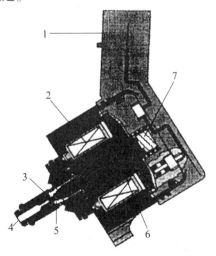

图 3-8 博世 PCV 的结构

1—线束插头；2—电磁线圈；3—球阀；4—高压接头；5—回油腔；6—衔铁；7—复位弹簧

PCV 调节油压是通过调节高压泵供入共轨管内的燃油量来实现的。供油量越大，燃油压力越高；反之，供油量越小，燃油压力越低。如果不计高压管路的油压损失（实际压降也很小），则共轨管内的燃油压力以及喷油器的喷油压力就等于高压泵（供油泵）高压接头出口处的燃油压力。因为 PCV 是一个电磁阀，所以可以十分方便地安装在高压泵上，也可安装在共轨管上。

在 PCV 中，球阀是控制共轨燃油压力（即喷油压力）的关键元件。球阀一侧承受高压泵供给共轨的燃油压力，另一侧连接衔铁并与回油腔相通，回油腔与低压回油管连接。球阀受共轨的燃油压力、复位弹簧的预紧力以及电磁线圈在衔铁中产生的电磁力这三个力的作用。

当电磁线圈断电时，复位弹簧的预紧力（张力）使球阀紧压在阀座上。复位弹簧的设计负荷一般为 10 MPa，即共轨中的燃油压力至少要达到 10 MPa 时，PCV 的回油腔中才有可能有燃油溢流到低压回油管路。

当电磁线圈通电时，共轨燃油压力除了要克服弹簧预紧力之外，还要克服电磁线圈在衔铁中产生的电磁力才能使球阀打开溢流。PCV 的电磁线圈受 ECU 控制，由于线圈产生电磁力的大小与流过线圈平均电流的大小成正比，因此 ECU 通过控制占空比的大小，即可控制线圈平均电流的大小，从而控制共轨燃油压力的高低。当占空比增大时，线圈平均电流增大，衔铁产生的电磁力增大，球阀开度增大，回油量增大，共轨燃油压力降低；反之，当占空比减小时，球阀开度减小，回油量减小，共轨燃油压力升高；当占空比保持不变时，球阀开度不变，溢流量不变，共轨燃油压力也就保持不变。

4）共轨

共轨是公共供油轨的简称，相当于电控汽油喷射系统的燃油分配管、燃油总管或油架。在共轨上连接有高压燃油入口接头、共轨油压（高压）传感器、限压阀和流量限制阀等，这些部件与共轨一起组成的总成称为共轨组件，如图 3-9 所示。其中，限压阀和流量限制阀为安全装置，用于防止供油系统部件发生故障导致共轨燃油压力过高而损坏机件或高压燃油泄漏。

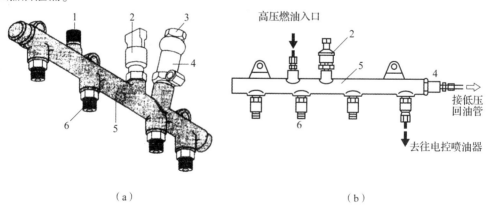

（a）　　　　　　　　　　　　　　（b）

图 3-9　博世公司共轨组件的结构

（a）立体图；（b）平面结构

1—高压接头；2—高压传感器；3—回油管接头；4—限压阀；5—共轨；6—流量限制阀

共轨的功用是储存一定数量和一定压力的燃油，一方面保证柴油机起动和怠速时燃油迅速升压，满足起动和怠速工况对燃油压力的需求；另一方面是利用燃油液体的可压缩性，减小电控喷油器阀门开闭以及高压泵工作时引起的油压波动。

5）限压阀

限压阀又称为压力限制阀或压力限制器。限压阀相当于一只安全阀，连接在共轨与低压回油管之间，其功用是限制共轨管内燃油的最高压力。当共轨中的燃油压力超过限压阀设定的最高压力值时，限压阀阀门打开，溢流卸压，防止燃油供给系统损坏。博世公司限压阀的结构原理如图3-10所示，主要由阀体、锥形活塞、复位弹簧和限位套等组成。

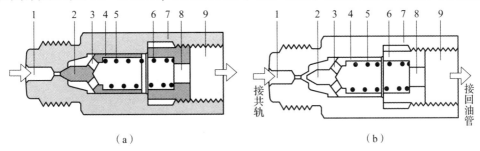

图3-10 博世公司限压阀的结构原理

（a）正常工作状态；（b）锥形阀打开，节流泄压

1—高压燃油；2—锥形阀；3—节流小孔；4—锥形活塞；5—复位弹簧；6—限位套；7—阀体；8—通孔；9—回油孔

限压阀阀体7的一端设有外螺纹，用来将阀安装在共轨管上，另一端设有内螺纹，用以连接限位套6和通往油箱的低压回油管接头。调节限位套打入阀体的位置，即可调节复位弹簧的预紧力，从而调节限压阀限定的最高压力。锥形活塞4相当于阀芯，其头部设有锥形阀2，锥面上设有节流孔3。当锥形阀打开时，共轨中的高压燃油从该节流孔溢流卸压。阀体通往共轨的连接端相当于阀座，阀座轴向中心设有一个节流小孔。在正常工作压力下，弹簧预紧力使锥形阀压在阀座上，节流小孔被关闭，如图3-10（a）所示。此时，共轨压力随供油压力升高而升高。

当共轨中的燃油压力超过规定的最高压力时，锥形活塞在高压燃油压力作用下压缩复位弹簧并向右移动［见图3-10（b）］，高压燃油从共轨中经节流小孔和锥面节流孔节流卸压后流回油箱，使共轨中的燃油压力降低，从而限定最高压力，防止供油系统部件或发动机损坏。燃油流经通道为：共轨→阀座节流小孔→活塞锥面节流孔→活塞内腔→限位套内腔→通孔→低压回油管接头→回油管→油箱。

6）流量限制阀

流量限制阀又称为流量限制器，连接在共轨与喷油器高压油管之间，其功用是在喷油器及其高压油管泄漏燃油时，使高压油路关闭、供油停止，防止燃油持续泄漏。

（1）流量限制阀的结构。

流量限制阀主要由阀体（壳体）、阀芯（活塞）和复位弹簧等组成，其结构与工作特性如图3-11所示。

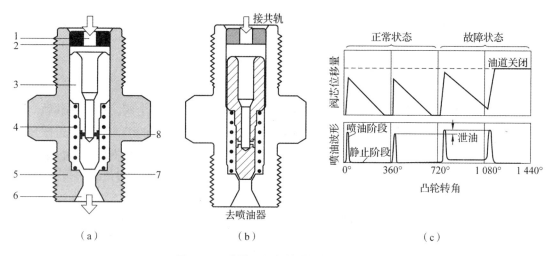

图 3-11 流量限制阀的结构与工作特性

（a）正常工作状态；（b）保护状态；（c）工作特性

1—通共轨油腔；2—密封限位件；3—阀芯（活塞）；4—复位弹簧；5—阀体；

6—通喷油器高压油管；7—阀座；8—节流孔

阀体 5 由金属壳体制成，两端制作有外螺纹，一端拧在共轨上，另一端与各缸喷油器的高压油管连接。阀体内腔为中空结构，与共轨内腔和喷油器高压油管一起构成高压通道。阀体连接喷油器高压油管一端因内腔孔径较小而形成阀座。

阀芯 3 是一个截面直径不一致的活塞，密封安放在阀体腔内。阀芯轴向设有直径不同的内孔，孔径较大一端为进油孔，连接共轨内腔；孔径较小一端的径向设有节流孔（出油孔）8。在静止状态下，复位弹簧 4 将阀芯压向共轨方向的密封限位件 2 一端。

（2）正常喷油时流量限制阀的工作原理。

在正常工作状态下，阀芯（活塞）处于静止位置，上端靠在共轨方向的密封限位件上，高压燃油经节流孔（出油孔）流出。燃油通道为：共轨内腔→流量限制阀进油口→阀芯内孔→节流孔→流量限制阀出油口→各缸高压油管→各缸喷油器。

当喷油器喷射一次燃油后，流量限制阀出口油压略有下降，阀芯向喷油器方向略有位移，阀芯位移压出燃油的容积等于喷油器喷出燃油的容积，如图 3-11（a）所示。此时，阀芯并未移到阀座 7 上，燃油通道仍然畅通。

当喷油终了时，阀芯停止移动，复位弹簧将阀芯压回到静止位置，并一直保持到下一次喷油。

2. 高压共轨式柴油喷射系统喷油量的控制

高压共轨式柴油喷射系统的喷油量主要由喷油压力（共轨压力）和喷油器电控机构（电磁线圈或压电晶体）的通电时间决定。因为喷油压力和喷油器都是由 ECU 独立进行控制，所以在喷油压力一定的情况下，喷油量取决于喷油器电磁线圈或压电晶体的通电时间。因此，高压共轨式柴油喷射系统又称为时间-压力调节系统。

1）喷油量的控制方法

在高压共轨式柴油喷射系统中，电动燃油泵将燃油箱内的燃油输送到高压油泵，发动机驱动高压油泵再将燃油加压后供入共轨管内。喷油器在 ECU 的独立控制下，将高压燃油直接喷射到相应的气缸内燃烧做功。喷油量的大小由 ECU 控制喷油器电磁线圈或压电晶体持续通电的时间长短决定，即喷油器喷油量的控制实际上就是喷油时间的控制，其控制方法如图 3-12 所示。

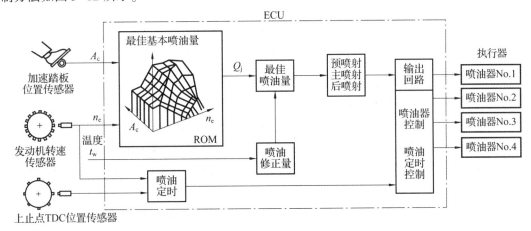

图 3-12　共轨式柴油喷射系统喷油量的控制方法

当柴油机工作时，ECU 根据加速踏板位置传感器信号（齿杆位置信号）A_c 和发动机转速传感器信号 n_e，利用计算机的查寻功能，从三维图形（MAP 图）中得到相应的最佳基本喷油量 Q_j；再利用计算机的数学计算与逻辑判断功能以及其他传感器提供的喷油量修正信号（冷却液温度、进气温度和电源电压等信号）计算出喷油修正量、最佳喷油量以及预喷射、主喷射和后喷射的喷油量，根据凸轮轴位置传感器提供的上止点 TDC 位置信号计算确定喷油定时，并向执行器（电控喷油器）发出控制指令；喷油器在 ECU 输出回路的驱动下，按最佳喷油量和喷油时刻喷射柴油，完成一次喷油过程。

2）喷油压力的控制

从地下开采出来的石油称为原油，车用汽油和柴油都是通过炼油厂使用炼油塔将原油加热蒸馏得来的。因为车用轻柴油的沸点较高（300～365 ℃，车用汽油只有 75～200 ℃），所以很难得到均匀的混合气。在燃油浓度高的区域（一般是大负荷工况），由于局部高温缺氧，燃油被裂解成炭，因此柴油机会产生炭烟（俗称"冒黑烟"）。控制柴油机喷油压力的目的是：使柴油良好雾化，从而提高燃烧效率、降低油耗和减少排放。

高压共轨式柴油喷射系统配有由共轨油压传感器、压力控制阀、限压阀和流量限制阀等组成的独立控制喷油压力的电子控制油压系统，其功用就是自由控制共轨管中的燃油压力（即喷油压力），其控制方法如图 3-13 所示。

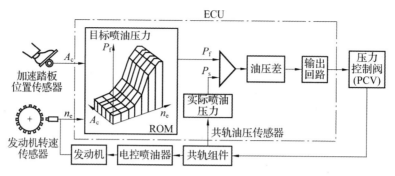

图 3-13 喷油压力的控制方法

当柴油机工作时，ECU 根据加速踏板位置传感器信号（齿杆位置信号）A_c 和发动机转速传感器信号 n_e，利用计算机的查寻功能，从三维图形（MAP 图）中得到相应工况的目标喷油压力值 P_f，再根据共轨油压传感器提供的信号计算出共轨管内燃油的实际喷油压力值 P_s；将目标喷油压力值 P_f 与实际喷油压力值 P_s 进行比较运算并求出压力差值，然后向压力控制阀（供油泵控制阀）的输出回路（驱动电路）发出控制指令，将实际喷油压力值 P_s 控制在目标喷油压力值 P_f 附近。

当柴油机负荷和转速变化时，ECU 通过调节控制信号的占空比，改变压力控制阀的开度和高压泵供油量的大小，从而实现喷油压力的控制。

思考题

1. 时间控制式柴油喷射系统的显著特点是什么？"时间控制"的含义是什么？
2. 高压共轨式柴油喷射技术的基本原理是什么？

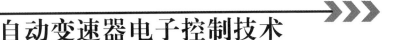

第4章
自动变速器电子控制技术

与手动变速器（Manual Transmission，MT）不同，自动变速器（Automatic Transmission，AT）是指汽车驾驶中离合器和变速器的操纵都实现了自动化，即可以实现自动换挡的变速器。目前，自动变速器的自动换挡过程都是由自动变速器的电子控制单元控制的。

4.1　电控液力自动变速器

4.1.1　液力耦合器和液力变矩器的结构与工作原理

汽车上所采用的液力传动装置通常有液力耦合器和液力变矩器两种，二者均是利用液体动能的变化来传递动力。

1. 液力耦合器的结构与工作原理

1）液力耦合器的结构

液力耦合器是一种液力传动装置，又称液力联轴器。在不考虑机械损失的情况下，其输出力矩与输入力矩相等。它的主要功能有两个方面，一是防止发动机过载，二是调节工作机构的转速。液力耦合器主要由壳体、泵轮、涡轮三个部分组成，其结构如图4-1所示。

液力耦合器的壳体安装在发动机飞轮上，泵轮与壳体焊接在一起，随发动机曲轴的转动而转动，是液力耦合器的主动部分；涡轮和输出轴连接在一起，是液力耦合器的从动部分。泵轮和涡轮相对安装，统称为工作轮。泵轮和涡轮上有径向排列的平直叶片。泵轮和涡轮互不接触，两者之间有一定的间隙（3～4 mm）；泵轮与涡轮装合成一个整体后，其轴线断面一般为圆形，在其内腔中充满液压油。

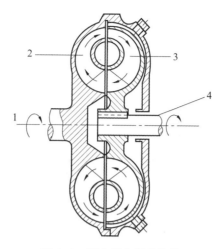

图 4-1 液力耦合器的结构

1—输入轴；2—泵轮叶轮；3—涡轮叶轮；4—输出轴

2）液力耦合器的工作原理

当发动机运转时，曲轴带动液力耦合器的壳体和泵轮一同转动，泵轮叶片内的液压油在泵轮的带动下随之一同旋转，在离心力的作用下，液压油被甩向泵轮叶片外缘处，并从外缘处冲向涡轮叶片，使涡轮在液压冲击力的作用下旋转；冲向涡轮叶片的液压油沿涡轮叶片向内缘流动，返回到泵轮，又被泵轮再次甩向外缘。液压油就这样从泵轮流向涡轮，又从涡轮返回到泵轮而形成循环的液流。

由于液力耦合器内只有泵轮和涡轮两个工作轮，液压油在循环流动的过程中，除了受泵轮和涡轮之间的作用力之外，没有受到其他任何附加的外力。根据作用力与反作用力相等的原理，液压油作用在涡轮上的扭矩应等于泵轮作用在液压油上的扭矩，即发动机传给泵轮的扭矩与涡轮上输出的扭矩相等，这就是液力耦合器的传动特点。

2. 液力变矩器的结构与工作原理

液力变矩器是液力传动装置的又一种形式，是构成液力自动变速器不可缺少的重要组成部分之一。它安装在发动机的飞轮上，作用是将发动机的动力传递给自动变速器中的齿轮机构，并具有一定的自动变速功能。自动变速器的传动效率主要取决于变矩器的结构和性能。

常用液力变矩器分为一般形式的液力变矩器、综合式液力变矩器和锁止式液力变矩器。其中，综合式液力变矩器的应用较为广泛。

1）一般形式液力变矩器的结构与工作原理

一般形式液力变矩器的结构与液力耦合器相似，它有 3 个工作轮，即泵轮、涡轮和导轮。泵轮和涡轮的构造与液力耦合器基本相同，导轮则位于泵轮和涡轮之间，与泵轮和涡轮保持一定的轴向间隙，并通过导轮固定套固定于变速器壳体上，如图 4-2 所示。

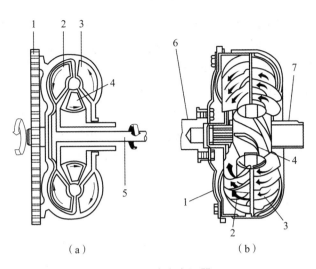

（a）　　　　　　　　　　（b）

图4-2　液力变矩器

1—飞轮；2—涡轮；3—泵轮；4—导轮；5—变矩器输出轴；6—曲轴；7—导轮固定套

发动机运转时带动液力变矩器的壳体和泵轮与其一同旋转，泵轮内的液压油在离心力的作用下，由泵轮叶片外缘冲向涡轮，并沿涡轮叶片流向导轮，再经导轮叶片内缘流回泵轮，形成循环的液流。导轮的作用是改变涡轮上的输出扭矩。由于从涡轮叶片下缘流向导轮的液压油仍有相当大的冲击力，因此只要将泵轮、涡轮和导轮的叶片设计成一定的形状和角度，就可以利用上述冲击力来提高涡轮的输出扭矩。

2）综合式液力变矩器的结构与工作原理

目前，装有自动变速器的汽车上使用的变矩器大多是综合式液力变矩器（见图4-3），和一般形式液力变矩器不同的是它的导轮不是完全固定不动的，而是通过单向超越离合器支承在固定于变速器壳体的导轮固定套上。单向超越离合器使导轮可以朝顺时针方向旋转（从发动机前面看），但不能朝逆时针方向旋转。

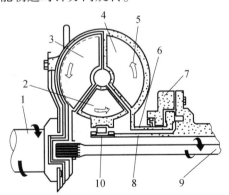

图4-3　综合式液力变矩器

1—曲轴；2—导轮；3—涡轮；4—泵轮；5—液流；6—变矩器轴套；7—油泵；
8—导轮固定套；9—变矩器输出轴；10—单向超越离合器

当涡轮转速较低时，从涡轮流出的液压油从正面冲击导轮叶片，对导轮施加一个逆时针方向旋转的力矩，但由于单向超越离合器在逆时针方向具有锁止作用，将导轮锁止在导轮固定套上固定不动，因此这时该变矩器的工作特性和液力变矩器相同，涡轮上的输出扭矩大于泵轮上的输入扭矩，即具有一定的增扭作用。当涡轮转速增大到某一数值时，液压油对导轮的冲击方向与导轮叶片之间的夹角为零，此时涡轮上的输出扭矩等于泵轮上的输入扭矩。若涡轮转速继续增大，液压油将从反面冲击导轮，对导轮产生一个顺时针方向的扭矩。由于单向超越离合器在顺时针方向没有锁止作用，可以像轴承一样滑转，所以导轮在液压油的冲击作用下开始朝顺时针方向旋转。由于自由转动的导轮对液压油没有反作用力矩，液压油只受到泵轮和涡轮的反作用力矩的作用，因此这时该变矩器不能起增扭作用，其工作特性和液力耦合器相同。这时，涡轮转速较高，该变矩器亦处于高效率的工作范围。

导轮开始空转的工作点称为耦合点。由上述分析可知，综合式液力变矩器在涡轮转速由零至耦合点的工作范围内按液力变矩器的特性工作，在涡轮转速超过耦合点转速之后按液力耦合器的特性工作。因此，这种变矩器既利用了液力变矩器在涡轮转速较低时所具有的增扭特性，又利用了液力耦合器涡轮转速较高时所具有的高传动效率的特性。

3）锁止式液力变矩器的结构与工作原理

由于变矩器是用液体动能的变化来传递汽车动力的，而液压油的内部摩擦会造成一定的能量损失，因此传动效率较低。为提高汽车的传动效率，减少燃油消耗，很多现代轿车的自动变速器都采用一种带锁止离合器的综合式液力变矩器。这种变矩器内有一个由液压油操纵的锁止离合器，该离合器的主动盘即为变矩器壳体，从动盘是一个可做轴向移动的压盘，它通过花键套与涡轮连接，如图4-4所示。压盘右侧的液压油与变矩器泵轮、涡轮中的液压油相通，保持一定的油压（该压力称为变矩器压力）；压盘左侧（压盘与变矩器壳体之间）的液压油通过变矩器输出轴中间的控制油道与阀板总成上的锁止控制阀相通。锁止控制阀由自动变速器通过锁止电磁阀来控制。

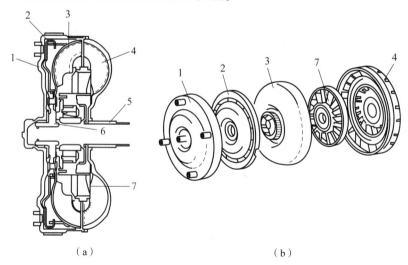

（a）　　　　　　　　（b）

图4-4　带锁止离合器的综合式液力变矩器

1—变矩器壳；2—锁止离合器压盘；3—涡轮；4—泵轮；5—变矩器轴套；6—输出轴花键套；7—导轮

自动变速器根据车速、节气门开度、发动机转速、变速器液压油温度、操纵手柄位置、控制模式等参数，按照设定的锁止控制程序向锁止电磁阀发出控制信号，操纵锁止控制阀，以改变锁止离合器压盘两侧的油压，从而控制锁止离合器的工作。当车速较低时，锁止控制阀让液压油从油道 B 进入变矩器，使锁止离合器压盘两侧保持相同的油压，锁止离合器处于分离状态，这时输入变矩器的动力完全通过液压油传至涡轮，如图4-5（a）所示。当汽车在良好道路上高速行驶，且车速、节气门开度、变速器液压油温度等参数符合一定要求时，自动变速器操纵锁止控制阀，让液压油从油道 C 进入变矩器，而让油道 B 与泄油口相通，使锁止离合器压盘左侧的油压下降。由于压盘右侧的液压油压力仍为变矩器压力，因此压盘在前后两面压力差的作用下压紧在主动盘（变矩器壳体）上，如图4-5（b）所示。这时，输入变矩器的动力通过锁止离合器的机械连接，由压盘直接传至涡轮输出，传动效率为100%。另外，锁止离合器在接合时还能减少变矩器中的液压油因液体摩擦而产生的热量，有利于降低液压油的温度。有些车型的液力变矩器的锁止离合器盘上还装有减振弹簧，以减小锁止离合器在接合瞬间产生的冲击力，如图4-6 所示。

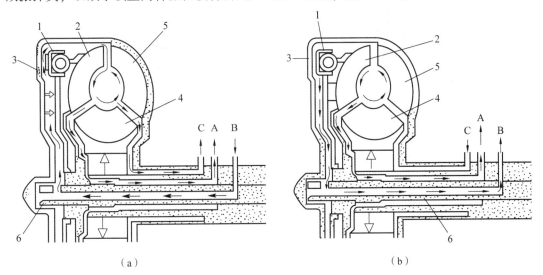

（a）   （b）

图4-5　锁止离合器工作原理示意

（a）锁止离合器分离；（b）锁止离合器控制油道

1—锁止离合器压盘；2—涡轮；3—变矩器壳；4—导轮；5—泵轮；6—变矩器输出轴、变矩器出油道

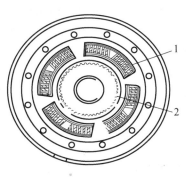

图4-6　带减振弹簧的压盘

1—减振弹簧；2—花键套

4.1.2 变速齿轮机构的结构与工作原理

自动变速器中的变速齿轮机构和传统的手动齿轮变速机构一样，具有空挡、倒挡及2~6个不同传动比的前进挡，只不过自动变速器中的挡位变换不是由驾驶员直接控制的，而是由液压控制系统或电子控制系统控制换挡执行机构的动作来改变变速齿轮机构的传动比，从而实现自动换挡的。

变速齿轮机构主要包括行星齿轮机构和换挡执行机构两部分。

1. 行星齿轮机构的结构与工作原理

行星齿轮机构有很多类型，最简单的行星齿轮机构是由一个太阳轮、一个齿圈、一个行星架和支承在行星架上的几个行星齿轮组成的，称为一个行星排，如图4-7所示。

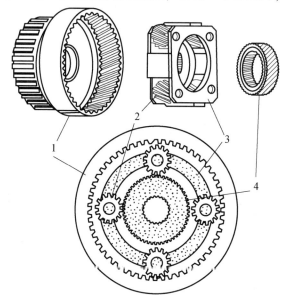

图4-7 行星齿轮机构

1—齿圈；2—行星齿轮；3—行星架；4—太阳轮

行星齿轮机构中的太阳轮、齿圈及行星架有一个共同的固定轴线，行星齿轮支承在固定于行星架的行星齿轮轴上，并同时与太阳轮和齿圈啮合。当行星齿轮机构运转时，空套在行星架上的行星齿轮轴上的几个行星齿轮，一方面可以绕着自己的轴线旋转，另一方面又可以随着行星架一起绕着太阳轮回转，就像行星的运动一样，兼有自转和公转两种运动状态（行星齿轮的名称即因此而来）。在行星排中，具有固定轴线的太阳轮、齿圈和行星架称为行星排的三个基本元件。

由于单排行星齿轮机构有两个自由度，因此它没有固定的传动比，不能直接用于变速传动。为了组成具有一定传动比的传动机构，必须将太阳轮、齿圈和行星架这三个基本元件中的一个加以固定（即使其转速为零，也称为制动），或使其运动受到一定的约束（即让该构件以某一固定的转速旋转），或将某两个基本元件互相连接在一起（即两者转速相同），使行星排变为只有一个自由度的机构。

行星齿轮机构传动简图如图4-8所示。设太阳轮的齿数为Z_1，齿圈齿数为Z_2，太阳轮、齿圈和行星架的转速分别为n_1、n_2、n_3，并设齿圈与太阳轮的齿数比为α，即

$$\alpha = Z_2/Z_1 \tag{4-1}$$

则行星齿轮机构的一般运动规律可表达为

$$n_1 + \alpha n_2 - (1 + \alpha)n_3 = 0 \tag{4-2}$$

由式（4-2）可以看出，在太阳轮、齿圈和行星架中，可任选两个分别作为主动件和从动件，而使另一个元件固定不动（使该元件转速为零）或使其运动受一定约束（使该元件的转速为某一定值），则整个轮系即以一定的传动比传递动力。不同的连接和固定方案可得到不同的传动比，三个基本元件可有六种不同的组合方案，加上直接挡传动和空挡，共有八种组合，相应能获得五种不同的传动比。

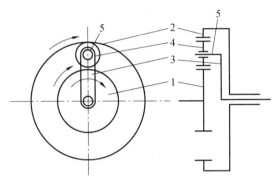

图4-8　行星齿轮机构传动简图

1—太阳轮；2—齿圈；3—行星架；4—行星齿轮；5—行星齿轮轴

2. 换挡执行机构的结构与工作原理

行星齿轮变速器的换挡执行机构由离合器、制动器和单向超越离合器三种不同的执行元件组成，其基本作用是连接、固定和锁止。

1）离合器的结构与原理

行星齿轮变速器换挡执行机构中的离合器，按工作原理的不同，可分为片式离合器和爪形离合器。其中，片式离合器较为常用，而且使用较多的是多片湿式离合器，爪形离合器使用较少。

（1）离合器的结构。

多片湿式离合器是自动变速器中最重要的换挡执行元件之一，它通常由离合器鼓、离合器活塞、回位弹簧、弹簧座、一组钢片、一组摩擦片、调整垫片、离合器毂及几个密封圈组成，如图4-9所示。

离合器鼓是一个液压缸，鼓内有内花键齿圈，内圆轴颈上有进油孔，与控制油路相通。离合器活塞为环状，内、外圆上有密封圈，安装在离合器鼓内。从动钢片和主动摩擦片交错排列，两者统称为离合器片，均用钢料制成，但摩擦片的两面烧结有硼基粉末冶金摩擦材料。

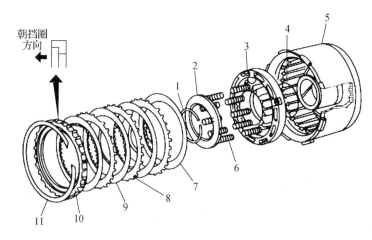

图4-9 离合器的结构

1—卡环；2—弹簧座；3—活塞；4—O形密封圈；5—离合器鼓；6—回位弹簧；

7—碟形弹簧；8—从动钢片；9—主动摩擦片；10—压盘；11—卡簧

为保证离合器接合柔和与散热，离合器片浸在自动变速器油（ATF）中工作，因而称为湿式离合器。钢片带有外花键齿，与离合器鼓的内花键齿圈连接，并可做轴向移动，摩擦片则以内花键齿与花键毂的外花键槽配合，也可做轴向移动。

花键和离合器鼓分别以一定的方式与变速器输入轴或行星齿轮机构的元件相连接。碟形弹簧的作用是使离合器接合柔和，防止换挡冲击。可以通过调整卡环或压盘的厚度调整离合器的间隙。

（2）离合器的工作原理。

离合器的工作原理如图4-10所示。当一定压力的ATF油经控制油道进入活塞左面的液压缸时，液压作用力使克服弹簧力使活塞右移，将所有离合器片压紧。此时，离合器接合，与离合器主、从动部分相连的元件也被连接在一起，以相同的速度旋转。

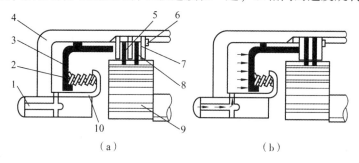

（a）　　　　　　　　　　　　　　（b）

图4-10 离合器的工作原理

（a）分离状态；（b）接合状态

1—控制油道；2—回位弹簧；3—活塞；4—离合器鼓；5—主动片；6—卡环；7—压盘；

8—从动片；9—花键毂；10—弹簧座

当控制阀将作用在离合器液压缸的油压撤除后，离合器活塞在回位弹簧的作用下恢复原位，并将缸内的ATF油从进油孔排出。此时，离合器分离，离合器主、从动部分可以以不同的转速旋转。

2）制动器的结构与工作原理

制动器是一种起制动约束作用的机构，它将行星齿轮机构中的太阳轮、齿圈和行星架这三个基本元件之一与变速器壳体相连，使该元件被约束固定而不能旋转。制动器的结构形式较多，目前最常见的是带式制动器和片式制动器两种。片式制动器与多片湿式离合器的结构和原理相同，不同之处在于湿式离合器是通过连接作用而传递动力，而片式制动器是通过连接作用而起制动作用。带式制动器又称制动带，下面介绍其结构和工作原理。

（1）带式制动器的结构。

带式制动器由制动带和控制油缸组成，如图4-11所示。制动带是内表面带有镀层的开口式环形钢带，其一端支承在与变速器壳体相连的支座上，另一端与控制油缸的活塞杆相连。

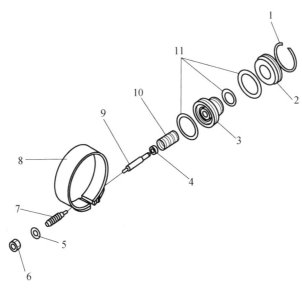

图4-11 带式制动器的结构

1—卡环；2—活塞定位架；3—活塞；4—止推垫圈；5—垫圈；6—锁紧螺母；7—调整螺钉；
8—制动带；9—活塞杆；10—回位弹簧；11—O形圈

（2）带式制动器的工作原理。

带式制动器的工作原理如图4-12所示。制动带开口处的一端通过支柱支承于固定在变速器壳体的调整螺钉上，另一端支承于油缸活塞杆端部，活塞在回位弹簧和左腔油压作用下位于右极限位置。此时，制动带和制动鼓之间存在一定间隙。制动时，压力油进入活塞右腔，克服左腔油压和回位弹簧的作用力推动活塞左移，制动带以固定支座为支点收紧。在制动力矩的作用下，制动鼓停止旋转，行星齿轮机构某元件被锁止。随着油压撤除，活塞逐渐回位，制动解除。

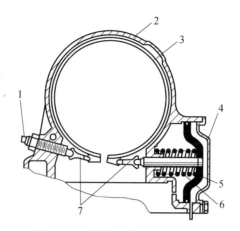

图 4-12　带式制动器的工作原理

1—调整螺钉；2—壳体；3—制动带；4—油缸；5—活塞；6—回位弹簧；7—推杆

3）单向超越离合器的结构与工作原理

单向超越离合器又称自由轮离合器，在液力变矩器和行星排中均有应用。

在行星排中，它用来锁止某个元件的某种转向。同时，它还具有固定作用：当与之相连元件的受力方向与锁止方向相同时，该元件立即被固定；当受力方向与锁止方向相反时，该元件立即被释放。

单向离合器由内、外座圈以及两者之间的滚柱组成，当元件的受力方向与锁止方向相同时，滚柱进入内、外座圈之间楔槽的窄端，与内、外座圈相连的元件连接为一体；而当受力方向与锁止方向相反时，滚柱进入内、外座圈之间楔槽的宽端，与内、外座圈相连的元件的连接被解除。单向离合器的工作不受液压装置的控制，而完全是依靠自身的单向锁止功能来固定或连接的，转矩的传递是单方向的。

常见的单向离合器有滚柱式（见图 4-13）相楔块式（见图 4-14）两种。

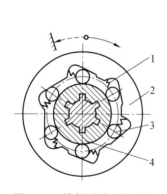

图 4-13　滚柱式单向离合器

1—叠片弹簧；2—外座圈；3—滚柱；4—内座圈

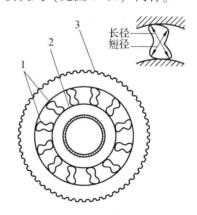

图 4-14　楔块式单向离合器

1—叠片弹簧；2—外座圈；3—滚柱；4—内座圈

4.1.3 供油系统的结构与工作原理

由于许多自动变速器都离不开液压系统，而液压系统的液压油是由供油系统所提供的，因此供油系统是汽车自动变速器中不可缺少的重要组成部分之一。

1. 供油系统的结构组成及作用

供油系统的结构组成因其用途不同而有所不同，但主要组成部分基本相同，一般由各分支供油系统、油泵及辅助装置、压力调节装置等组成。

供油系统的作用是向变速器各部分提供具有一定油压、足够流量、合适温度的液压油，具体如下：

（1）给变速器（或耦合器）供油，并维持足够的补偿压力和流量，以保证液力元件完成传递动力的功能；防止变矩器产生气蚀，并及时将变矩器的热量带走，以保持正常的工作温度。

（2）在一部分工程车辆和重型运输车辆中，还需向液力减速器提供足够流量及温度适宜的油液，以便能适时地吸收车辆的动能，得到满意的制动效果。

（3）向控制系统供油，并维持主油路的工作油压，保证各控制机构顺利工作。

（4）保证换挡离合器等的供油，以满足换挡等操纵的需要。

（5）为整个变速器各运动零件（如齿轮、轴承、止推垫片、离合器摩擦片等）提供润滑用油，并保证正常的润滑油温度。

（6）通过油料的循环散热冷却，使整个自动变速器的发热量得以散逸，使变速器保持在合理的温度范围内工作。

2. 供油油泵的结构与工作原理

油泵是自动变速器中最重要的总成之一，它通常安装在变矩器的后方，由变矩器壳后端的轴套驱动。在变速器的供油系统中，常用的油泵有内啮合齿轮泵、转子泵和叶片泵。由于自动变速器的液压系统属于低压系统，其工作油压通常不超过 2 MPa，所以应用最广泛的仍然是齿轮泵。

典型的内啮合齿轮泵主要由外齿齿轮、内齿齿轮、月牙形隔板、泵壳、泵盖等组成，如图 4-15 所示。液压泵的齿轮紧密地装在泵体的内腔里，外齿齿轮为主动齿轮，内齿齿轮为从动齿轮，两者均为渐开线齿轮。月牙形隔板的作用是将外齿齿轮和内齿齿轮隔开。内齿齿轮和外齿齿轮紧靠着月牙形隔板，但不接触，有微小的间隙。其是铸造而成的，经过精加工，其内有很多油道，有进油口和出油口，有的还有阀门或电磁阀。泵盖也是一个经精加工的铸件，也有很多油道。泵盖和泵体用螺栓连接在一起。

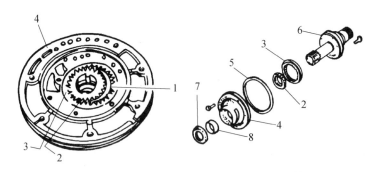

图 4-15　典型的齿轮泵

1—月牙形隔板；2—主动齿轮（外齿轮）；3—从动齿轮（内齿轮）；4—泵体；

5—密封环；6—固定支承；7—油封；8—轴承

内啮合齿轮泵的工作原理如图 4-16 所示。月牙形隔板将内齿轮与外齿轮之间空出的空间分隔成两个部分，在齿轮旋转时，齿轮的轮齿由啮合到分离的那一部分，其空间由小变大，称为吸油腔；齿轮由分离进入啮合的那一部分，其空间由大变小，称为压油腔。由于内、外齿轮的齿顶和月牙形隔板的配合是很紧密的，所以吸油腔和压油腔是互相密封的。当发动机运转时，变矩器壳体后端的轴套带动小齿轮和内齿轮一起沿图 4-16 中顺时针方向运转。此时，在吸油腔，由于外齿轮和内齿轮不断退出啮合，空间不断增加，以致形成局部真空，将油盘中的液压油从进油口吸入，且随着齿轮旋转，齿间的液压油被带到压油腔；在压油腔，由于小齿轮和内齿轮不断进入啮合，空间不断减小，将液压油从出油口排出。油液就这样源源不断地被输往液压系统。

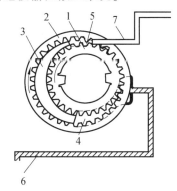

图 4-16　内啮合齿轮泵的工作原理

1—小齿轮；2—内齿轮；3—月牙形隔板；4—吸油腔；5—压油腔；6—进油道；7—出油道

3. 调压装置

在自动变速器的供油系统中，必须设置油压调节装置，这一方面是因为油泵泵油量是变化的。自动变速器的油泵是由发动机直接驱动的，油泵的理论泵油量和发动机的转速成正比。为了保证自动变速器的正常工作，当发动机处于最低转速工况（怠速）时，供油系统中的油压应能满足自动变速器各部分的需要，防止油压过低使离合器、制动器打滑，影响变速器的动力传递。但如果只考虑怠速工况，由于发动机在怠速工况下的转速（750 r/min 左右）

和最高转速（6 000 r/min 左右）相差太大，因此当发动机高速运转时，油泵的泵油量将大大超过自动变速器各部分所需要的油量和油压，从而导致油压过高，增加发动机的负荷，并造成换挡冲击。另一方面是因为自动变速器中各部分对油压的要求也不相同。因此，供油系统提供给各部分的油压和流量应是可以调节的。

自动变速器供油系统的油压调节装置是由主油路调压阀（又称一次调节阀）、副调压阀（又称二次调节阀）、单向阀和安全阀等组成，如图 4-17 所示。

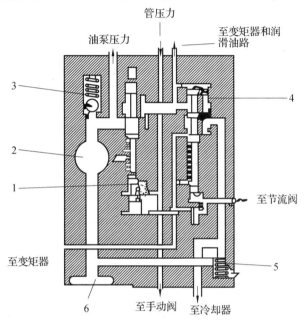

图 4-17　油压调节装置

1——一次调节阀；2—油泵；3—安全阀；4—二次调节阀；5—单向阀；6—滤清网

1）主油路调压阀

主油路调压阀又称一次调节阀，它的作用是根据汽车行驶速度和化油器节气门开度的变化，自动调节流向各液压系统的油压，保证各系统液压的稳定，使各信号阀工作平稳。主油路调压阀一般由阀芯、阀体和弹簧等主要元件组成，如图 4-18 所示。

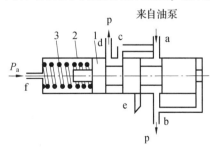

图 4-18　主油路调压阀的结构

1—阀芯；2—阀体；3—弹簧；a—来自油泵的压力油进口；b—输往选挡阀的出油口；c—和 a 连通的进油口；
d—输往变矩器的出油口；e—泄油道；f—节气门调节压力的进口

来自油泵的压力油液从进油口 a 进入，并作用到阀芯的右端；来自节气门调节阀和手动阀倒挡油路的两个反馈油压则经进油口 f 作用在阀芯的左端。

当发动机负荷较小，输出功率较小时，节气门调节压力也较低，作用在阀芯右端的油液压力较高。油压所产生的作用力大于阀芯左端弹簧预紧力和节气门调节压力对阀芯的作用力时，弹簧将被压缩，阀芯向左移动，阀芯中部的密封台肩将使泄油口露出一部分（来自油泵的油液压力越高则泄油口露出越多），来自油泵的油液有一部分经出油口 b 输往选挡阀，有一部分经出油口 d 输往变矩器，还有一部分经泄油口流回油盘，使油压下降，直至油压所产生的作用力与调压弹簧的预紧力和节气门调节压力的合力保持平衡为止，此时调压阀以低于油泵输入压力的油压输出；当节气门开度增大，输出功率增大时，阀芯将会向右移动，阀芯中部的密封台肩将堵住泄油口，泄油口开度降低，泄油道减小或处于封闭状态，使油压上升，调节阀以高于油泵输入压力的油压输出。节气门开度越大，调压阀输出的压力越高，输往选挡阀和变矩器的油液压力将随所要传递的功率增大而增大，则可使油液压力保持在相对稳定的范围内（通常为 $0.5 \sim 1$ MPa）。

在阀芯的右端还作用着另一个反馈油压，它来自压力校正阀。这一反馈油压对阀芯产生一个向左的推力，使主油路调压阀所调节的主油路油压减小。

当自动变速器处于前进挡的 1 挡或 2 挡时，倒挡油路油压为 0，压力校正阀关闭，调压阀右端的反馈油压也为 0。而当变速器处于 3 挡或超速挡时，若车速增大到某一数值，压力校正阀开启，来自节气门阀的压力油经压力校正阀进入调压阀右端，增加了阀芯向左的推力，使主油路油压减小，减小了油泵的运转阻力。当自动变速器处于倒挡时，来自手动阀的倒挡油路压力油进入阀芯的左端，阀芯左端的油压增大，主油路调压阀所调节的主油路压力也因此升高，满足了倒挡时对主油路油压的需要，此时的主油路油压称为倒挡油压。

2）副调压阀、安全阀和单向阀

副调压阀又称二次调节阀，它的作用是根据汽车行驶速度和化油器节气门开度的变化，自动调节变矩器的油压、各部件的润滑油压和冷却装置的冷却油压。

副调压阀也是由阀体、阀芯和弹簧等组成。当发动机转速低或化油器油门关闭时，副调压阀在弹簧的作用下，把通向液压油冷却装置的油道切断。当发动机转速升高和液力变矩器油压升高时，把油路开放。发动机停止转动时，副调压阀用一个单向控制阀把液力变矩器的油路关闭，使液压油不能外流，以免影响转矩输出。

安全阀实际上也是一个调压阀，由弹簧和钢球组成，并联在油泵的进、出油口上，以限制油泵压力。当油泵压力高时，钢球被压开，液压油经钢球和油道流回油盘。

单向阀（旁通阀）是液压油冷却装置的保护器，与冷却装置并联。当流到冷却装置的液压油温度过高、压力过大时，单向阀打开，起旁通作用，以免高温、高压的液压油损坏冷却装置。

4. 辅助装置

自动变速器供油系统中除了油泵及各种流量控制阀外，还包括许多辅助装置。这里仅就油箱和滤清器做一些简单介绍。

1）油箱

自动变速器的油箱的常见形式有总体式和分离式两类。前者与自动变速器连成一体，直接把变速器的油底壳作为油箱使用；后者则分开独立布置，由管道与变速器连通。分离式油箱在布置上比较自由，允许有足够的容量而不增加变速器的高度。油箱通常都有可靠的密封措施，以防油液泄漏和杂质进入。采用充压密封式油箱，还可以改善油泵的吸油效果。对于某些工程车辆和重型车辆的综合传动箱，还可根据箱体结构分隔成两个或多个互通的油池，以保证可行的油液循环。

此外，一般油箱还应设置一个通气孔，以保证油箱内具有正常的大气压。

2）滤清器

由于自动变速器液压系统零件精密度及工作性能灵敏度的要求较高，因此其对油液的清洁程度要求也很高。经过长期使用后，由于油液变质、零件磨损的颗粒、摩擦衬面剥落、密封件磨损脱落、空气中的尘埃颗粒，以及其他污物都可能使油液污染，而导致各种故障的发生，如滑阀受卡、节流孔堵塞、随动滑阀失灵等，因此应采用多种措施对油液进行严格过滤。

在自动变速器供油系统中，通常设有三种形式的滤油装置。

（1）粗滤器。

粗滤器通常装在油泵的吸油管端，用以防止大颗粒或纤维杂物进入供油系统。为了避免出现吸油气穴现象，一般采用 $80 \sim 110~\mu m$ 的金属丝网或毛织物作为滤清材料，以保证不产生过大的降压。

（2）精滤器。

精滤器通常设置在回油管道或油泵的输出管道上，它的作用是滤去油液中的各种微小颗粒，提高油液的清洁度，避免颗粒杂物进入控制系统。因此，要求精滤器有较高的过滤精度。例如，有的重型自动变速器的精滤器的过滤精度为 $40~\mu m$，保证大于 $40~\mu m$ 的颗粒杂物不能进入控制系统。这样，油液必须在压力状态下通过精滤器，并产生一定的压降。在某些复杂的重型车辆和工程车辆中，常设计有专用的旁路式精滤器，用一个专用的油泵来驱使油液通过精滤器。

（3）阀前专用滤清器。

在一些自动变速器的控制系统中，常在一些关键而精密的控制阀前（如双边节流的参数调压阀前的油路中）串接设置有专用的阀前滤清器，以防止杂质进入节流孔隙处造成调压阀失灵，影响整个控制系统的工作。这种阀前滤清器应尽量设置在接近于被保护的控制阀处，并且只为该阀所专用。由于这种滤清器要求通过的流量不大，因此尺寸都做得很小，过滤材料则用多层的金属丝或微孔滤纸。

4.1.4 电子控制装置的结构与工作原理

电子控制系统是由电子控制装置和阀板两大部分组成的。它与传统的液压控制系统相比，不论是控制原理还是控制过程都有很大的不同，目前越来越多的轿车自动变速器采用这种控制系统。

电子控制装置是控制系统的核心，它利用电子自动控制的原理，通过传感器将汽车行驶速度和发动机负荷等参数转变为电信号，ECU 根据这些电信号做出是否需要换挡的判断。如需要换挡，则按照设定的控制程序发出换挡指令，操纵各种电磁阀（换挡电磁阀、油压电磁阀等）去控制阀板总成中各个控制阀的工作（接通或切断换挡控制油路），驱动离合器、制动器、锁止离合器等液力执行元件，从而实现对自动变速器的全面控制。

电子控制装置由各种传感器、控制开关、执行器和 ECU 等组成，如图 4-19 所示。

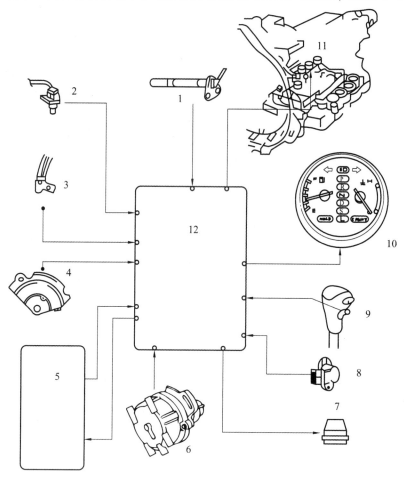

图 4-19　电子控制装置的组成

1—输入轴转速传感器；2—车速传感器；3—液压油温度传感器；4—挡位开关；5—发动机 ECU；

6—发动机转速传感器；7—故障检测插座；8—节气门位置传感器；9—模式开关；10—挡位指示灯；

11—电磁阀；12—自动变速器 ECU

1. 传感器

电子控制装置中常用的传感器有节气门位置传感器、车速传感器、输入轴转速传感器、液压油温度传感器等。

1）节气门位置传感器

汽车发动机的节气门是由驾驶员操纵加速踏板来控制的，以便根据不同的行驶条件控制发动机灵活运转。电子控制自动变速器是利用安装在发动机节气门体上的节气门位置传感器来测得节气门的开度，以此作为挡位自动变换的依据，从而使得自动变速器能满足任何行驶条件下对汽车的实际使用要求。

2）车速传感器

车速传感器安装在自动变速器输出轴附近，如图4-20所示。它是一种电磁感应式转速传感器，用于检测自动变速器输出轴的转速。ECU根据车速传感器的信号计算出车速，作为其换挡控制的依据。

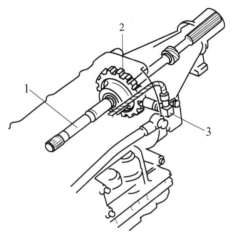

图4-20　车速传感器安装位置

1—输出轴；2—停车锁止齿轮；3—车速传感器

车速传感器由永久磁铁和电磁感应线圈组成，如图4-21（a）所示。它固定在自动变速器输出轴附近的壳体上，靠近输出轴上停车锁止齿轮或感应转子。当输出轴转动时，停车锁止齿轮或感应转子的凸齿不断地靠近或离开车速传感器，使感应线圈的磁通量发生变化，从而产生交流感应电压，如图4-21（b）所示。车速越高，输出轴的转速越高，感应电压的脉冲频率也越大。ECU根据感应电压脉冲频率的大小计算出车速。

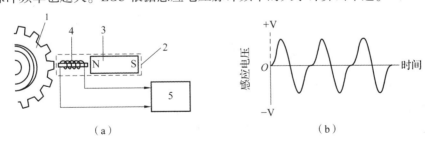

（a）　　　　　　　　　　　　　（b）

图4-21　车速传感器结构与感应电压曲线

（a）结构；（b）感应电压曲线

1—停车锁止齿轮；2—车速传感器；3—永久磁铁；4—电磁感应线圈；5—ECU

3）输入轴转速传感器

输入轴转速传感器的结构、工作原理与车速传感器相同。它安装在行星齿轮变速器的输入轴或与输入轴连接的离合器毂附近的壳体上（见图4-22），用于检测输入轴转速，并将信号送入ECU，使其更精确地控制换挡过程。此外，ECU还将该信号和来自动发动机控制系统的发动机转速信号进行比较，计算出变矩器的传动比，使油路压力控制过程和锁止离合器控制过程得到进一步的优化，以改善换挡操作给驾驶员的反馈，提高汽车的行驶性能。

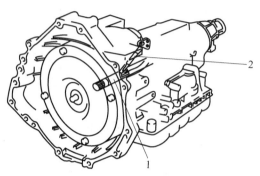

图4-22　输入轴转速传感器

1—行星齿轮变速器输入轴；2—输入轴转速传感器

4）液压油温度传感器

液压油温度传感器安装在自动变速器油底壳内的阀板上，用于检测自动变速器的液压油的温度，以作为ECU进行换挡控制、油压控制和锁止离合器控制的依据。液压油温度传感器内部是一个负系数热敏电阻（温度越高，电阻越低），ECU根据其电阻的变化测出自动变速器的液压油的温度。

除了上述各种传感器之外，自动变速器的控制系统还将发动机控制系统中的一些信号，如发动机转速信号、发动机水温信号、大气压力信号、进气温度信号等，作为控制自动变速器的参考信号。

2. 控制开关

电子控制装置中的控制开关有：空挡起动开关、自动跳合开关（降挡开关）、制动灯开关、超速挡开关、模式开关、挡位开关等。

1）空挡起动开关

空挡起动开关用以判断选挡手柄的位置，防止发动机在驱动挡位时起动。当选挡手柄位于空挡或驻车位置时，起动开关接通，使发动机得以起动。如果选挡手柄位于任一驱动位置，则起动开关断开，发动机不能起动，从而保证使用安全。再者，当选挡手柄置于不同位置时，空挡起动开关便接通相关电路，ECU根据接通电路的信号，控制变速器进行自动换挡。

2）自动跳合开关

自动跳合开关又称降挡开关，它是用来检测加速踏板是否超过节气门全开的位置。当加速踏板超过节气门全开位置时，自动跳合开关便接通，并向 ECU 输送信号，这时 ECU 即按其内存设置的程序控制换挡，并使变速器自动下降一个挡位，以提高汽车的加速性能。如果跳合开关短路，则 ECU 不计其信号，按选挡手柄位置控制换挡。

3）制动灯开关

制动灯开关用以判断制动踏板是否踩下。如果踩下，则该开关便将信号输给 ECU，以解除锁止离合器的接合，防止突然制动时发动机熄火。

4）超速挡开关

超速挡开关用来控制自动变速器的超速挡。当开关打开后，超速挡控制电路接通，此时若操纵手柄位于 D 位，自动变速器随着车速的升高而升挡时，最高可升入 4 挡（即超速挡）。当开关关闭后，调速挡控制电路被断开，仪表盘上的"O/D OFF"指示灯随之亮起（表示限制超速挡的使用），自动变速器随着车速的提高而升挡时，最高只能升入 3 挡，不能升入超速挡。

5）模式开关

大部分电子控制自动变速器都有一个模式开关，用来选择自动变速器的控制模块，以满足不同的使用要求。所谓控制模式主要是指自动变速器的换挡规律，常见的自动变速器的控制模式有以下几种：

（1）经济模式。

经济模式是以汽车获得最佳的燃油经济性为目标来设计的换挡规律。当自动变速器在经济模式状态下工作时，其换挡规律应能使发动机在汽车行驶过程中经常处在经济转速范围内运转，以提高燃油经济性。

（2）动力模式。

动力模式是以汽车获得最大的动力性为目标来设计的换挡规律。在这种控制模式下，自动变速器的换挡规律能使发动机在汽车行驶过程中经常处在大功率范围内运转，从而提高汽车的动力性能和爬坡能力。

（3）标准模式。

标准模式是指换挡规律介于经济模式和动力模式之间的一种换挡模式。在这种控制模式下，汽车既有一定的动力性，又有较佳的燃油经济性。

6）挡位开关

挡位开关位于自动变速器手动阀摇臂轴上或操纵手柄下方，用于检测操纵手柄的位置。它由几个触点组成，当操纵手柄位于不同位置时，相应的触点被接通。ECU 根据被接触的触点测得操纵手柄的位置，从而按照不同的程序控制自动变速器工作。

3. 执行器

电子控制装置中的执行器是指各种电磁阀，常见的电磁阀有开关式电磁阀和脉冲线性式电磁阀两种。

1）开关式电磁阀

开关式电磁阀的作用是开启或关闭液压油路，通常用于控制换挡阀及变矩器锁止控制阀的工作。开关式电磁阀由电磁线圈、衔铁、阀芯和阀球所组成，如图 4-23 所示。它有三种工作方式：一种是让某一条油路保持油压或泄空，如图 4-23（a）所示。当电磁线圈不通电时，阀芯被油压推开，打开泄油孔，该油路的液压油经电磁阀泄空，油路压力为零；当电磁阀线圈通电时，电磁阀使阀芯下移，关闭泄油孔，使油路油压上升。另一种是开启或关闭某一条油路，当电磁线圈不通电时，油压将阀芯推开，阀球在油压作用下关闭泄油孔，打开进油孔，使主油路压力油进入控制油道，如图 4-23（b）所示；当电磁线圈通电时，电磁力使阀芯下移，推动阀球关闭进油孔，打开泄油孔，控制油道内的压力油由泄油孔泄空，如图 4-23（c）所示。

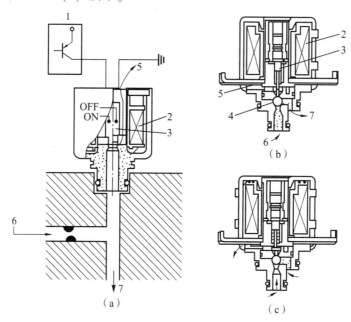

图 4-23　开关式电磁阀

1—ECU；2—电磁线圈；3—衔铁和阀芯；4—阀球；5—泄油孔；6—主油道；7—控制油道

2）脉冲线性式电磁阀

脉冲线性式电磁阀通常用来控制油路中的油压，它也是由电磁线圈、衔铁、阀芯或滑阀等组成，如图 4-24 所示。当电磁线圈通电时，电磁力使阀芯或滑阀开启，液压油经泄油孔排出，油路压力随之下降。当电磁线圈断电时，阀芯或滑阀在弹簧弹力的作用下将泄油孔关闭，使油路压力上升。脉冲线性式电磁阀和开关式电磁阀的不同之处在于控制它的电信号不是恒定不变的电压信号，而是一个固定频率的脉冲电信号。电磁阀在脉冲电信号的作用下不断反复地开启和关闭泄油孔，ECU 通过改变每个脉冲周期内电流接通和断开的时间比（也称为占空比，变化范围为 0～100%），即改变电磁阀开启和关闭的时间比，来控制油路的压力。应注意，占空比越大，经电磁阀泄出的液压油越多，油路压力就越低；反之，占空比越小，油路压力就越大。

脉冲线性式电磁阀一般安装在主油路或减震器背压油路上，ECU 通过这种电磁阀在自动变速器升挡或降挡的瞬间使油压下降，进一步减少换挡冲击，使挡位的变换更加柔和。

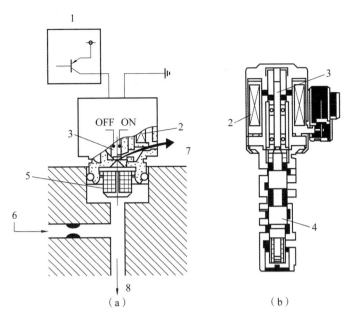

图 4-24 脉冲线性式电磁阀

(a) 普通的脉冲线性式电磁阀; (b) 带滑阀的脉冲线性式电磁阀

1—ECU; 2—电磁线圈; 3—衔铁和阀芯; 4—滑阀; 5—滤网; 6—主油道; 7—泄油孔; 8—控制油道

4. ECU 及控制电路

各种车型自动变速器的电子控制装置的结构,特别是 ECU 内部结构及控制程序的内容,传感器、执行器及控制开关的配置和类型,控制电路的布置方式等,往往有很大的不同。

有些车型的自动变速器自身配有 ECU,该 ECU 专门用于控制自动变速器的工作。这种 ECU 除了和自动变速器工作有关的传感器、控制开关、执行器连接之外,往往还通过电路和汽车其他系统的 ECU 连接,如发动机控制系统的 ECU、巡航控制系统的 ECU 等,并从这些 ECU 中获取与控制自动变速器有关的信号,或将自动变速器的工作情况通过电信号传给其他系统的 ECU,让发动机或汽车其他系统的工作能与自动变速器相配合。

也有许多车型的自动变速器和发动机由同一个 ECU 来控制,从而使自动变速器的工作能更好地与发动机的工作相匹配。例如,大部分丰田汽车的电子控制自动变速器都是采用这种控制方式来实现的。

各种自动变速器 ECU 的控制内容和控制方式虽然不完全相同,但却有很多相似之处,基本的控制内容如下:

1) 换挡控制

换挡控制是指控制自动变速器的换挡时刻,也就是在汽车达到某一车速时,让自动变速器升挡或降挡,它是自动变速器 ECU 最基本的控制内容。自动变速器换挡时刻(即换挡车速,包括升挡车速和降挡车速)的选择对汽车的动力性和燃料经济性有很大影响。对于汽车的某一特定行驶工况来说,存在一个与之相对应的最佳换挡时刻或换挡车速。ECU

应使自动变速器在汽车任何行驶条件下都按最佳换挡时刻进行换挡，从而使汽车的动力性和燃料经济性等各项指标达到最优。

汽车的最佳换挡车速主要取决于汽车行驶时的节气门开度，不同节气门开度下的最佳换挡车速可以用如图 4-25 所示的自动换挡图来表示。由图 4-25 可知，节气门开度越小，汽车的升挡车速和降挡车速越低；反之，节气门开度越大，汽车的升挡车速和降挡车速越高。这种换挡规律十分符合汽车的实际使用要求。例如，当汽车在良好的路面上缓慢加速时，行驶阻力较小，节气门开度也小，升挡车速可相应降低，即可以较早地升入高挡，从而让发动机在较低的转速范围内工作，减少汽车油耗；反之，当汽车急加速或上坡时，行驶阻力较大，为保证汽车有足够的动力，节气门开度应较大，换挡时刻相应延迟，也就是升挡车速相应提高，从而让发动机工作在较高的转速范围内，以发出较大的功率，提高汽车的加速和爬坡能力。

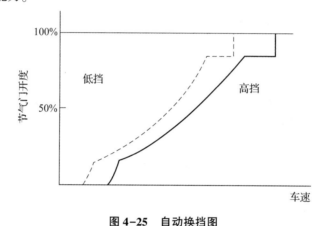

图 4-25　自动换挡图

图 4-25 中实线表示汽车加速时的升挡规律；虚线表示汽车减速时的降挡规律。

汽车自动变速器的操纵手柄或模式开关处于不同位置时，对汽车的使用要求也有所不同，其换挡规律也应做相应的调整。ECU 将汽车在不同使用要求下的最佳换挡规律以自动换挡图的形式储存在存储器中。汽车行驶过程中，ECU 根据挡位开关和模式开关的信号从存储器内选择出相应的自动换挡图，再将车速传感器和节气门位置传感器测得的车速、节气门开度与自动换挡图进行比较，根据比较结果，在达到设定的换挡车速时，ECU 便向换挡电磁阀发出电信号，以实现挡位的自动变换，如图 4-26 所示。

四挡自动变速器控制系统中的换挡电磁阀通常有两到三个。大部分日本轿车自动变速器（如丰田、马自达轿车）采用两个换挡电磁阀，而一部分欧美轿车自动变速器（如奥迪、福特轿车）采用三个电磁阀。控制系统通过这些换挡电磁阀开启和关闭（通电或断电）的不同组合来组成不同的挡位。不同厂家生产的自动变速器换挡电磁阀的工作组合与挡位关系都不完全相同。

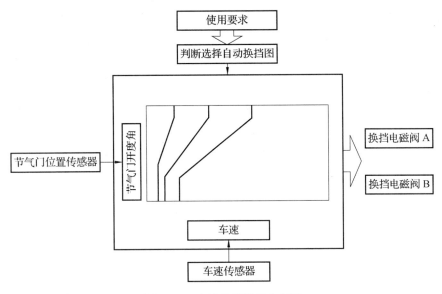

图4-26 自动换挡控制方框图

2）油路压力控制

电液式控制系统中的主油路油压是由主油路调压阀来调节的。早期的电液式控制系统由节气门拉索控制节气门阀，并通过节气门阀控制主油路调压阀，使主油路油压随着发动机负荷的增大而增加，以满足传递大扭矩时离合器、制动器等换挡执行元件液压缸工作压力的需要。目前，一些新型电子控制自动变速器的节气门油压由油压电磁阀来产生。油压电磁阀是一种脉冲线性式电磁阀，ECU 根据节气门位置传感器测得的节气门开度，计算并控制送往油压电磁阀的脉冲信号的占空比，以改变油压电磁阀排油孔的开度，产生随节气门开度变化的油压（即节气门油压）。此外，ECU 还能根据挡位开关的信号，在操纵手柄处于倒挡位置时提高节气门油压，以满足倒挡时对主油路油压的需要。

除正常的主油路油压控制外，ECU 还可以根据各个传感器测得的自动变速器的工作条件参数，在一些特殊情况下，对主油路油压做适当的修正，使油路压力控制获得最佳效果。例如，在操纵手柄位于前进低挡（S、L 或 2、1）位置时，汽车的驱动力相应较大，ECU 自动使主油路油压高于前进挡时的油压，以满足传递的需要。为减小换挡冲击，ECU 还在自动变速器换挡过程中按照换挡时节气门开度的大小，通过油压电磁阀适当减小主油路油压，以改善换挡操作对驾驶员的反馈。ECU 还可以根据液压油温度传感器的信号，在液压油温度未达到正常工作温度时（低于60 ℃），将主油路油压调整为低于正常值，以防止因液压油在低温下黏度较大而产生换挡冲击；当液压油温度过低时（低于-30 ℃），ECU 使主油路油压升到最大值，以加速离合器、制动器的接合，防止温度过低时因液压油黏度过大而导致换挡过程过于缓慢。在海拔较高时，发动机输出功率降低，ECU 将主油路油压调整为低于正常值，以防止换挡时产生冲击。

3）自动模式选择控制

液力控制自动变速器和早期的电子控制自动变速器都设有模式开关，驾驶员可以通过这一开关来改变自动变速器的控制模式：经济模式、普通模式或动力模式。目前，一些新型的电子控制自动变速器由于采用了由大规模集成电路组成的具有很强的运算和控制功能的 ECU，因此具有一定的智能控制能力，即可以取消模式开关，由 ECU 进行自动模式选择控制。ECU 通过各个传感器测得汽车行驶情况和驾驶员的操作方式，经过运算分析，自动选择经济模式、普通模式或动力模式进行换挡控制，以满足不同的驾驶操作要求。

ECU 在进行自动模式选择控制时，主要参考换挡手柄的位置及加速踏板被踩下的速率，以判断驾驶员的操作目的。

当操纵手柄位于前进低挡（S、L 或 2、1）时，ECU 只选择动力模式。

当操纵手柄位于前进挡（D）且加速踏板被踩下的速率较低时，ECU 选择经济模式；当加速踏板被踩下的速率超过控制程序中所设定的速率时，ECU 将经济模式转变为动力模式。

操纵手柄位于前进挡（D），ECU 选择动力模式之后，一旦节气门开度低于 1/8 时，ECU 即将动力模式转换为经济模式。

4）锁止离合器控制

电子控制自动变速器中变矩器的锁止离合器的工作是由 ECU 控制的。ECU 按照设定的控制程序，通过一个电磁阀（称为锁止电磁阀）来控制锁止离合器的接合或分离。正确的锁止离合器控制程序应当是既能满足自动变速器的工作要求，保证汽车的行驶能力，又能最大限度地降低燃油消耗。自动变速器在各种工作条件下的最佳锁止离合器控制程序被事先储存在 ECU 的存储器内。ECU 根据变速器的挡位、控制模式等工作条件从存储器内选择相应的锁止控制程序，再将车速、节气门开度与该锁止控制程序进行比较。当车速足够高，且其他各种因素均满足锁止条件时，ECU 即向锁止电磁阀输出电信号，使锁止离合器接合，实现变矩器的锁止。

5）发动机制动控制

目前，一些新型电子控制自动变速器的强制离合器或强制制动器的工作也是由 ECU 通过电磁阀控制的。ECU 按照设定的发动机制动控制程序，在操纵手柄位置、车速、节气门开度等因素满足一定条件（如操纵手柄位于前进低挡位置，车速大于 10 km/h，节气门开度小于 1/8）时，向强制离合器电磁阀或强制制动器电磁阀发出电信号，打开强制离合器或强制制动器的控制油路，使之接合或制动，让自动变速器具有反向传递动力的能力，在汽车滑行时以实现发动机制动。

6）改善换挡反馈的控制

随着 ECU 性能的不断提高，电子控制自动变速器控制系统的控制范围越来越广，控制功能也越来越多，可以采用多种方法来控制自动变速器的换挡过程，以改善换挡反馈，提高汽车的乘坐舒适性。目前，常见的改善换挡反馈的控制功能有以下几种：

（1）换挡油压控制。

在升挡或降挡的瞬间，ECU 通过油路压力电磁阀适当降低主油路油压，以减小换挡冲击，改善换挡反馈。也有一些控制系统通过电磁阀在换挡时减小减震器活塞的背压，以减缓离合器或制动器液压缸内油压的增长速度，达到减小换挡冲击的目的。

（2）减扭矩控制。

在换挡的瞬间，ECU通过延迟发动机的点火时间以减少喷油量，暂时减小发动机的输出扭矩，以减小换挡冲击和输出轴的扭矩波动。这种控制的执行过程是：自动变速器ECU在自动升挡或降挡的瞬间，通过电路向发动机ECU发出减小扭矩的控制信号，发动机ECU接收到这一信号后，立即延迟发动机点火时间或减少喷油量，执行减扭矩控制，并在执行完这一控制后，向自动变速器ECU发回已减扭矩信号。

（3）N-D换挡控制。

N-D换挡控制是在操纵手柄由停车挡或空挡（P或N）位置换至前进挡或倒挡（D或N）位置，或相反地由D位或R位换至P位或N位时，通过调整发动机喷油量，将发动机的转速变化减至最低程度，以改善换挡反馈。

若没有这种控制功能，当自动变速器的操纵手柄由P位或N位换至D位或R位时，由于发动机负荷增加，转速随之下降；反之，由D位或R位换至P位或N位时，由于发动机负荷减小，转速将上升。具有N-D换挡控制功能时，自动变速器的ECU在操纵手柄由P位或N位换至D位或R位时，若检测到输入轴传感器所测得的输入轴转速变化超过规定值，即向发动机ECU发出N-D换挡控制信号，发动机ECU根据这一信号增加或减小喷油量，以防止发动机转速变化过大。

7）使用输入轴转速传感器的控制

目前，一些新型电子控制自动变速器设有输入轴转速传感器，ECU通过该传感器可以检测出自动变速器输入轴的转速，并由此计算出变矩器的传动比（即泵轮和涡轮的转速之比）以及发动机曲轴和自动变速器输入轴的转速差，从而更精确地控制自动变速器的工作。特别是ECU在进行换挡油路压力控制、减扭矩控制、锁止离合器控制时，利用这一参数进行计算，可使这些控制的持续时间更加精确，从而获得最佳的换挡反馈和乘坐舒适性。

8）故障自诊断和失效保护功能

电子控制自动变速器的电子控制装置是在ECU的控制下工作的。ECU根据各个传感器测得的有关信号，按预先设定的控制程序，通过向各个执行器发出相应的控制信号来控制自动变速器的工作。如果电子控制装置中的某个传感器出现故障，不能向ECU输送信号，或某个执行元件损坏，不能完成ECU的控制指令，就会影响ECU对自动变速器的控制，使自动变速器不能正常工作。

为了及时发现电子控制装置中的故障，并在出现故障时尽可能使自动变速器保持最基本的工作能力，以维持汽车行驶，便于汽车进厂维修，许多电子控制自动变速器的电子控制装置都设计了故障自诊断和失效保持功能。这种电子控制装置在ECU内设有专门的故障自诊断电路，它在汽车行驶过程中不停地监测自动变速器电子控制装置中所有传感器和部分执行器是否处于正常工作状态。

4.1.5 自动换挡操纵装置

挡位操纵机构的作用是用来移动选挡阀，使选挡阀进入不同的挡位区域。选挡阀操纵杆通过杆系和选挡手柄连接，随选挡手柄位置改变，选挡操纵杆向右或向前移动，并使选挡阀的位置和选挡手柄的位置相对应。选挡手柄和传统式变速器的变速杆外形相似，但只能选择挡位区。选挡手柄可装在转向盘下面的转向柱上，驾驶员扳动手柄时，通过指示器可清晰地看到所选择的挡位，如图4-27（a）所示。也有的选挡手柄设置在驾驶员座椅的一侧，如图4-27（b）所示。

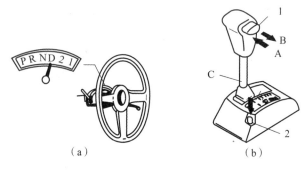

图4-27　选挡手柄

（a）安装在转向柱上；（b）安装在驾驶员座椅旁

1—选挡杆按钮；2—超速挡按钮；A—压入；B—松开；C—在停车（P）挡区

选挡指示器可设置在选挡手柄旁边，也可设置在仪表板上；所选挡位可用指针显示，也可用灯光表示。不同类型的挡位指示器如图4-28所示。

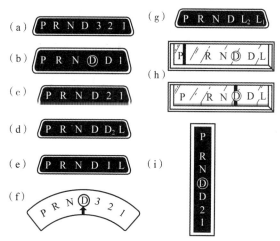

图4-28　不同类型的挡位指示器

挡位指示器上的字母和数字所表示的意义如下：

"1""L_1""L"等表示手选一挡位置，即低挡位置，也称1区、L_1区、L区。选用这一挡位时，汽车只能用一挡行驶，不能升挡。这个位置在汽车行驶于坑注、湿路面或结冰路面上时选用。在下陡坡时，也可选择这个位置，以用发动机的制动作用控制车速。选择这个位置时发动机不能起动。

"2"表示2挡位置，又称"2"位，和"2"位相当的是"L_2"（即低2挡）、"I"（中间挡）和"D_2"挡（前驱二挡）。选用此挡位时，变速器可在1、2挡间自动升挡或自动降挡，但不能升入 3 挡。希望限制变速器在 1、2 挡间升挡或降挡，以使车速不超过某一确定数值（如 100 km/h）时，可选用此挡。选择这个位置时，不能起动发动机。

"3"表示四速变速器的 3 挡位置。选择这个位置时，变速器可以从 1 至 2、2 至 3 挡依次自动升挡或从 3 至 2、2 至 1 挡自动降挡，但不能进入超速挡。

"D"表示前驱位置。在三速变速器中，选用"D"区可以实现 1 至 2、2 至 3 挡自动升挡或 3 至 2、2 至 1 挡自动降挡。在四速变速器中，"D"位可能表示两种情况：（1）如"D"字前有"D"，则表示前驱位，相当于"3"位，变速器不能进入超速挡；（2）如"D"字后边有"3"，则"D"表示超速挡（4 挡）位置，变速器可实现 1 至 2、2 至 3、3 至 4 挡自动升挡或 4 至 3、3 至 2、2 至 1 挡的自动降挡。选择这个位置时，不能起动发动机。

在一般的道路条件下，汽车的大部分时间以 3 挡行驶。在道路条件良好的条件下，汽车以 D 挡行驶，以提高燃料经济性。

"N"表示空挡位置。选择此位置时，自动变速器内的所有离合器和制动器均处于分离状态，所以没有动力从变速器输出。发动机在空挡时可以起动。

"R"表示倒挡位置。当选择 R 挡时，自动变速器的输出轴的旋转方向和发动机曲轴的旋转方向相反，汽车倒驶。R 挡只能在车辆静止时选用。选用 R 挡后，不能起动发动机。

"P"表示停止位置。当选择 P 挡时，没有动力传给变速器。此时，选挡手柄通过杆系操纵停车爪，将变速器的输出轴锁止在壳体上，使车辆不能前后移动。在需要移动汽车时，换挡手柄应从 P 挡移动，使停车爪分离。选择 P 挡时，发动机可以起动。

4.2 电控无级变速器

4.2.1 概述

CVT 是英文 Continuously Variable Transmission 的缩写，意为无级变速器。一般来讲，汽车上常用的自动变速器有液力自动变速器、液压传动自动变速器、电力传动自动变速器、有级式机械自动变速器和无级式机械自动变速器等，其中最常见的是液力自动变速器，但它并不是真正的无级变速器（CVT）。目前，在普通的轿车中，大多采用电控液力自动变速器（见图 4-29），其主要由液力变矩器和自动变速器两大部分组成，能根据节气门的开度和车速的变化，自动进行换挡。与 CVT 相比，液力自动变速器最大的不同在于结构，即它是由液压控制的齿轮变速系统构成的。因此，液力自动变速器并不是真正的无级变速器，而是有挡位的，仅是在两挡之间进行无级变速。而 CVT 则是由两组变速轮盘和一条传动带组成的。CVT 采用传动带和工作直径可变的主、从动轮配合传递动力，可以自动改变传动速比，实现传动速比的全程无级连续改变，没有传统变速器换挡时那种"停顿"的感觉，从而得到传动系统与发动机工况的最佳匹配，提高车辆的燃油经济性和动力性，改善驾驶员的操纵方便性及乘坐舒适性。因此，CVT 是一种比较理想的汽车动力传动装置。

图 4-29　CVT 无级变速器

金属带式无级变速器的变速原理如图 4-30 所示。变速部分由主动带轮（也称初级轮）、金属传动带和从动带轮组成。每个带轮都由两个带有斜面的半带轮组成一体，其中一个半轮是固定的，另一个半轮可以通过液压控制系统控制其轴向移动，两个带轮之间的中心距是固定的。由于两个带轮的直径可以连续无级变化，所以形成的传动比也是连续无级变化的。

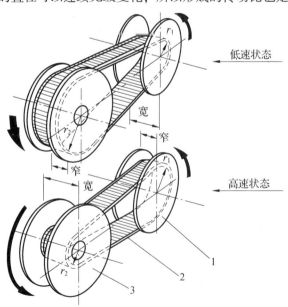

图 4-30　金属带式无级变速器的变速原理

1—主动带轮；2—金属传动带；3—从动带轮

4.2.2 无级变速器的基本组成和工作原理

无级变速器主要由无级变速传动机构和电子控制系统两部分组成。

1. 无级变速传动机构

一般无级变速传动机构所形成的传动比为 0.44 ~ 4.69，在其后需要增加主减速器，在其前一般还配有电磁离合器或带有锁止离合器的液力变矩器。

带液力变矩器的无级变速器结构如图 4-31 所示，带液力变矩器的无级变速器实物如图 4-32 所示。

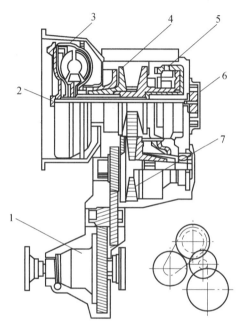

图 4-31 带液力变矩器的无级变速器结构

1—差速器；2—输入轴；3—液力变矩器；4—主动带轮；5—换挡机构；6—液压泵；7—从动带轮

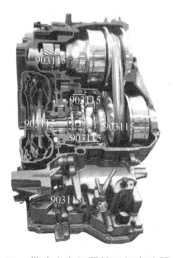

图 4-32 带液力变矩器的无级变速器实物

无级变速器的关键部件——金属带的结构如图4-33所示,它是由一层带有V形斜面的金属片通过柔性的钢带组成的。V形金属片用于传递动力,而柔性钢带则只起到支撑与保持作用。和普通的带传动不一样,这种带在工作的时候相当于是由主动轮通过钢带推着从动轮旋转来传递动力的。一般钢带总长约600 mm,由300块金属片组成,每片厚约2 mm,宽约25 mm,高约12 mm。每条带包含柔性的钢带2~11条,每条钢带厚约0.18 mm。

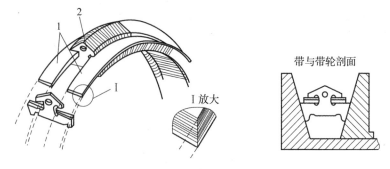

图4-33　金属带的结构

1—柔性钢带;2—金属片

2. 电子控制系统

1)控制系统的组成

无级变速电子控制系统如图4-34所示。

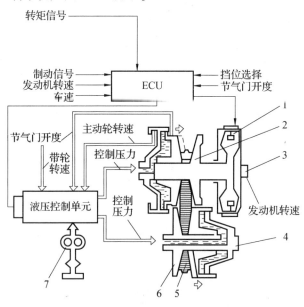

图4-34　无级变速电子控制系统

1—电磁离合器;2—主动带轮;3—输入轴;4—输出轴;5—钢带;6—从动带轮;7—液压泵

系统中包括电磁离合器的控制和金属带变速比控制。变速比由发动机节气门信号和主动带轮转速决定,ECU根据发动机的转速、车速、节气门位置、换挡控制器(一般仅有P、R、N、D供选择)信号控制电磁离合器,以及控制带轮上液压伺服缸的压力,实现无级变速。

一般来说，系统在最高传动比（低挡）时的控制压力最大，约2.2 MPa；在最低传动比（高挡）时的控制压力最小，约0.8 MPa。由于传动比的改变仅受节气门和主动带轮转速的控制，因而控制的灵活性相对受到了限制。

2）控制方法

将发动机转速作为反馈信号，节气门开度等作为控制输入信号来控制带轮的压力，调节传动比的闭环电控无级变速闭环控制原理如图4-35所示。

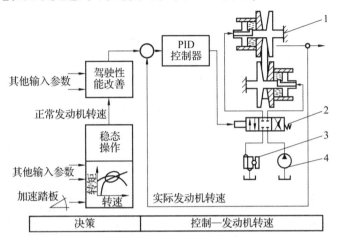

图4-35 无级变速闭环控制原理

1—输入轴；2—控制阀；3—转矩传感器；4—液压泵

该系统是一个全部输入和输出转速都能检测的闭环电子控制系统。驾驶员的意图通过节气门开度及换挡控制器，输入到电子控制系统，系统根据发动机的转速和转矩，确定施加到主、从动带轮上的压力。发动机转速（对应于主动带轮转速）构成转速反馈闭环控制，系统根据转速的偏差信号决定升挡或降挡变速，并输出控制信号到电液比例控制阀，控制作用在两个运转带轮上的液压伺服的压力。

4.3 双离合器自动变速器

4.3.1 双离合器自动变速器概述

双离合器自动变速器（Dual Clutch Transmission，DCT），顾名思义就是该变速器拥有两套离合系统，分别负责奇、偶数挡的换挡。该变速器拥有手动变速器的换挡机构，能够实现在不切断动力的情况下完成换挡，在性能上兼顾手动变速器的高效率和比自动变速器更快的换挡速度。

优点：换挡速度快，传动效率高，舒适性好，燃油经济性好。

缺点：制造工艺复杂，尤其是电子控制部分复杂。

本节以大众公司的DSG双离合器为例介绍其结构与工作原理。

目前，大众汽车使用的DSG变速箱有两种，一种是6速的02E，还有一种是7速的0AM，在大众内部代号分别为DQ250和DQ200。代号DQ250的DSG变速箱有六个挡位，能承受的最大扭矩为350 N·m，主要用于高排量或操控性好的车型，如途观和迈腾，它们配备的发动机是1.8TSI或2.0TSI，这些发动机的功率比较高。而DQ200则是7速双离合变速箱，能承受的最大扭矩为250 N·m，主要搭载于中低排量的车型，如6代高尔夫、朗逸车型配备的发动机是1.4TSI。

1. 双离合的结构

7速DSG变速箱由双离合器、齿轮传动机构、电液控制系统及其他部分构成，如图4-36所示。

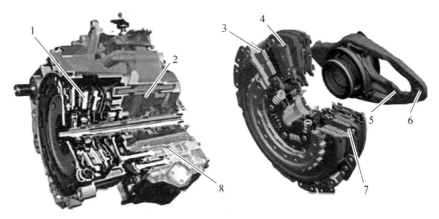

图4-36　DSG变速器结构

1—双离合器；2—齿轮传动机构；3—离合器K1；4—离合器K2；5—操纵杆K1；

6—操纵杆K2；7—驱动盘；8—电液控制系统

离合器位于汽车发动机与变速器之间，是发动机与变速器之间动力传递的"开关"，既能传递动力，又能切断动力，其主要作用是保证汽车能平稳起步行驶；在变换挡位以后，离合器会减轻变速齿轮的冲击力，让汽车加速或减速行驶更加平顺。但汽车换挡时，分离与接合之间，会有动力传递暂时中断的现象，如何控制协调动力中断的时间就成了需考虑的问题。手动切换往往接合迅速，冲击力较大，换挡不平顺，如果想达到平顺迅速的效果，需要丰富的驾驶经验与正确判断；自动变速箱则依靠ECU的控制完成换挡，但反应较慢。双离合就是针对这一情况的完善化设计。7速DSG变速箱的双片式的离合器和手动挡变速箱基本相似，但也有一些不同。DSG双离合器由驱动盘，两个带扭转减震器的摩擦从动盘，两个推力轴承，两个操纵杆K1、K2，塑料固定架等构成。扭矩通过发动机曲轴、双质量飞轮、双离合器进行传递。双质量飞轮装配有内齿，与双离合器的外壳上装配的外齿相啮合。这样，扭矩就被传递到双离合器。两个从动摩擦片分别与输入轴1和输入轴2相连。输入轴1较细，与靠近发动机的摩擦盘相连，输入轴2与远离发动机的从动盘相连。大小操纵杆K1、K2通过推力轴承与一大一小、一深一浅的两个膜片弹簧相结合。

2. 齿轮传动机构

双离合自动变速箱的齿轮传动机构是基于手动变速箱基础设计的，如图4-37所示。与手动变速箱所不同的是，双离合变速箱的离合器与两根输入轴相连，换挡和离合操作都是通过集成电子和液压元件的机械电子模块来实现，而不再需要离合器踏板和手动换挡杆的操作。双离合自动变速箱的齿轮传动系统类似于手动变速箱的齿轮传动系统，都是通过改变不同传动比齿轮的啮合来实现挡位的切换，这样不会有很多的动力损失，而且大大缩短了换挡时间。

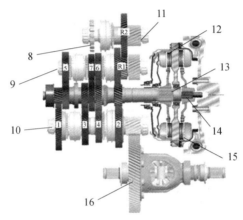

图4-37　DSG双离合变速齿轮传动机构

1~7—1~7挡齿轮；8—P挡锁齿轮；9—输出轴2；10—输出轴1；11—输出轴3；12—离合器K2；
13—驱动轴2；14—驱动轴1；15—离合器K1；16—差速器；R1—倒挡中间齿轮；R2—倒挡齿轮

由图4-37可以看出，7速DSG变速箱与传统手动变速箱一样，由输入轴、输出轴、差速器、同步器等组成，有七个前进挡和一个倒挡。驱动轴1与输出轴1、输出轴2的一部分常啮合构成了1、3、5、7挡。驱动轴2与输出轴1、输出轴2的另一部分，以及输出轴3全部啮合，构成了2、4、6挡和倒挡。输出轴1、2、3与差速器相啮合输出动力。

驱动轴1通过花键与K1相连，用于驱动1、3、5、7挡。为了监测变速箱输入转速，输入轴1有变速箱输入转速传感器1（G632）的脉冲靶轮。驱动轴2被设计成空心轴，安装在驱动轴1的外侧，通过花键与K2相连，用于驱动2、4、6、R挡。为了检测变速箱输入转速，输入轴2上有变速箱输入转速传感器2（G612）的靶轮。驱动轴结构如图4-38所示。

同步器的功用是使接合套与待啮合的齿圈迅速同步，缩短换挡时间，同时防止在同步前啮合而产生接合齿的冲击。同步器是由同步装置（推动件摩擦件）、锁止装置、接合装置构成的。7 速 DSG 变速箱之所以能达到很短的换挡时间，和采用的同步器有很大的关系。它所采用的 1、2、3 挡同步器为三锥面同步器，4 挡同步器为二锥面同步器，5、6、7 倒挡同步器为单锥面同步器。

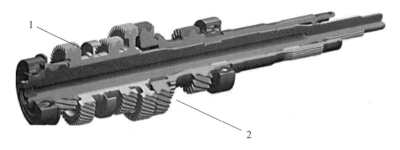

图 4-38　驱动轴结构

1—G632；2—G612

　　三锥面同步器结构如图 4-39 所示。相比单锥面，其优点是换挡冲击更小，而且换挡时间更短。另外还缩短了轴向的距离，增大了摩擦力矩。就像齿轮的力矩分配一样，如果是单级的齿轮传动，齿轮所受的扭矩很大，如果设计成二级传动，齿轮传递同样的力矩，但每一个齿轮所受的力矩相对于单级的要小得多。三锥面同步器被用在中高档车的低挡位上。DSG 变速箱所采用的 1、2、3 挡使低挡位换挡更加顺畅，而且在需要频繁换挡的拥挤的城市道路上对变速箱的齿轮更是一种保护。

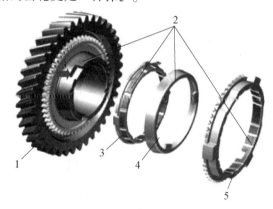

图 4-39　三锥面同步器结构

1—带锁止齿的同步器齿轮；2—摩擦面；3—内环；4—中间环；5—外环

3. 电液控制系统

　　DSG 电液控制系统由电液控制阀板、液压泵单元、离合器 K1/K2、换挡控制阀、油泵电机等构成，如图 4-40 所示。

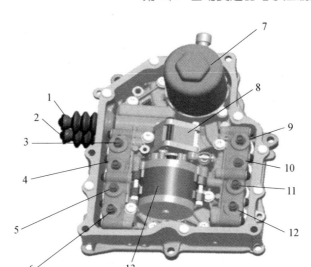

图4-40　DSG 电液控制系统

1—离合器 K1；2—离合器 K2；3—传输组 1 阀 3 离合器 K1 阀（N435）；4—传输组 1 阀 2 5/7 换挡阀（N434）；

5—传输组 1 阀 4 压力调节阀（V436）；6—传输组 1 阀 1 1/3 换挡阀（V433）；7—蓄压器；8—油泵；

9—传输组 2 阀 2 6/R 换挡阀（N438）；10—传输组 2 阀 4 压力调节阀（N440）；

11—传输组 2 阀 3 离合器 K2 阀（N439）；12—传输组 2 阀 1 2/4 换挡阀（N437）；13—油泵电动机（V401）

1）电液控制阀板

电液控制阀板由变速箱电子控制单元，变速箱 1 阀体组，变速箱 2 阀体组，离合器输入转速传感器，离合器行程位置传感器，输入轴速度传感器，挡位行程传感器，2/4 挡同步器活塞，1/3 挡同步器活塞，5/7 挡同步器活塞，6/R 挡同步器活塞，K1、K2 驱动机构等构成。

变速箱 1 阀体组：N435 控制通往离合器工作缸的液压油流量，控制离合器 K1 失效影响，使相应的变速箱部分被关闭；N434 控制 5/7 换挡阀；N436 控制变速箱相应部分的油压离合器 K1 换挡操纵机构 1/3、5/7；N433 控制 1/3 换挡阀。

变速箱 2 阀体组：N438 控制 6/R 换挡阀；N440 控制变速箱相应部分的油压离合器 K2 换挡操纵机构 2/4、6/R；N439 控制通往离合器工作缸液压油流量，控制离合器 K2 失效影响：相应的变速箱部分被关闭；N437 控制 2/4 换挡阀。

离合器输入转速传感器 G64：安装在变速箱壳体上，是唯一在滑阀箱单元外的传感器，以电子方式监测与起动机啮合的齿圈，记录变速箱的输入转速信号。作用：控制单元根据该传感器输入的转速信号控制离合器和计算滑移率，失效后用发动机转速信号替代。

离合器行程位置传感器：离合器 1 行程位置传感器 G617 和离合器 2 行程位置传感器 G618 安装在滑阀箱单元的离合器触动装置上。非接触式传感器信号的作用：控制单元根据该传感器信号来控制离合器的触动装置信号失效的影响。信号失效影响：若 G617 损坏，变速箱传输部分 1 被关闭，挡位 1、3、5、7 将无法接合；若 G618 损坏，变速箱传输部分 2 被关闭，挡位 2、4、6、R 将无法接合。

输入轴速度传感器：包括输入轴 1 速度传感器 G632 与输入轴 2 速度传感器 G612。作用：帮助控制离合器，计算离合器的打滑量。信号失效影响：如果 G632 失效，齿轮传动组 1 关闭，车辆只能在 2、4、6 和 R 挡被驱动；如果 G612 失效，齿轮传动组 2 关闭，车辆只能在 1、3、5、7 挡被驱动。

挡位行程传感器：包括挡位行程传感器 2/4G487、挡位行程传感器 1/3G488、挡位行程传感器 5/7G489、挡位行程传感器 6/RG490。信号作用：产生精确的换挡机构位置信号，用以控制换挡机构实现挡位的变换。信号失效后的影响：如果一个位移传感器失效，控制单元不能准确获知相应挡位变换机构的位置，也就无法识别是否有挡位在齿轮选择机构和拨叉的作用下接合。为了防止对变速箱造成损坏，传感器所在变速箱部分被关闭。

换挡同步器活塞：换挡选择装置的活塞和换挡拨叉相连。为实现挡位的变换，油压被供应到换挡机构的活塞上，活塞移动，换挡拨叉和滑动齿套也随之移动，滑动齿套使同步器齿接合形成挡位。

2）液压泵单元

液压泵单元安装在机械滑阀模块上，由液压泵和电动机组成。液压泵电动机是一个碳刷直流电动机，由机械滑阀单元的 ECU 依靠压力要求按需驱动，通过连接器驱动液压泵。液压泵根据齿轮泵原理工作，它吸入油液并加压，液压油通过油泵壳体内壁和齿隙间从吸入侧被泵入压力侧，最大供油压力约为 70 Pa。信号失效影响：如果电动机不能被激活，油液压力下降，并且离合器在压力盘弹簧的作用下断开。蓄压器在设计上类似气压蓄压器，当液压泵关闭时，保证液压系统有油压，能储存 0.2 L 的液压油。

3）离合器操纵机构

为了触发离合器，电子机械滑阀控制单元触发电磁阀：变速箱部分 1 的阀 3（N435）操作离合器 K1；变速箱部分 12 的阀 3（N439）操作离合器 K2。N435、N439 的结构如图 4-41 所示。

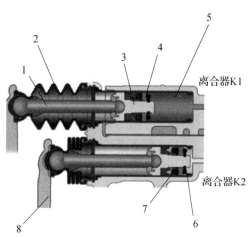

图 4-41 N435、N439 的结构

1—活塞杆；2—防尘套；3—离合器活塞；4—导向环；5—活塞工作缸；6—支撑弹簧；7—永久磁铁；8—操纵杆

4）换挡控制阀

换挡控制阀控制挡位选择器的油流量。每个控制阀可使挡位选择器形成两个挡位，如图4-42所示。如果没有齿轮啮合，控制阀控制油压，使挡位选择器保持空挡位置，选挡杆位于P位置，点火开关关闭，一挡和倒挡齿轮啮合。

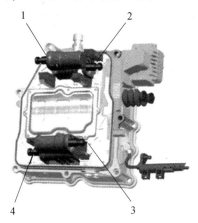

图4-42　DSG双离合变速器挡位选择器

1—5/7挡挡位选择器；2—6/R挡挡位选择器；3—2/4挡挡位选择器；4—1/3挡挡位选择器

5）换挡选择机构

滑阀箱单元控制挡位选择机构换挡，选择机构的活塞和换挡拨叉相连。为实现挡位的变换，油压被供应到换挡机构的活塞上。

4.3.2　双离合器变速箱工作分析

1. 双离合器的工作分析

传统的手动变速箱离合器在不工作的时候是常接合的，也就是说在没有踩下离合器踏板的时候，压紧装置会把主动件和从动件接合在一起。来自发动机的动力会经过离合器到达变速箱的输入轴，如果在空挡位上起动汽车，有可能会发生危险。但是7速DSG变速箱的离合器工作过程恰恰相反，汽车在空挡的时候，离合器的状态是常分离的，只有在工作的时候由电磁阀N435操作的离合器K1推杆压向K1操纵杆，电磁阀N439操作的离合器K2推杆压向K2操纵杆，进行离合器的接合工作。

DSG双离合工作原理如图4-43所示。双质量飞轮装配有内齿，与双离合器的外壳上装配的外齿相啮合。

离合器K1电磁阀N435动作，把K1操纵杆向里压。由于有固定架的作用，因此压力轴承被向里压，从而把膜片弹簧往反方向推动。膜片弹簧拉动连接环，把最外侧驱动盘向里压，最后使K1的摩擦片接合，动力由发动机的双质量飞轮经过离合器传到输入轴1。

离合器K2电磁阀N439动作，把K2操纵杆向里压。由于有固定架的作用，因此压力轴承被向里压。膜片弹簧受力把最里面的驱动盘向里压，使K2的摩擦片接合，动力由发动机的双质量飞轮经过离合器传到输入轴2。

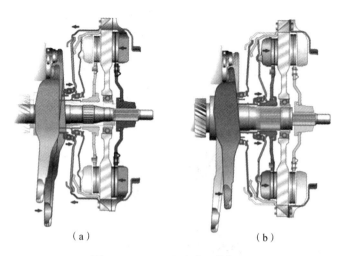

（a）　　　　　　　　　　　　　　（b）

图 4-43　DSG 双离合工作原理

（a）K1 接合；（b）K2 接合

2. 齿轮传动的工作分析

7 速 DSG 变速箱与传统的手动变速箱一样，都是通过换挡拨叉推动接合套，经过锁环使待啮合齿轮迅速同步后，接合套完全与待啮合齿轮接合来完成换挡过程。不同的是，DSG 变速箱行驶中没有动力中断，总会有一个挡位啮合，但没有与离合器接合。

同步器啮合过程如图 4-44 所示。换挡拨叉推动接合套向前移动，接合套与锁环之间的锥面齿相接触，同步器开始工作，这时候无论怎样推换挡拨叉，都不会挂上挡，只会缩短同步时间；待达到同样的转速后，接合套锥面齿轮才会穿过锁环的齿轮；最后接合套与待啮合齿轮接合并完成换挡。它的锁止装置是通过带有弹簧卡子的滑块。在实际操作过程中，这些动作在一瞬间就可以完成。

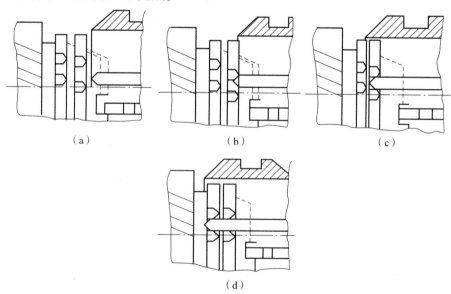

（a）　　　　　　　　（b）　　　　　　　　（c）

（d）

图 4-44　同步器啮合过程

相比单锥面的同步器，双锥面或三锥面的同步器增大了摩擦力矩，换挡同步效果更好，时间更短。

7速DSG变速箱在P挡、N挡时，有两个挡位已经啮合，分别是前进1挡和倒挡，这是因为停车起动之后，汽车需要有往前或往后的选择。

换挡拨叉如图4-45所示。换挡活塞和换挡拨叉相连。换挡阀控制着液压油以推动活塞，使其可以由中间向两边移动。每一个换挡活塞可以带动换挡拨叉选择两个挡位。当活塞移动时，换挡拨叉和接合套也随之移动，接合套使同步器齿接合形成挡位。通过永久磁铁和换挡机构位移传感器，变速箱控制单元能够准确获得换挡机构的当前位置。

1挡动力传递路线：发动机→双质量飞轮→离合器K1→输入轴1的1挡主动齿轮→输出轴1的1挡从动齿轮→输出轴1输出齿轮→差速器主减速齿轮，如图4-46所示。

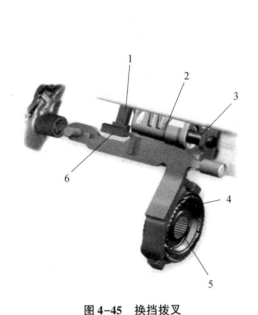 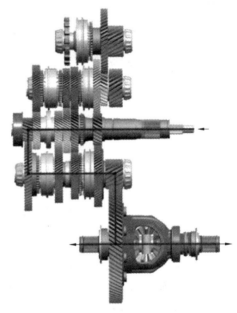

图4-45　换挡拨叉　　　　　　　　图4-46　1挡动力传递路线

1—挡位传感器；2—挡位选择活塞缸；3—挡位选择活塞；

4—滑动齿套；5—同步器齿毂；6—永久磁铁

3. 电液控制部分工作分析

电液控制部分原理如图4-47所示，由图可以看出，整个控制系统由三大部分构成，即传感器、控制单元和执行器。控制系统是它的核心，由于需要精准的操作，双离合变速箱的内部使用电液控制系统来控制换挡动作，因此任何一个换挡动作其实都是一个电信号。动力传动系统的综合控制也是提高换挡品质的重要途径，基于CAN总线的动力传动系统综合控制，能够根据发动机ECU和变速器ECU之间的信息共享，通过发动机的供油控制，缩短换挡的时间，优化换挡品质。此外，还应该考虑离合器的执行机构、电子节气门的执行电动机和各传感器对整个动力系统的作用，结合网络CAN-BUS系统合理制定在每个挡位升、降挡过程中，电子节气门执行电动机控制指令的数值表，实现动力传动系统的综合控制。而起步控制策略的制定、综合智能换挡规律的制定和换挡品质的改善方法是控制系统的核心技术，对整车的起步性能、换挡品质、动力性和经济性等有着重要的影响。精确的电液控制系统发挥了它的最大能力，灵敏的电子系统加上稳定的液压机构达到了最佳的换挡效果。换挡时间和换挡舒适性的完美结合在 7 速 DSG 变速箱展现得淋漓尽致。

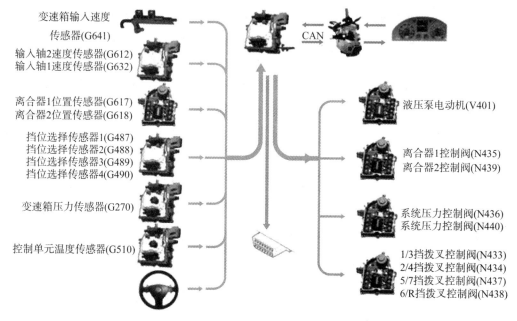

图 4-47　电液控制部分原理

下面对倒挡工作时变速箱电液部分的动作进行分析。选挡杆挂入 R 挡，由换挡杆总成 F313 接通倒挡位置传感器，经 CAN 系统把信号传递给变速箱 ECU、仪表系统、倒车雷达或音像系统、倒车灯光系统等，变速箱 ECU 接收到信号后做出相应的动作。液压泵泵出的液压油经过变速箱 ECU 控制的油压调节电磁阀 N440（控制离合器 K2、2、4、6、R 挡）到达 6/R 换挡阀 N438，换挡阀动作，使液压油流向换挡拨叉控制阀，换挡拨叉控制阀动作，倒挡齿轮啮合，此过程由 6/R 挡换挡传感器 G490 控制换挡拨叉行程。液压油经过油压调节电磁阀 N440 到达 K2 控制阀 N439，K2 离合器开始接合，离合器 2 位置传感器 G618 接收 K2 推杆的行程信号，接合的快慢程度由变速箱输入转速传感器 G641 输入轴 2 速度传感器 G612 接收并传给变速箱控制单元后，计算出离合器 K2 的滑移量，控制 K2 控制阀 N439 实现 K2 的接合。过程中变速箱压力传感器 G270 控制单元温度传感器 G510 一直都在监控变速箱的油压和温度。

思考题

1. 自动变速器的类型有哪些？各自的特点是什么？

2. 液力变矩器由哪几部分组成？其中的导轮有什么作用？连接导轮的单向离合器起什么作用？

3. 分析液力变矩器的工作特点。

4. 什么是锁止离合器，它的作用是什么？

5. 简单行星齿轮变速机构的基本运动特征是什么？

6. 电控液力自动变速器变速机构中的离合器、制动器的作用是什么？

7. 为什么自动变速器的汽车不能采用推车的方式起动？

8. 无级变速器的基本原理是什么？

9. 双离合器自动变速器的基本原理是什么？

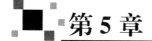

第5章
汽车行驶安全性控制系统

5.1 防抱死制动系统

1. ABS 的理论基础

汽车制动系统是在汽车行驶过程中能够根据驾驶员的需要减速、停车的重要装置。常规制动系统只提供了足够大的制动力，在紧急制动时车轮很容易抱死而产生与路面之间的滑移。车轮一旦抱死，会使驾驶员失去对方向的控制，严重的还会出现甩尾现象，同时造成轮胎的严重磨损，甚至侧翻。在公路上我们经常会看到地面上有轮胎磨损过的拉带痕迹。良好的制动系统应具有制动距离短、制动时汽车行驶方向能够控制、轮胎损耗小等特点。随着汽车工业的发展，计算机技术在汽车上得到广泛的应用，用计算机控制制动力，使汽车在制动时，车轮不至于抱死，同时缩短了制动距离，解决了常规制动系统的不足。这套系统我们称为防抱死制动系统（Antilock Braking System，ABS）。

1）汽车制动时车轮的受力分析

汽车在行驶过程中能够实施制动的根本原因是由于与轮胎接触的路面给车轮提供了路面制动力：一个是制动器内制动蹄摩擦片与制动鼓间的摩擦力，另一个是轮胎与路面间的附着力。车轮在制动时的受力情况如图 5-1 所示。

（1）制动器制动力为制动蹄与制动鼓（盘）压紧时形成的摩擦力矩（制动阻力矩）M_μ 通过车轮作用于地面的切向力 F_X。

（2）地面制动力为制动时地面对车轮的切向反作用力 F_μ。

（3）地面制动力 F_μ、制动器制动力 F_X 及附着力 F_φ 之间的关系如图 5-2 所示。附着力是指地面对轮胎切向反作用力的极限值 F_φ，取决于轮胎与路面之间的摩擦作用及路面的抗剪强度。轮胎的磨损会影响其附着能力。路面的宏观结构应有一定的不平度以获得自排水能力，路面的微观结构应是粗糙的，且有一定的棱角，以穿透水膜，让路面与胎面直接接触。增大轮胎与地面的接触面积可提高附着能力，如选用低气压、宽断面和子午线轮胎。滑水现象减小了轮胎与地面的附着能力，影响汽车的制动、转向。总之，地面制动力首先取决于制动器制动力，但同时受到地面附着条件的限制。

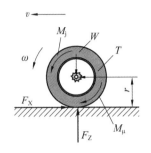

图5-1 车轮在制动时的受力情况

v—车速；ω—车轮旋转角速度；M_j—惯性力矩；M_μ—制动阻力矩；W—车轮法向载荷；

F_Z—地面法向反力；T—车轴对车轮的推力；F_X—地面制动力；r—车轮半径

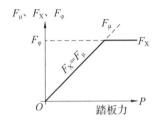

图5-2 地面制动力 F_μ、制动器制动力 F_X 及附着力 F_φ 之间的关系

2）硬路面上附着系数 φ 与滑移率 S 的关系

（1）制动过程中车轮的三种运动状态。

仔细观察可发现，汽车制动时轮胎留在地面上的印痕从车轮滚动到滑动是一个渐变的过程。

第一阶段：纯滚动。路面印痕与胎面花纹基本一致，此时车速 v＝轮速 r_ω，如图5-3所示。

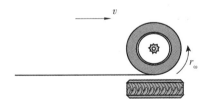

图5-3 纯滚动

第二阶段：边滚边滑。可辨别轮胎花纹的印痕，但花纹逐渐模糊，轮胎胎面相对地面发生一定的相对滑动，随着滑动成分的增加，花纹越来越模糊，此时车速 v＞轮速 r_ω，如图5-4所示。

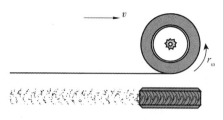

图 5-4　边滚边滑

第三阶段：抱死拖滑。路面印痕粗黑，看不出轮胎花纹，此时车速 $v>0$，轮速 $r_\omega=0$，如图 5-5 所示。

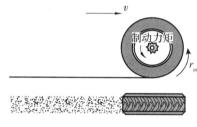

图 5-5　抱死拖滑

若需增大地面制动力，则必须增大附着力，而附着力又取决于附着系数 φ，φ 又受滑移率 S 的影响。

影响车轮滑移率的因素：车辆载客人数或载货量、前后轴的载荷分布、路面种类和道路附着系数。

（2）车轮滑移率与纵向附着系数的关系。

随着车轮制动力增大，滑移率增大，则纵向附着系数迅速增大，达到峰值后，则逐渐减小，如图 5-6 所示。从图 5-6 中可以看出当滑移率 $S=20\%$ 左右时，纵向附着系数最大，纵向附着力也达到最大，因此地面制动力可达到最大。

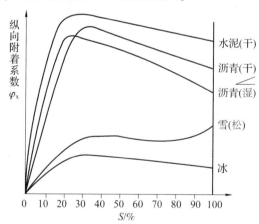

图 5-6　车轮滑移率与纵向附着系数的关系

（3）车轮滑移率与横向附着系数的关系。

横向附着系数越大，汽车制动时方向稳定性越好，如图 5-7 所示。从图 5-7 中可以看出，当滑移率 $S=0$ 时，横向附着系数达到最大，即横向附着力最大；而当滑移率 $S=100\%$ 时，横向附着系数几乎为0，即横向附着力几乎完全丧失，汽车因而失去方向控制能力。由此可知，汽车的转向能力在 $S=0$ 时最好，但这时未施加制动。考虑到 $S=20\%$ 左右时，纵向附着力最大，地面制动力可达到最大，制动效能最佳，此时横向附着力虽有所下降，但比车轮完全抱死时要高得多，能够保证汽车有足够的转向能力。因此，横向附着系数也控制在滑移率 S 为 20% 左右。

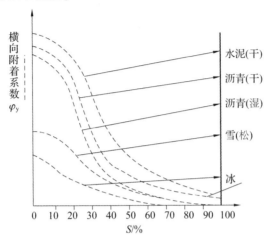

图5-7　车轮滑移率与横向附着系数的关系

（4）横向附着系数过小的危害。

①方向稳定性变差。因为横向附着力较小，汽车失去抵抗横向外力的能力，后轮易产生横向滑移等，使汽车方向稳定性变差，如图5-8所示。

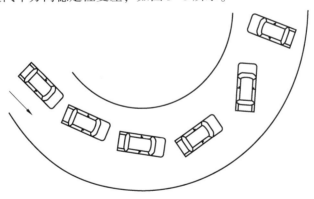

图5-8　方向稳定性变差

②转向控制能力丧失。在汽车转向行驶时，尽管驾驶员在操纵方向盘，由于前轮横向附着力丧失，汽车会仍按原来惯性方向行驶，而不按驾驶员的意愿行驶，从而使转向控制能力丧失，如图5-9所示。

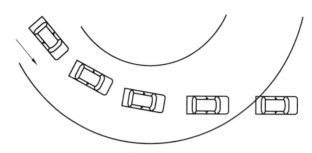

图 5-9　转向控制能力失去

（5）最佳滑移率 S。

硬路面上附着系数 φ 与滑移率 S 的关系如图 5-10 所示。

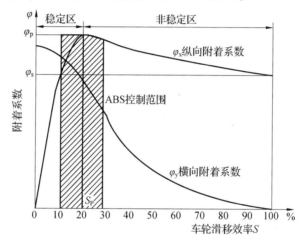

图 5-10　硬路面上附着系数 φ 关系

汽车制动时车轮既滚动又滑动，衡量车轮滑移的程度，即为滑移率，其定义为

$$S = \left[(v - r_\omega) / v \right] \times 100\% \tag{5-1}$$

3）理想的制动控制过程

由图 5-10 可知，$S<20\%$ 为制动稳定区域，$S>20\%$ 为制动非稳定区域。车轮在制动过程中，以 5～10 次/秒的频率进行增压、保压、减压的不断切换，将滑移率 S 控制在 20% 左右，便可获取最大的纵向附着系数和较大的横向附着系数，是最理想的控制效果。

2. 汽车防抱死制动系统（ABS）的类型

1）整体式 ABS

整体式 ABS 的制动压力调节器、制动主缸以及制动助力器组合为一个整体，如图 5-11 所示。福特、通用公司的别克、凯迪拉克、奥斯莫比尔、旁蒂克、绅宝等高级轿车采用此系统。

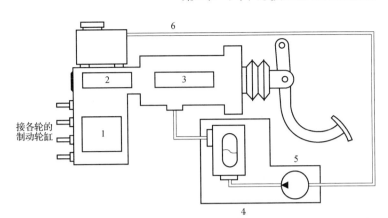

图 5-11　整体式 ABS

1—压力调节装置；2—制动主缸；3—制动助力器；4—电动泵总成；5—高压泵；6—制动压力调节回路

2）分离式 ABS

分离式 ABS 的制动压力调节器为独立总成，通过制动管路与制动主缸和制动轮缸相连，如图 5-12 所示。桑塔纳、捷达、红旗、宝马和沃尔沃等轿车采用此系统。

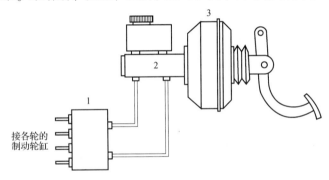

图 5-12　分离式 ABS

1—附加式 ABS 压力调节器；2—制动主缸；3—真空助力器

3）按控制方式分

分为机械式和电子式。

4）按动力源分

分为气压式、液压式和气顶液式。

5）按控制车轮的方式分

分为轴控式和轮控式。轴控式又分为轴控低选控制式和轴控高选控制式。

（1）轴控低选控制式 ABS 如图 5-13 所示。

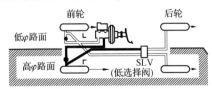

图 5-13　轴控低选控制式 ABS

（2）轴控高选控制式 ABS 如图 5-14 所示。

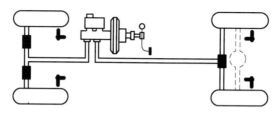

图 5-14　轴控高选控制式 ABS

（3）轮控独立式 ABS 如图 5-15 所示。

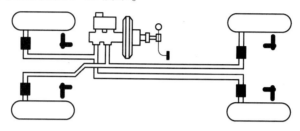

图 5-15　轮控独立式 ABS

每个车轮各占用一个控制通道——轮控式。

3. ABS 的功用

1）在制动时能缩短制动距离

在同样紧急的制动情况下，ABS 可以将滑移率控制在 20% 左右，即可获得最大的纵向制动力与较大的横向制动力。例如，在冰雪等光滑路面上，如果没有 ABS，无论怎么小心，制动力总是会显得太大，使轮胎抱死，从而使汽车制动距离过长。同样，在这种路面上，如果汽车装有 ABS，就能自动地使车轮与路面间产生最大的附着力，从而使制动距离变短。

2）制动时保持方向稳定性

制动时保持方向稳定性的能力是指汽车制动时按预定方向行驶的能力，即不发生跑偏、侧滑的能力。ABS 的最大优点是：当汽车紧急制动时，能最大限度地利用轮胎与路面之间的附着力来获得最大制动力，并且仍然可以控制汽车的方向，以保持整车的方向稳定性。

3）制动时保持转向控制能力

当车轮抱死之后，方向盘已经不起作用了，汽车陷入了不能控制方向的困境：如果汽车前轮抱死，驾驶员就无法控制汽车的行驶方向，这是非常危险的；倘若汽车的后轮先抱死，则会出现侧滑、甩尾，甚至使汽车整个掉头等严重事故。ABS 可以防止 4 个车轮制动时被完全抱死，使汽车在转弯过程中制动也不会影响其转向性，提高了汽车行驶的稳定性。资料表明，装有 ABS 的车辆，因车轮侧滑引起的事故比例下降了 8% 左右。

4）制动时能使轮胎磨损下降

车轮抱死会造成轮胎杯形磨损，轮胎面磨耗也会不均匀，使轮胎磨损消耗费用增加。经测定，汽车在紧急制动时，车轮抱死所造成的轮胎累加磨损费用，已超过一套防抱死制动系统的造价。因此，装用 ABS 具有一定的经济效益。

4. ABS 的控制方式

ABS 中能够独立进行制动压力调节的制动管路称为控制通道，ABS 按控制通道数的不同可分为单通道系统、双通道系统、三通道系统和四通道系统。

（1）四传感器四通道/四轮独立控制方式如图 5-16 所示。

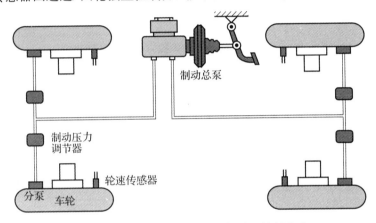

图 5-16　四传感器四通道/四轮独立控制方式

（2）四传感器四通道/前轮独立-后轮选择控制方式。

对应于双制动管路的 X 形（对角）布置形式，如图 5-17 所示。

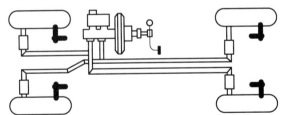

图 5-17　四传感器四通道/前轮独立-后轮选择控制方式

对应于双制动管路的 H 形（前后）或 X 形（对角）两种布置形式，四通道 ABS 也有两种布置形式。为了对四个车轮的制动压力进行独立控制，在每个车轮上各安装一个轮速传感器，并在通往各制动轮缸的制动管路中各设置一个制动压力调节分装置（通道）。由于四通道 ABS 可以最大限度地利用每个车轮的附着力进行制动，因此制动效果最好。但在附着系数分离（两侧车轮的附着系数不相等的路面上制动）时，由于同一轴上的制动力不相等，使得汽车产生较大的偏转力矩而产生制动跑偏，因此 ABS 通常不对四个车轮进行独立的制动压力调节。

（3）四传感器三通道/前轮独立-后轮低选控制方式如图 5-18 所示。

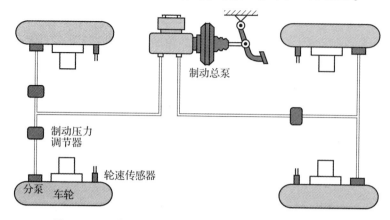

图 5-18　四传感器三通道/前轮独立-后轮低选控制方式

（4）三传感器三通道/前轮独立-后轮低选控制方式如图 5-19 所示。

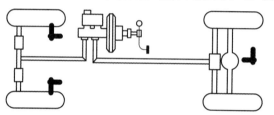

图 5-19　三传感器三通道/前轮独立-后轮低选控制方式

四轮 ABS 大多为三通道系统，而三通道系统都是对两前轮的制动压力进行单独控制，对两后轮的制动压力按低选原则统一控制。由于三通道 ABS 对两后轮进行统一控制，因此后轮驱动的汽车可以在变速器或主减速器中只设置一个转速传感器来检测两后轮的平均转速。

（5）四传感器二通道/前轮独立控制方式如图 5-20 所示。

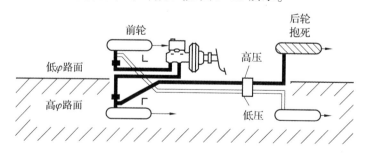

图 5-20　四传感器二通道/前轮独立控制方式

（6）四传感器二通道/前轮独立-后轮低选控制方式如图 5-21 所示。

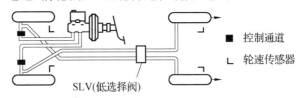

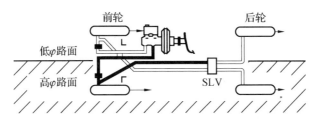

图 5-21 四传感器二通道/前轮独立-后轮低选控制方式

由于双通道 ABS 难以在方向稳定性、转向操纵能力和制动距离等方面得到兼顾，因此目前很少被采用。

5. ABS 的组成

通常情况下，ABS 是在普通制动系统的基础上加装车轮转速传感器、制动压力调节器、ABS ECU 等组成的，如图 5-22 所示。

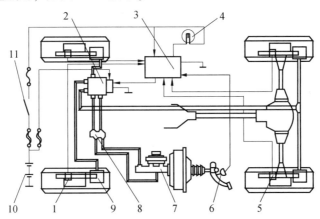

图 5-22 汽车 ABS 的组成

1—前轮转速传感器；2—制动压力调节器；3—ABS 电控单元；4—ABS 警告灯；5—后轮转速传感器；
6—制动灯开关；7—制动主缸；8—比例分配阀；9—制动轮缸；10—蓄电池；11—点火开关

1）车轮转速传感器

车轮转速传感器又称为轮速传感器、车轮速度传感器，其作用是检测汽车车轮的转速，目前用于汽车 ABS 的主要有电磁式和霍尔式两种类型。

（1）电磁式车轮转速传感器。

目前，大多数车轮转速传感器都采用电磁式转速传感器。车轮转速传感器由电磁感应传感头和信号转子两部分组成，其外形如图 5-23 所示。

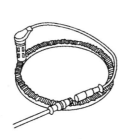

图 5-23　电磁式车轮转速传感器外形图

电磁感应传感器的传感头由感应线圈和极轴等构成，根据极轴的结构不同，可分为凿式极轴传感头、柱式极轴传感头两种，如图 5-24 所示。

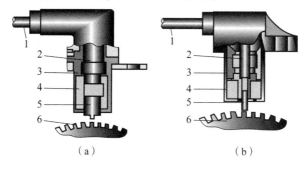

图 5-24　电磁式车轮转速传感器的传感头

（a）凿式极轴传感头；（b）柱式极轴传感头

1—电缆；2—永久磁铁；3—外壳；4—感应线圈；5—极轴；6—信号转子（齿圈）

车轮转速传感器的传感头一般安装在车轮附近，如制动底板、转向节、半轴套管等，如图 5-25 所示。信号转子是一个齿圈，一般安装在随车轮转动的部件上，如轮毂、半轴、制动盘等。

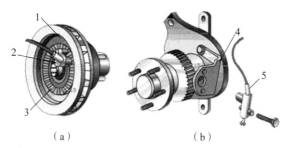

图 5-25　车轮转速传感器的安装位置

（a）前轮；（b）后轮

1—制动盘；2，5—传感器；3—齿圈；4—传感器安装支架；5—传感器信号发生器

电磁式车轮转速传感器输出的电压信号如图 5-26 所示。当车轮转速较高时，感应电压的频率和波幅均较大；反之，感应电压的频率和波幅均较小。

电磁式车轮转速传感器虽然结构简单，成本低，但存在以下缺点：当车速很低时，传感器输出的电压信号较弱，传感器频率响应较低；当车速过高时，传感器的频率响应跟不上，容易产生错误信号；传感器的抗电磁干扰能力较差。

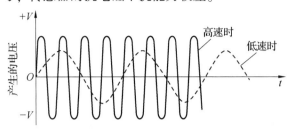

图5-26 电磁式车轮转速传感器输出的电压信号

（2）霍尔式车轮转速传感器。

霍尔式车轮转速传感器根据霍尔效应原理产生与车轮转速相对应的电压脉冲信号。霍尔车轮转速传感器也是由传感头和齿圈组成。传感头由永久磁铁、霍尔元件和电子电路等组成，如图5-27所示。

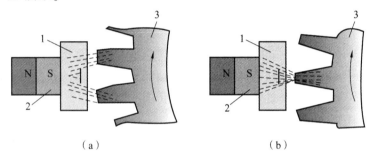

图5-27 霍尔式车轮转速传感器的传感头

1—霍尔元件；2—永久磁铁；3—齿圈

当齿圈位于如图5-27（a）所示位置时，穿过霍尔元件的磁感线分散，磁场相对较弱，而当齿圈位于如图5-27（b）所示位置时，穿过霍尔元件的磁感线集中，磁场相对较强。齿圈转动时，使得穿过霍尔元件的磁感线密度发生变化，从而引起霍尔电压的变化，霍尔元件将输出一个毫伏级的准正弦波电压，并通过电子电路转换成标准的脉冲电压输出信号，电压幅值为7～14 V，如图5-28所示。

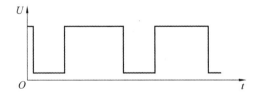

图5-28 霍尔式车轮转速传感器电压波形

霍尔式车轮转速传感器具有以下优点：输出信号电压幅值不受转速的影响；频率响应高（20 kHz），相当于车速为1 000 km/h时所检测的信号频率；抗电磁干扰能力强。

2）制动压力调节器

制动压力调节器又称为ABS压力控制器，是ABS的执行机构，其功用是接收ECU的指令，通过电磁阀的动作控制车轮制动轮缸的制动压力，主要由电动液压泵、液压控制单元（包括储能器和电磁阀）等构成，如图5-29所示。

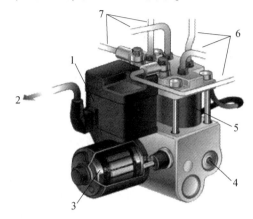

图5-29　制动压力调节器

1—继电器盒；2—接ABS ECU；3—液压泵电动机；4—液压泵总成；
5—液压控制单元（包括储能器和电磁阀）；6，7—制动液油管

制动压力调节器串接在制动主缸与轮缸之间，通过电磁阀直接或间接地控制轮缸的制动压力。通常把电磁阀直接控制轮缸制动压力的制动压力调节器称作循环式调节器，把间接控制制动压力的制动压力调节器称作可变容积式调节器。

（1）电动液压泵。

在ABS运行时，电动液压泵根据ECU的信号确定是否工作，从而起到循环控制制动液油压或迅速建立制动液油压的作用。它可在汽车起动1 min内将制动液压力提高到14～22 MPa。

ABS系统所用的电动液压泵多为柱塞式液压泵，由直流电动机、柱塞式油泵、进出油阀等组成，其结构如图5-30所示。

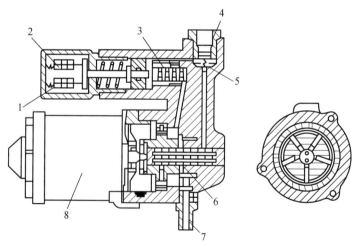

图5-30　柱塞式电动液压泵

1—控制开关；2—警告开关；3—限压阀；4—出油口；5—单向阀；6—滤芯；7—进油口；8—电动机

电动机由压力控制开关控制，当柱塞出油口的压力低于设定的控制压力时，压力控制

开关闭合，接通电动机电路，于是电动机驱动柱塞泵工作并将制动液泵入储能器中。

（2）电磁阀。

ABS 中通常有 4~8 个电磁阀，分别对应控制前后轮的制动。常用的电磁阀有三位三通电磁阀和二位二通电磁阀等多种形式。

电磁阀由阀体、固定铁芯和可动铁芯组成。通过改变电磁阀的电流可以改变磁场力，从而改变柱塞的位置，控制液体通道的开闭。

博世公司 ABS 三位三通电磁阀如图 5-31 所示，根据电流的大小，可将柱塞控制在三个位置，改变三个阀口之间的液体（制动液）通路。

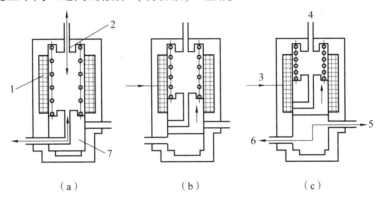

（a） （b） （c）

图 5-31 三位三通电磁阀的动作

（a）电流为 0；（b）电流小；（c）电流大

1—线圈；2—固定铁芯；3—电流；4—通主缸；5—通储液器；6—通轮缸；7—衔铁

3）ABS ECU

ABS ECU 根据来自轮速传感器的信号，测量车轮转速和车速，并发出相应的控制指令。早期生产的 ABS 中，其 ECU 与制动压力调节器多采用分体式安装，但接线较复杂。得益于 ABS ECU 体积的日益小型化，且出于散热和减少接线的考虑，现在生产的 ABS，其 ECU 与制动压力调节器多采用整体式安装，即 ABS ECU 与制动压力调节器直接安装到一起，成为一个总成，如图 5-32 所示。

——ABS ECU

图 5-32 ABS ECU 与制动压力调节器总成

图 5-32 中，带有接线槽口的黑色部分即为 ABS ECU。在制动过程中，虽然车轮转速

下降，但减速幅度会因车速和路面状况（如干沥青路面、湿路面或结冰路面等）而异。ABS ECU 根据制动中车轮转速的变化，判断车轮与路面之间的滑移情况，控制 ABS 执行器，将最佳液压力传送至制动分泵（制动轮缸），以获得对车轮转速的最佳控制。

5.2 驱动防滑控制系统

5.2.1 概述

汽车防滑转控制（Anti Slip Regulation，ASR）系统，是继防抱死制动系统（ABS）之后又一应用于车轮防滑的电子控制系统，其功用是防止汽车起步、加速和在光滑路面行驶时的驱动轮滑转。

1. ASR 系统与 ABS 的比较

ASR 系统和 ABS 都是通过控制车轮相对地面的滑动，来提高车轮与地面之间的附着力。但 ABS 控制的是汽车制动时车轮的"滑移"，主要是用来提高汽车的制动效能和制动时的方向稳定性；而 ASR 是控制汽车行驶时驱动车轮的"滑转"，用于提高汽车起步、加速及在光滑路面行驶时的牵引力和确保行驶稳定性。

虽然 ASR 系统也可以和 ABS 一样，通过控制车轮的制动力来控制驱动车轮相对地面的滑动，但 ASR 系统只对驱动车轮实施制动控制。

ABS 在汽车制动过程中工作，在车轮出现"滑移"时起作用；而 ASR 系统则在汽车行驶过程中工作，在驱动车轮出现"滑转"时起作用。一般在车速很低（<8 km/h）时，ABS 不起作用；在车速很高（>80 kW/h）时，ASR 不起作用。

2. ASR 的理论基础

在驾驶员、汽车和环境三者所组成的闭环系统中，汽车与环境之间的最基本联系是轮胎与路面之间的作用力。由于汽车的行驶状态主要是由轮胎与路面之间的纵向作用力和横向作用力决定的，因此，驾驶员对汽车的控制实质上是对车轮与路面之间的作用力的控制。但是，车轮与路面之间的作用力必然要受到轮胎与路面之间附着力的限制，汽车的加速和减速运动主要受车轮纵向附着力的限制，而汽车的转向运动和抵抗外界横向力作用的能力则主要受车轮横向附着力的限制。

在硬实的路面上，轮胎与路面之间的附着力就是轮胎与路面之间的摩擦力。所以，轮胎与路面之间的附着力也必然会遵循摩擦定律，即轮胎与路面之间的附着力取决于其间的垂直载荷和附着系数，即

$$F_\mu = G\mu \tag{5-2}$$

式中　F_μ——轮胎与路面间的附着力，N；

      G——轮胎与路面间的垂直载荷，N；

      μ——轮胎与路面间的附着系数。

    在汽车的实际行驶过程中，存在许多影响轮胎与路面间的垂直载荷和附着系数的因素变化，即轮胎与路面间的附着力实际上是经常变化的。其中，车轮相对于路面的运动状态对附着力有着重要的影响，特别是在湿滑路面上其影响更为明显。

    在汽车的实际行驶过程中，车轮在路面上的纵向运动可以区分为两种形式——滚动和滑动，车轮相对于路面的滑动又可区分为滑移和滑转两种形式，引入车轮滑动率的概念可以表征车轮纵向运动中滑动成分所占的比例。

    汽车在制动过程中，车轮可能相对于路面发生滑移，滑移成分在车轮纵向运动中所占的比例可以由负滑动率来表征。车轮的负滑动率为

$$s_\mathrm{B} = \frac{\omega r - v}{v} \times 100\% \tag{5-3}$$

式中 r——车轮的自由滚动半径，m；

      ω——车轮的转动角速度，rad/s；

      v——车轮中心的纵向速度，m/s。

    当车轮在路面上自由滚动时，车轮中心的纵向速度完全是由车轮滚动产生的，此时 $v = \omega r$，滑动率 $s_\mathrm{B} = 0$；当车轮被制动到完全抱死在路面上进行纯粹的滑移时，车轮中心的纵向速度则完全是由车轮滑移产生的，此时 $\omega = 0$，滑动率 $s_\mathrm{B} = 100\%$；当车轮在路面上一边滚动一边滑移时，车轮中心纵向速度的一部分是由车轮滚动产生的，另一部分则是由车轮滑移产生的，此时 $v > \omega r$，$-100\% < s_\mathrm{B} < 0$。车轮中心纵向速度中，车轮滑移所占的成分越多，滑动率 s_B 的数值就越大。

    汽车在驱动过程中，驱动车轮可能相对于路面发生滑转，滑转成分在车轮纵向运动中所占的比例可由正滑动率来表征。车轮的正滑动率为

$$s_\mathrm{A} = \frac{\omega r - v}{\omega r} \times 100\% \tag{5-4}$$

式中 r——车轮的自由滚动半径，m；

      ω——车轮的转动角速度，rad/s；

      v——车轮中心的纵向速度，m/s。

    当车轮在路面上自由滚动时，车轮中心的纵向速度完全是由车轮滚动产生的，此时 $v = \omega r$，滑动率 $s_\mathrm{A} = 0$；当车轮在路面上完全滑转时，车轮中心的纵向速度 $v = 0$，滑动率 $s_\mathrm{A} = 100\%$；当车轮在路面上一边滚动一边滑动时，$v < \omega r$，$0 < s_\mathrm{A} < 100\%$。在车轮转动中，滑转所占的比例越大，车轮滑动率 s_A 的数值也就越大。

    综上所述，车轮滑动率可以表示为

$$s = \begin{cases} \dfrac{\omega r - v}{v} \times 100\% & （车轮滑转时） \\[2mm] 0 & （车轮自由滚动时） \\[2mm] \dfrac{\omega r - v}{\omega r} \times 100\% & （车轮滑移时） \end{cases} \tag{5-5}$$

通过试验发现，在硬实的路面上，弹性轮胎与路面间的附着系数 μ 和滑动率 s 存在着一般性关系，如图 5-33 所示。

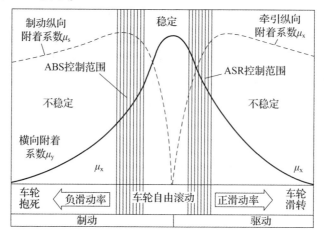

图 5-33　附着系数与滑动率的一般性关系

通常，当车轮滑动率处于 15% ~ 30% 时，轮胎与路面间的纵向附着系数 μ_x 有其最大值，该最大值称为峰值附着系数 μ_p，与其相对应的车轮滑动率称为峰值附着系数滑动率 s_p。当车轮在路面上自由滚动时，由于轮胎与路面之间没有产生相对运动趋势，其间的纵向附着系数（摩擦系数）就是零。当车轮滑动率从零增大到峰值附着系数滑动率 s_p 时，尽管车轮滑动率不等于零，但轮胎与路面之间并没有发生真正的滑动，滑动率不等于零，完全是由弹性轮胎变形产生的。因此，当车轮滑动率处于这一范围时，轮胎与路面间的纵向附着系数实质上就是其间静摩擦系数的表现，随着轮胎与路面间纵向相对滑动趋势的增大，其间的纵向附着系数就会迅速增大，当车轮滑动率达到峰值附着系数滑动率 s_p 时，弹性轮胎与路面之间即将发生相对滑动，此时其间的纵向附着系数就是最大静摩擦系数的表现。此后直到车轮将完全滑动（ $s = 100\%$ ）的范围内，轮胎与路面之间的纵向附着系数就是从最大静摩擦系数到滑动摩擦系数的过渡，轮胎与路面间的纵向附着系数是不稳定的。当车轮在路面上完全滑动时，轮胎与路面间的纵向附着系数称为滑动附着系数 μ_s。由于物体间的滑动摩擦系数总是小于最大静摩擦系数，所以轮胎与路面间的滑动附着系数 μ_s 总是小于峰值附着系数。通常，在干燥硬实的路面上，μ_s 比 μ_p 要小 10% ~ 20% ；在湿滑硬实的路面上，μ_s 比 μ_p 要小 20% ~ 30%。在各种路面条件下轮胎与路面间峰值附着系数 μ_p 和滑动附着系数 μ_s 的平均值如表 5-1 所示。

表 5-1　在各种路面条件下轮胎与路面间峰值附着系数 μ_p 和滑动附着系数 μ_s 的平均值

路面种类及状况	峰值附着系数 μ_p	滑动附着系数 μ_s
沥青路面和水泥路面（平）	0.8 ~ 0.9	0.75
沥青路面（湿）	0.5 ~ 0.7	0.45 ~ 0.6
水泥路面（湿）	0.8	0.7
石子路	0.6	0.55

续表

路面种类及状况	峰值附着系数 μ_p	滑动附着系数 μ_s
土路（干）	0.68	0.65
土路（湿）	0.55	0.45~0.5
雪（压实）	0.2	0.15

从图 5-33 可以看出，车轮在路面上自由滚动时，其间的横向附着系数 μ_y 最大。随着车轮滑动率 s 的增大，横向附着系数 μ_y 会迅速减小，当轮胎在路面上完全滑动时（$|s|$ = 100%），轮胎的横向附着系数几乎减小到零，轮胎与路面之间的横向附着力也就接近于零，车轮将完全丧失抵抗外界横向力作用的能力。此时，如果车轮上存在外界横向力的作用（如汽车重力的横向分力、路面不平整产生的横向力、横向风力等），车轮将会在路面上发生横向滑移。

当车轮的滑动率处于峰值附着系数滑动率 s_p 的附近范围内时，横向附着系数为最大横向附着系数的 50%~75%。如果将车轮的滑动率控制在这一范围内，则车轮的纵向附着系数最大，车轮的横向附着系数也较大。最大的纵向附着系数可使汽车获得制动和驱动所需的纵向附着力最大，而较大的横向附着系数可使汽车获得转向或防止横向滑移所需的横向附着力较大。

3. ASR 系统的类型

ASR 系统的控制参数是滑转率，其计算公式如下：

$$s_z = \frac{v_q - v}{v_q} \times 100\% \tag{5-6}$$

式中　v_q——驱动轮轮缘速度，km/h；

　　　v——汽车车身速度，km/h，实际应用时常以非驱动轮轮缘速度代替。

当车身不动（v =0）而驱动车轮转动（v_q >0）时，s_z =100%，车轮处于完全滑转状态；当驱动车轮处于纯滚动状态（$v = v_q$）时，s_z =0。ECU 根据各车轮转速传感器信号计算 s_z，当 s_z 值超过某一限定值时，ECU 向执行机构发出指令，以控制车轮的滑转。

ASR 系统按控制方式可分为：差速制动控制、发动机输出功率控制、差速制动控制和发动机输出功率综合控制三种类型。

1）差速制动控制

当驱动车轮单边滑转时，ECU 输出控制信号，使差速制动阀和制动压力调节器动作，对滑转车轮施加制动力，使车轮的滑转率控制在目标范围之内。这时，非滑转车轮仍有正常的驱动力，从而提高了汽车在滑溜路面的起步和加速能力及行驶的稳定性。

这种控制方式的作用类似于差速锁，在一边驱动车轮陷于泥坑部分或完全失去驱动能力时，对其制动后，另一边的驱动车轮仍能发挥其驱动力，使汽车能驶离泥坑。当两边的驱动车轮都滑转，但滑转率不同时，则对两边驱动车轮施以不同的制动力。

2）发动机输出功率控制

在汽车起步、加速时，若加速踏板踩得过猛，会因为驱动力过大而出现两边的驱动车轮都滑转的情况。这时，ASR 系统 ECU 输出控制信号，控制发动机的功率输出，以抑制驱动车轮的滑转。发动机功率控制可以通过改变节气门的开度、调节喷油器的喷油量和改变点火时间等方法来实现。

3）差速制动和发动机输出功率综合控制

采用差速制动控制和发动机输出功率控制相结合的综合控制 ASR 系统，控制效果更为理想。汽车在行驶过程中，遇到的路面滑溜的情况千差万别，驱动力的状态也是不断变化的，综合控制 ASR 系统可根据发动机的状况和车轮滑转的实际情况采取相应的控制措施。例如：在发动机驱动力较小的状态下出现车轮滑转，可能是由于路面滑溜造成的，这时采用对滑转车轮施加制动的方法就比较有效；而在发动机输出功率大（节气门开度大、转速高）时出现车轮滑转，可能是由于驱动力过大造成的，这时通过减小发动机输出功率的方法来控制车轮的滑转比较有效。一般情况下，车轮滑转的情况非常复杂，需要通过对车轮制动和减小发动机功率的共同作用来控制车轮的滑转。

5.2.2 ASR 系统的基本组成及工作原理

1. ASR 系统的基本组成

ASR 系统的基本组成如图 5-34 所示。

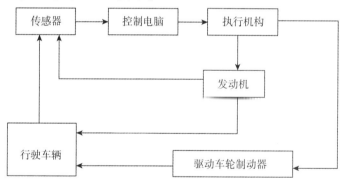

图 5-34 ASR 系统的基本组成

2. ASR 系统的工作原理

ASR 系统也被称为 TCS（驱动力控制系统），可以通过调节作用于驱动车轮的驱动力矩和制动力矩，来防止驱动车轮在驱动过程中发生滑转。

调节作用于驱动车轮的驱动力矩可以通过调节发动机的输出转矩、变速器传动比、差速器锁紧系数等方面来实现。目前，调节变速器传动比和差速器锁紧系数的方式在 ASR 系统中很少采用，而调节发动机的输出转矩可通过调节节气门开度、点火提前角、燃油喷射量以及中断燃油喷射和点火来实现。由于发动机已经实现了电子控制，因此可以通过发动机 ECU 对发动机的点火和供油进行控制，对发动机的输出转矩进行调节。虽然中止部分气缸的点火可以使发动机的输出转矩迅速减小，但如果不能及时完全地中断相应气缸的燃油供给，将会对催化转换器造成严重的损害。因此，中止部分气缸点火的方式在 ASR 系统中也很少采用。目前，在 ASR 系统中通常通过控制节气门开度和点火提前角的方式来调节发动机的输出转矩，进而对作用于驱动车轮的驱动力矩进行调节。

为了使驱动车轮的转速迅速降低，或者使两侧驱动车轮获得不同的牵引力，通常可以通过 ASR 系统对驱动车轮施加一定的制动力矩来实现。接下来说明 ASR 系统与 ABS 的关系。在 ASR 系统中，为了确定驱动车轮是否滑转，可以利用 ABS 中的车轮转速传感器获得车轮的转速信号。ASR 系统中的电子控制装置既可是独立的，也可与 ABS 共用。ASR 系统中的制动压力调节装置通常与 ABS 的制动压力调节装置共用。为了控制节气门开度，ASR 系统中通常设有电动控制的副节气门及节气门开度传感器。点火提前角则通过发动机 ECU 进行控制。因此，ASR 系统通常都与 ABS 和发动机 ECU 交织在一起。此外，ASR 系统中都具有 ASR 关闭指示灯和 ASR 工作指示灯。

典型的 ABS/ASR 系统如图 5-35 所示。其中，ASR 系统与 ABS 共用车轮转速传感器和电子控制装置。在通往驱动车轮制动轮缸的制动管路中增设一个 ASR 制动压力调节装置，在由加速踏板控制的主节气门上方增设一个由步进电动机控制的副节气门，并在主、副节气门处各设置一个节气门开度传感器，即可实现驱动防滑转控制。

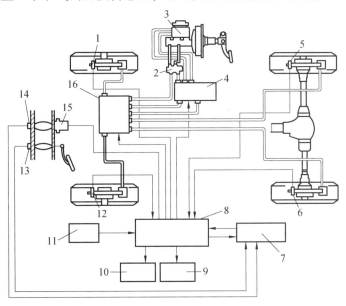

图 5-35 典型的 ABS/ASR 系统

1—右前车轮转速传感器；2—比例阀和差压阀；3—制动主缸；4—ASR 制动压力调节装置；5—右后车轮转速传感器；
6—左后车轮转速传感器；7—发动机/变速器电子控制装置；8—ABS/ASR 电子控制装置；9—ASR 关闭指示灯；
10—ASR 工作指示灯；11—ASR 选择开关；12—左前车轮转速传感器；12—主节气门开度传感器；
14—副节气门开度传感器；15—副节气门驻动步进电动机；16—ABS 制动压力调节装置

在汽车驱动过程中，ABS/ASR 电子控制装置根据各车轮转速传感器产生的车轮转速信号，确定驱动车轮的滑动率和汽车的参考速度。当 ABS/ASR 电子控制装置判定驱动车轮的滑动率超过设定的限值时，就使驱动副节气门的步进电动机转动，减小副节气门的开度。此时，即使主节气门的开度不变，发动机的进气量也会因副节气门开度的减小而减少，从而使发动机的输出转矩减小，驱动车轮上的驱动力矩就会随之减小。如果驱动车轮的滑动率仍未降低到设定的控制范围内，ABS/ASR 电子控制装置又会控制 ASR 制动压力调节装置和 ABS 制动压力装置，对驱动车轮施加一定的制动压力，就会有制动力矩作用于驱动车轮。

ABS/ASR 中的 ASR 制动压力调节装置主要包括制动供能装置和电磁控制阀总成两部分。制动供能装置主要由电动泵和蓄能器组成，电磁控制阀总成主要由三个二位二通电磁阀组成，它们与 ABS 制动压力调节装置共同组成制动液压系统，如图 5-36 所示。

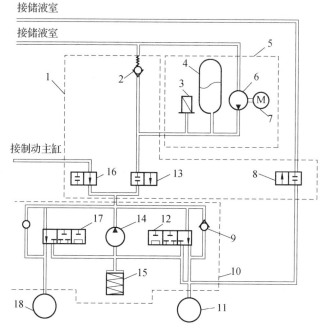

图 5-36 制动液压系统

1—ASR 电磁阀总成；2—单向阀；3—压力开关；4—蓄能器；5—制动供能装置；6—泵；7—电动机；

8—电磁阀Ⅰ；9—单向阀；10—ABS 制动压力调节装置；11—左后驱动车轮；12—电磁阀Ⅳ；13—电磁阀Ⅱ；

14—回液泵；15—储液器；16—电磁阀Ⅲ；17—电磁阀Ⅴ；18—右后驱动车轮

当 ABS/ASR 电子控制装置判定需要对驱动车轮施加制动力矩时，该装置就使 ASR 制动压力调节装置中的三个二位二通电磁阀都通电，电磁阀Ⅲ将制动主缸至后制动轮缸的制动管路封闭，电磁阀Ⅱ将蓄能器至 ABS 制动压力调节装置的制动管路接通，电磁阀Ⅰ将 ABS 制动压力调节装置至储液室的制动管路接通。蓄能器中具有一定压力的制动液就会经过处于开启状态的电磁阀Ⅱ、Ⅳ和Ⅴ进入两后制动轮缸，驱动车轮的制动力矩随着制动轮缸制动压力的增大而增大。

当 ABS/ASR 电子控制装置判定需要保持两驱动车轮的制动力矩时，该装置就使 ABS 制动压力调节装置中的两个三位二通电磁阀Ⅳ和Ⅴ的电磁线圈中通过较小的电流，使电磁阀Ⅳ和Ⅴ都处于中间位置，将两后制动轮缸的进、出液管路都封闭，两后制动轮缸的制动压力就保持一定。

当 ABS/ASR 电子控制装置判定需要减小两驱动车轮的制动力矩时，就使电磁阀Ⅳ和

V的电磁线圈中都通过较大的电流，电磁阀Ⅳ和Ⅴ分别将两后制动轮缸的进液管路封闭，而将两后制动轮缸的出液管路接通。两后制动轮缸中的制动液经电磁阀Ⅳ、Ⅴ和Ⅰ流回制动主缸储液室，两后制动轮缸的制动压力就会减小。在ASR系统进行制动压力调节的过程中，ABS/ASR电子控制装置根据车轮转速传感器输入的车轮转速信号，对驱动车轮的运动状态进行连续监测，通过控制电磁阀Ⅳ和Ⅴ的通电情况，使后制动轮缸的制动压力循环往复地进行"增大—保持—减小"过程，从而将驱动车轮的滑动率控制在设定的理想范围之内。

当ABS/ASR电子控制装置判定需要对两驱动车轮的制动力矩进行不同控制时，该装置就对电磁阀Ⅳ和Ⅴ进行分别控制，使两后制动轮缸的制动压力进行各自独立的调节。

当ABS/ASR电子控制装置判定无须对驱动车轮实施防滑转控制时，该装置使各个电磁阀均不再通电，各电磁阀恢复到图5-36所示的状态。后制动轮缸中的制动液可经电磁阀Ⅳ、Ⅴ和Ⅲ流回制动主缸，驱动车轮的制动力矩将完全消除。在解除驱动车轮制动的同时，ABS/ASR电子控制装置还控制步进电动机转动，将副节气门完全开启。

目前，在各种车型上装备的ASR系统的具体结构和工作过程不尽相同，但在以下几个方面却是相同的：

（1）ASR系统可以由驾驶员通过ASR选择开关对其是否进入工作状态进行选择，在ASR系统进行防滑转调节时，ASR工作指示灯会自动点亮，如果通过ASR选择开关将ASR系统关闭，ASR关闭指示灯会自动点亮。

（2）ASR系统处于关闭状态时，副节气门将自动处于全开位置；ASR制动压力调节装置也不会影响制动系统的正常工作。

（3）如果在ASR系统处于防滑转调节过程中，驾驶员踩下制动踏板进行制动时，ASR系统将会自动退出防滑转调节过程，而不影响制动过程的进行。

（4）ASR系统通常只在一定的车速范围内才进行防滑转调节，而当车速达到一定（如80 km/h或120 km/h）时，ASR系统将会自动退出防滑转调节过程。

（5）ASR系统在其工作车速范围内通常具有不同的优先选择性，在车速较低时以提高牵引力作为优先选择。此时，对两驱动车轮施加的制动力矩可以不同，即对两后制动轮缸的制动压力进行独立调节。而在车速较高时则以提高行驶方向稳定性为优先选择，此时对两驱动车轮施加的制动力矩将是相同的，即对两后制动轮缸的制动压力进行一同调节。

（6）ASR系统都具有自诊断功能，一旦发现存在影响系统正常工作的故障时，ASR将会自动关闭，并向驾驶员发出警示信号。

5.3　电子稳定程序

5.3.1　汽车电子稳定程序的作用

电子稳定程序（Electronic Stability Program，ESP）集成了ABS、TRC等系统的功能，

在各种情况下都能提高汽车行驶的稳定性，属于汽车主动安全系统。

ABS 一般在车辆制动时发挥作用，TRC 系统只在车辆起步和加速行驶时发挥作用，而 ESP 则在整个行驶过程中始终处于工作状态，不停地监控车辆的行驶状态和判断驾驶员的操作意图，从而决定什么时候主动地修正汽车的行驶方向，避免发生安全事故，如图 5-37 所示。

ABS：制动和转向

ESP：消除侧滑

TCS：加速不打滑

图 5-37　ABS、TCS、ESP 功用示意图

ESP 能自动地向一个或多个车轮施加制动力，在某些情况下可以进行频率高达 150 Hz 的制动，以确保汽车行驶在预先确定的车道内。

ESP 为汽车提供了在紧急情况下的、十分有效的安全保障，大大降低了汽车在各种道路状况下以及转弯时发生侧翻的可能性，提高了汽车行驶稳定性。从这个意义上说，ESP 又称为行驶动力控制系统。

不同厂商对 ESP 技术的称呼形式也有所不同。沃尔沃称其为动态稳定牵引控制（Dynamic Stability Tracing Control，DSTC）系统，宝马称其为动态稳定控制（Dynamic Stability Control，DSC）系统，丰田称其为车辆稳定控制（Vehicle Stability Control，VSC）系统，三菱称其为主动稳定控制（Active Stability Control，ASC）系统，但它们的工作原理和作用基本相同。

5.3.2　ESP 的工作原理

汽车安全性功能最重要的就是避免发生事故，也就是主动安全。汽车规避事故的功能是汽车重要而又基本的性能，它可自动避免事故发生。ESP 的作用主要是在汽车将要出现失控时，主动地参与避免事故发生的控制过程，有效地增加汽车稳定性。

不带 ESP 的汽车在高速行驶急转弯时会出现两种危险状况：一种是转向不足（有冲出弯道的倾向），如图 5-38（a）所示；另一种是转向过度（有甩尾的倾向），如图 5-39（a）所示。其中，转向过度是一种危险不稳定状况，它可导致汽车急速旋转甚至翻车。

而带 ESP 的汽车，则可以在车辆出现转向不足和转向过度的情况下，保证车辆依然能够安全、高速地通过弯道，如图 5-38（b）和图 5-39（b）所示。

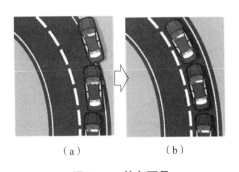

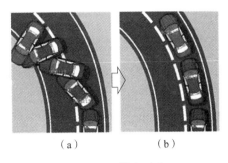

图 5-38 转向不足

（a）不带 ESP；（b）带 ESP

图 5-39 转向过度

（a）不带 ESP；（b）带 ESP

ESP 工作时，各种传感器实时地检测驾驶员的行驶意图和车辆的实际行驶情况。其中，转向角传感器用来收集驾驶员的转向意图，车轮转速传感器（每个车轮上都装有一个）、偏转率传感器、纵向/横向加速度传感器等用来监测车辆的运动状况。ECU 根据各传感器的信号计算出车辆的实际运动轨迹，如果实际运动轨迹与理论运动轨迹（驾驶员意图）有偏差，或者检测出某个车轮打滑（丧失抓地能力），ECU 就会通知副节气门控制机构（或电子节气门）减小开度（收油），然后通知制动系统对某个车轮进行制动，来修正运动轨迹。当实际运动轨迹与理论运动轨迹相一致时，ESP 自动解除控制。

例如，当车辆转向不足时，ESP 会通过发动机和变速器控制系统主动地对位于弯道内侧的后轮实施瞬间制动，防止车辆驶出弯道；当车辆转向过度时，ESP 会通过发动机和变速器系统主动地对位于弯道外侧的前轮实施瞬间制动，防止产生过大的离心力。

如图 5-40 所示，在十字路口，装备 ESP 的汽车 A 可以高速避让从支路出现的汽车 B，而未装备 ESP 的汽车 C 则可能因车辆失控而滑出车道，甚至翻车。

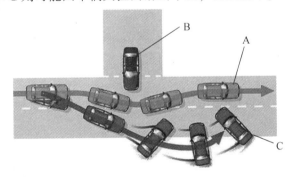

图 5-40 ESP 系统在高速紧急避让过程中的表现

由于 ESP 在高速过弯、高速避让、稳定性控制等方面的突出表现，使得该系统的装车率越来越高。

5.3.3 ESP 的组成

ESP 是在 ABS/TRC 的基础上发展起来的，故大部分元件与 ABS/TRC 系统差不多，也是由传感器、ECU 及执行器三部分组成的。

博世公司 ESP 系统的组成如图 5-41 所示。

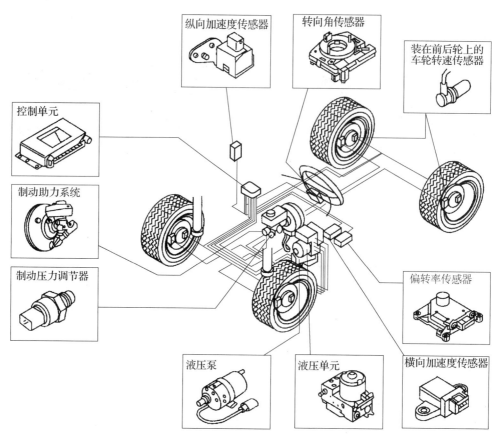

图 5-41　博世公司 ESP 系统的组成

1. 传感器

ESP 作为保证行车安全的一个重要电控系统，其内部各个传感器的正常工作是进行有效控制的基础。博世 ESP 在 ABS/ASR 基础上增加了转向角传感器、偏转率传感器、纵向及横向加速度传感器等。

转向角传感器用于检测转向盘的转角信号（包括转角的大小和转动速率），这一信号反映了驾驶员的操作意图。

偏转率传感器（也叫作横视角速度传感器）用于检测汽车翻转的信号。这种传感器像一个罗盘，时刻监测汽车的运动姿态，并记录下汽车每个可能的翻转运动。ESP 中的加速度传感器有沿汽车前进方向的纵向加速度传感器（用于四轮驱动车辆）和垂直于前进方向的横向加速度传感器两种，二者的基本原理相同，只是彼此成 90°夹角安装。

2. ECU

ESP 一般与 ABS 共用 ECU，将 ABS/ASR ECU 的功能进行扩展后再进行 ABS/ESP 控制。系统包括输入信号放大电路、运算电路、执行器控制电路、稳压电源电路、电磁屏蔽电路等。

3. 执行器

ESP 执行器在 ABS/ASR 执行器的基础上，改进了通往各车轮的液压通道，增加了 ESP 警告灯和 ESP 蜂鸣器等。

5.4　汽车电子制动系统

5.4.1　电子制动力分配系统

电子制动力分配（Electric Brake-force Distribution，EBD）系统能够根据车辆载荷（空载、满载），道路附着条件和制动强度等因素的变化情况，自动调节前、后轴的制动力分配比例，提高制动效能（在一定程度上可以缩短制动距离），并配合 ABS 提高制动稳定性。EBD 系统对车轮制动力的动态调节如图 5-42 和图 5-43 所示。

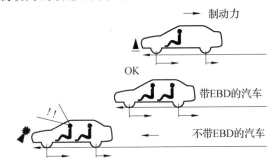

图 5-42　EBD 系统对前、后车轮制动力的动态调节

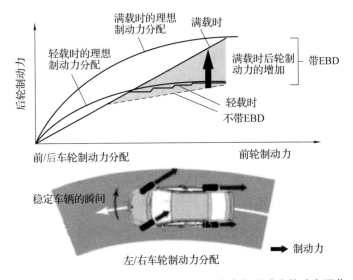

图 5-43　EBD 系统对前、后、左、右四个车轮制动力的动态调节

汽车制动时，如果四个轮胎附着地面的条件不同，如左侧轮附着在湿滑路面，而右侧轮附着于干燥路面，四个车轮与地面的摩擦力不同，在制动时（四个车轮的制动力相同）就容易产生打滑、倾斜和侧翻等现象。EBD系统的功能就是在汽车制动的瞬间，快速计算出4个轮胎由于附着不同而导致的摩擦力数值，然后调整制动装置，使其按照设定的程序在运动中快速调整，达到制动力与摩擦力（牵引力）的匹配，以保证车辆的平稳和安全。在紧急制动车轮抱死的情况下，EBD系统在ABS动作之前就已经平衡了每个轮子的有效地面附着力（抓地力），可以防止出现甩尾和侧移现象，并缩短汽车制动距离。

EBD系统实际上是ABS的辅助系统，它可以提高ABS的功效。所以，在安全指标上，汽车的性能又多了"ABS+EBD"。由图5-44可以直观地看出"ABS+EBD"的功效。

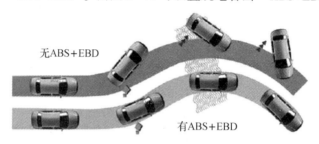

无ABS+EBD

有ABS+EBD

图5-44　"ABS+EBD"的功效

在德国车系（如AUDI）中，习惯以德文 Electronische Brpmspnkraft Verteiler 来表述电子制动力分配系统，并简称EBV。因此，在汽车技术资料中，经常会出现EBD和EBV，其实两者并没有区别。

5.4.2　辅助制动系统

辅助制动系统（Brake Assistant System，BAS或BA），也称电控辅助制动系统（Electronic Brake Assist System，EBA），是针对在紧急情况下，驾驶员踩制动踏板时缺乏果断或踏板力不足而设计的。BAS可以从驾驶员踩制动踏板的速度中检测到行车状况，当驾驶员在紧急情况下迅速踩下制动踏板，但踏板力又不足时，BAS便会在不到1 s的时间内把制动力增至最大，缩短紧急情况下的制动距离，以保安全。

BAS与ABS配合工作，可以大大提高汽车的制动效能。BAS实时监控制动踏板的运动，一旦监测到踩踏制动踏板的速度陡增，而且驾驶员继续大力踩踏制动踏板，就会释放出储存的液压并施加最大的制动力。驾驶员一旦释放制动踏板，BAS就转入待机模式。由于更早地施加了最大制动力，因此可显著缩短制动距离。

简而言之，BAS相当于一个驾驶教练，在万分紧急的情况下，可以帮助驾驶员迅速、果断地采取强有力的制动措施，确保行车安全。BAS的功用如图5-45所示。

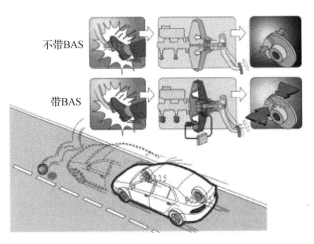

不带BAS

带BAS

图 5-45　BAS 的功用

BAS 可显著缩短紧急制动距离并有助于防止在频繁起停的城市交通中发生追尾事故。

5.5　安全气囊与安全带系统

5.5.1　安全气囊

1. 安全气囊的作用

为了在车辆发生碰撞事故时最大限度地保护驾乘人员，尽量减小撞车对驾乘人员的伤害程度，现代汽车普遍装备了辅助约束系统（Supplementral Restraint System，SRS），也称辅助成员保护系统。

作为汽车重要的被动安全措施，SRS 系统的安全气囊（Airbag Safety）与座椅安全带（Seat Belt）配合使用，可以为乘员提供十分有效的防撞保护。由于安全气囊是 SRS 系统的核心保护部件，故国内也习惯将辅助乘员保护系统称为安全气囊系统。

安全气囊是一种当汽车遭到冲撞而急剧减速时能很快膨胀的缓冲垫，当汽车发生碰撞时，能迅速在乘员和汽车内部结构间膨出一个充满气体的袋子（气囊），使乘员撞在气囊上，避免或减缓碰撞，从而达到保护乘员的目的，如图 5-46 所示。

由于乘员和气囊相碰时容易因振荡对其造成伤害，所以在气囊的背面开有一个或者两个固定大小的圆孔，当乘员和气囊相碰时，借助圆孔的放气可减轻气囊内部压力，也可以减轻气囊在人与方向盘之间的来回振荡。放气的过程同时也是释放能量的过程，在碰撞事故发生时气囊通过与驾乘人员的接触瞬时吸收乘员的动能，避免驾乘人员与车身内部坚硬的内饰件发生二次碰撞，从而有助于保护乘员。

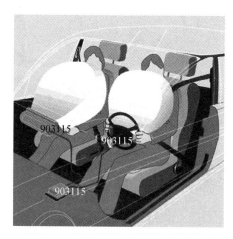

图5-46　安全气囊对乘员的保护作用

2. 安全气囊的种类

1）按照气囊的数量划分

按照气囊的数量，可以分为单气囊系统（只装在驾驶员侧），双气囊系统（驾驶员和副驾驶员侧各有一个安全气囊）和多气囊系统（前排安全气囊、后排安全气囊、侧面安全气囊）。

2）按照气囊的大小划分

按气囊的大小，可以分为保护全身的安全气囊、保护整个上身的大型气囊和主要保护面部的小型护面气囊。

3）按充气装置划分

按充气装置，可分为点火式安全气囊和充气式安全气囊，目前点火式安全气囊占据市场主流，点火系统又分为电子式点火系统和机械式点火系统两种。

4）按照保护对象的不同划分

（1）驾驶员防撞安全气囊。

驾驶员防撞安全气囊组件（Driver Airbag，DAB）安装在方向盘中间的位置上，气囊袋的形状基本上以圆形为主，在现代的设计中纳入了立体设计的概念以提升气囊袋的展开性能。通常气囊的设计分为美式和欧式两种。

美式气囊是考虑到驾驶员没有佩戴座椅安全带而设计的，其容积较大，约60 L。

欧式气囊是假设驾驶员佩戴座椅安全带而设计的，其容积较小，约40 L。日本的安全气囊也属于此类。近年来，由于安全气囊的生产成本下降，日本防撞安全气囊的规格有所增加，如本田轿车的驾驶员防撞安全气囊容积约为60 L。

（2）前排乘员防撞安全气囊。

由于副驾驶位置乘员在车内位置不固定且前方空间较大，因此为保护其撞车时免受伤害而设计的前排乘员防撞安全气囊（Passenger Airbag，PAB）也较大。美式的约160 L，欧式约75 L（后者考虑了乘员受座椅安全带的约束）。

（3）后排乘员防撞安全气囊。

后排乘员防撞安全气囊（Rear Side Airbag，RSAB）安装在前排座椅上，防止后排乘员在撞车时受到伤害。

（4）侧面安全气囊。

侧面安全气囊安装在车门上或者在座椅的侧面，防止驾驶员及乘员的肩、臂、腰、臀、头部受侧面撞击。

（5）安全气帘。

安全气帘安装在汽车车顶与车门的交接处，用于汽车在遭受横向撞击或翻车时保护乘员的头部、肩部不受伤害。

（6）智能型安全气囊。

为了弥补普通安全气囊的不足，一些高端汽车装备了新一代智能型安全气囊，其比一般安全气囊增加了以下几种功能：检测乘员是否系上安全带，检测乘员乘坐的位置，检测儿童座椅，调控安全气囊充气膨胀力，检测座椅上是否有乘员，检测气温。

此外，还有对乘员的膝盖进行保护的膝部安全气囊，如图 5-47 所示；以及对车外行人进行保护的行人安全气囊，如图 5-48 所示。

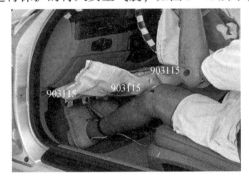
图5-47　膝部安全气囊

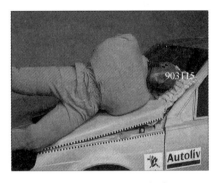
图5-48　行人安全气囊

3. 安全气囊系统的组成与工作过程

1）安全气囊系统的组成

机械式 SRS 主要由传感器、气囊组件、气体发生器等组成，安全气囊由传感器直接引爆点火，如图 5-49 所示。该类 SRS 的优点是结构简单，成本低；其缺点是可靠性差，容易误动作。

电子式 SRS 主要由传感器、气囊组件、气体发生器、ECU 等组成，如图 5-50 所示。

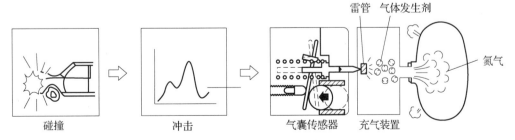

碰撞　　　　　冲击　　　　　气囊传感器　充气装置

图5-49　机械式 SRS 工作原理

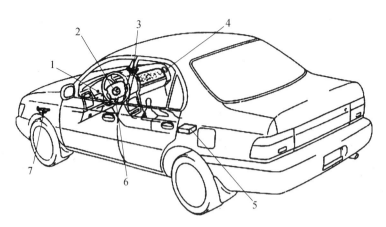

图 5-50 电子式 SRS 的组成

1—气囊报警灯；2—螺旋电缆（装于方向盘内）；3—前部碰撞传感器（右）；4—前排乘员安全气囊总成；
5—中央气囊传感器总成及电控单元；6—方向盘（内装驾驶员安全气囊）；7—前部碰撞传感器（左）

汽车上装有车前与车内两种碰撞传感器。位于车前两侧的车前传感器，可保证在正面 30°范围内有效地工作。当汽车发生碰撞时，由传感器对碰撞程度进行识别，如果是中等程度及以上的碰撞，则发送信号给 ECU。ECU 判别后发出点火信号使点火器工作，气体发生器在极短的时间内产生大量气体并通过滤清器充入卷收在一起的气囊，使其膨胀。

SRS 所用的碰撞传感器，一般根据所承担的任务不同分为车前传感器、中央传感器与安全传感器三种。车前传感器用来检测汽车正面低速所受到的冲击信号；中央传感器用来检测汽车发生高速碰撞的信号；安全传感器用来防止安全气囊误动作。

安全气囊的前部碰撞有效范围及点火、起爆、膨出的判断条件如图 5-51 所示。

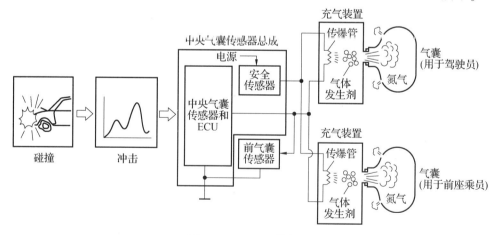

图 5-51 SRS 工作原理

2）安全气囊系统的工作过程

安全气囊由点火起爆到完全膨开需要一定的时间，即经历一个过程，如图 5-52 所示。该过程中，安全气囊的充气速度和膨胀的强度必须是可以控制的，且要与汽车的碰撞强度相适应，否则将很难起到良好的乘员保护作用。

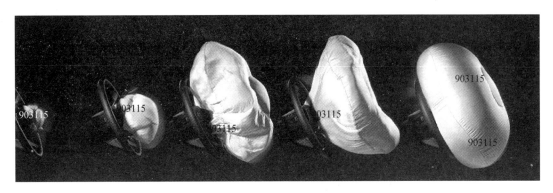

图 5-52　安全气囊的膨胀过程

SRS 的整个工作过程需要 100～160 ms，可分为 10 个阶段，如图 5-53 所示。

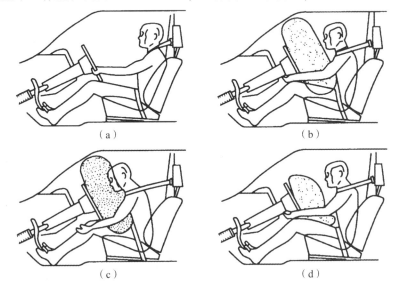

（a）　　　　　　　　　　　　　（b）

（c）　　　　　　　　　　　　　（d）

图 5-53　SRS 动作时序

（a）10 ms 时；（b）40 ms 时；（c）60 ms 时；（d）110 ms 时

4. 安全气囊系统主要部件

1）传感器

传感器用于检测、判断汽车发生事故后的撞击信号，以便及时发送给 ECU 以起动安全气囊，并提供足够的电能或机械能点燃气体发生器。

传感器按功能的不同可分为碰撞传感器和安全传感器两种。安全传感器也称触发传感器，其闭合的加速度与碰撞传感器相比要稍微小一些，起保险作用，防止因碰撞传感器短路而造成的误爆炸。

传感器按结构的不同可分为机械式传感器、机电式传感器和电子式传感器三种。

（1）机械式传感器。

机械式传感器的结构如图 5-54 所示，当传感器中的传感重块的减速度达到某一特定值时，传感重块便将机械能直接传给引发器使气囊膨胀，该传感器用于机械式安全气囊系统。

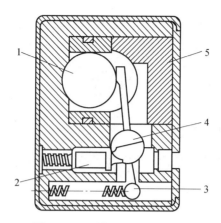

图 5-54　机械式传感器的结构

1—感应块；2—撞针；3—偏置弹簧；4—D 轴；5—顶盖

（2）机电式传感器。

机电式传感器主要有滚球式传感器、偏心式传感器、水银开关式传感器等。

①滚球式传感器：平时小钢球被磁场力所约束，碰撞时，圆柱形钢套内的小钢球就向前运动，一旦接触到前面的触点，则将触发电路接通，如图 5-55 所示。

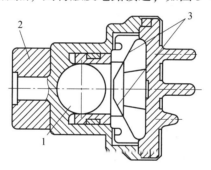

图 5-55　滚球式传感器的结构

1—小钢球；2—磁铁；3—触点

②偏心式传感器：为具有偏心转动质量的机电式加速度传感器，由外壳、偏心转子、偏心重块、旋转触点、固定触点与螺旋弹簧等构成，如图 5-56 所示。

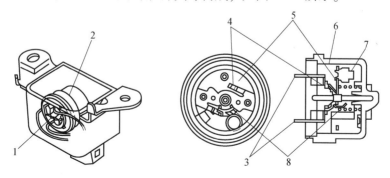

图 5-56　偏心式传感器的结构

1—自检电阻；2—传感器；3—固定触点；4—旋转触点；5—偏心转子；6—外壳；7—偏心重块；8—螺旋弹簧

偏心式传感器的外侧装有一个电阻，作自检之用，即检测传感器总成与其之间的线路是否开路或短路。

当汽车正常行驶时，偏心转子和偏心重块被螺旋弹簧拉回，处于平衡状态，此时转子上安装的旋转触点与固定触点不接触。当车辆受到正面碰撞且碰撞强度达到设定值时，由于惯性，使偏心重块连同偏心转子和旋转触点一起转动，旋转触点与固定触点发生接触，从而向ECU发出闭合电路信号，如图5-57所示。

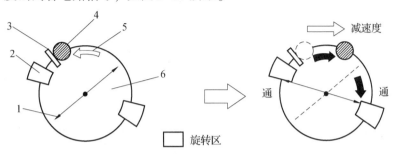

图5-57　偏心式传感器的工作过程

1—旋转触点；2—固定触点；3—止动器；4—偏心重块；5—螺旋弹簧力；6—偏心转子

③水银开关式传感器：是安全传感器中常见的一种，如图5-58所示。当汽车碰撞时，水银因惯性被抛向电极2和电极3，使两极接通，从而使点火器接通。安全传感器一般比碰撞传感器所需的惯性力和减速度小，以保证碰撞传感器的可靠工作。

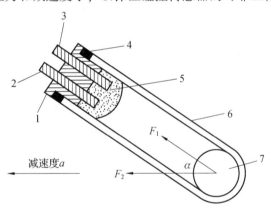

图5-58　水银开关式传感器的结构

1—盖；2，3—电极；4—O形圈；5—水银撞上后位置；6—壳体；7—水银；F_1—水银运动分力；F_2—撞击力

（3）电子式传感器（中央安全气囊传感器）。

电子式加速度计对汽车正向减速度进行连续测量，并将测量结果输送给ECU。ECU内有一套复杂的碰撞信号处理程序，能够确定气囊是否需要膨胀。若需要气囊膨胀，ECU便会接通点火电路，安全传感器同时也闭合，引发器接通，气囊膨胀。

电子式传感器通常是一个半导体压力传感器，其结构如图5-59所示。汽车的速度越大，碰撞后产生减速度的力就越大，则输出的电压也越大。由于半导体压力传感器输出特性受温度影响较大，需要用晶体管的基极-发射极的电压温度变化来消除传感器输出特性的变化，因此半导体压力传感器要求具有稳定的电源。

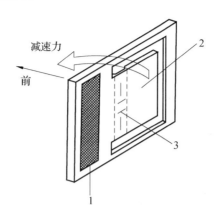

图 5-59 电子式传感器的结构

1—集成电路；2—惯性质量；3—变形针

使用水银开关式以外的安全传感器时，在气囊已作用并充气之后，中央气囊传感器总成绝不可重复使用。因为在气囊动作时，会有大电流流过传感器触点，使触点表面产生烧蚀而令电阻过大，造成气囊可靠性降低。

2）气囊组件

气囊组件主要由气体发生器、点火器、气囊、衬垫、饰盖和底板组成。驾驶员侧气囊组件位于方向盘中心处，副驾驶侧气囊组件位于仪表板右侧手套箱的上方。

（1）气体发生器。

气体发生器又称充气器，用于在点火器引爆时产生气体并向气囊充气，使气囊膨胀。气体发生器用专用螺栓和专用螺母固定在气囊支架上，装配时只能用专用工具进行。

气体发生器由上盖、下盖、充气剂（片状叠氮化钠）和金属滤网等组成，如图 5-60 所示。上盖上有若干个充气孔，充气孔有长方形孔和圆形孔两种；下盖上有安装孔，以便将气体发生器安装在气囊支架上。上盖和下盖用冷压工艺装成一体，壳体内装有充气剂、滤网和点火器。金属滤网安放在气体发生器的内表面，用以过滤充气剂和点火剂燃烧后产生的渣粒。

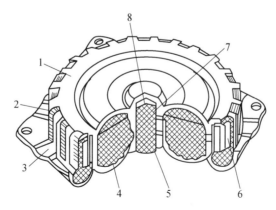

图 5-60 气体发生器的结构

1—上盖；2—充气孔；3—下盖；4—充气剂；5—点火器药筒；6—金属滤网；7—电热丝；8—引爆炸药

目前，大多数气体发生器利用热效反应产生氮气并充入气囊。在点火器引爆点火剂的瞬间，点火剂会产生大量热量，叠氮化钠受热立即分解，释放氮气，氮气从充气孔充入气囊。

（2）点火器。

点火器安装在气体发生器内部中央位置，其外部包有铝箔，其结构如图5-61所示。

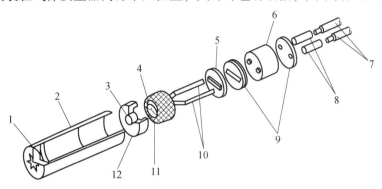

图5-61 点火器的结构

1—引爆炸药；2—药筒；3—引药；4—电热丝；5—陶瓷片；6—永久磁铁；
7—引出导线；8—绝缘套管；9—绝缘垫片；10—电极；11—电热头；12—药托

点火剂包括引爆炸药和引药，引出导线与气囊插接器插头连接，插接器中设有短路片（铜质弹簧片）。当插接器插头拔下或插接器未完全结合时，短路片将两根引线短接，防止静电或误导电将电热丝电路接通而造成气囊误膨胀。

当 SRS ECU 发出点火指令时，电热丝电路接通，电热丝迅速红热并点燃引药来引爆炸药，爆炸瞬间会产生大量热量，使药筒内温度和压力急剧升高并冲破药筒，使充气剂受热分解，释放氮气充入气囊。

（3）气囊。

气囊根据位置的不同可分为驾驶员气囊、乘员气囊、侧面气囊等；根据保护部位的不同，可分为用来保护上身的大型气囊、保护面部的小型气囊等。驾驶员气囊（见图5-62）多采用尼龙布涂氯丁橡胶或有机硅制造，橡胶涂层起密封和阻燃作用，气囊背面有两个泄气孔。乘员气囊没有涂层，靠尼龙布本身的间隙泄气。

图5-62 驾驶员安全气囊组件展开图

（4）衬垫。

衬垫是气囊组件中一个重要的组成部件，由聚氨酯制成。因为在制造过程中使用了很薄的水基发泡剂，所以其质量特别轻，平时作为方向盘的上表面，把气囊与外界隔离开，既能起到维护作用，又能起到装饰作用。气囊膨胀时，它能在气囊爆发力的作用下快速裂开，并且对安全气囊展开过程毫无阻碍。

（5）饰盖和底板。

饰盖是安全气囊组件的盖板，上面模制有裂缝（类似邮票边缘的联排小孔），以便气囊膨胀时能冲破饰盖。气囊和充气器装在底板上，底板装在方向盘或车身上，气囊膨胀时，底板应能承受气囊的反推力。

3）SRS 警报灯

SRS 警报灯位于仪表板上，如图 5-63 所示。接通点火开关时，诊断单元对系统进行自检，若 SRS 警报灯点亮 6 s 后熄灭，表示系统正常；若 6 s 后依然长亮不熄或闪烁，表示气囊系统出现故障，应进行检修。

若 ECU 出现异常，不能控制 SRS 警报灯，SRS 警报灯便在其他电路的控制下，进行异常显示。例如，ECU 无点火电压，警报灯长亮；ECU 无内部工作电压，警报灯长亮；ECU 不工作，警报灯在看门狗电路控制下，以 3 Hz 的频率闪烁；ECU 未接通，警报灯经线束插接器的短接条接通。

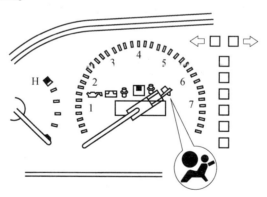

图 5-63　SRS 警报灯

4）ECU

ECU 主要由 SRS 逻辑模块、信号处理电路、备用电源电路和稳压电路等组成。安全传感器一般与 SRS ECU 一起制作在 SRS 控制组件中。福特汽车公司林肯城市轿车 SRS 控制组件的内部结构如图 5-64 所示。

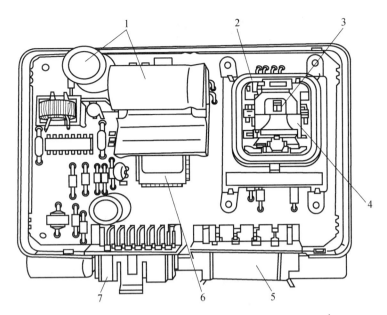

图5-64 福特汽车公司林肯城市轿车SRS控制组件的内部结构
1—能量储存装置（电容）；2—安全传感器总成；3—传感器触点；4—传感器平衡块；
5—4端子插接器；6—逻辑模块；7—SRS ECU插接器

5）安全气囊系统保险机构与线束

为了便于区别电气系统线束插接器，SRS的插接器与汽车其他电气系统的插接器有所不同。过去SRS插接器曾采用深蓝色插接器，目前绝大多数采用黄色插接器。

SRS的插接器采用导电性和耐久性良好的镀金端子，并设计有防止气囊误爆机构、端子双重锁定机构、插接器双重锁定结构和电路连接诊断机构等，用以保证气囊系统可靠工作。

5.5.2 座椅安全带

1. 安全带的作用

汽车安全带是一种安全保护装置，它能在汽车发生碰撞或急转弯时约束乘员的身体，使其尽可能保持在座椅原来的位置上而不移动和转动，避免乘员与车内坚硬部件发生碰撞而造成伤害。虽然安全带与安全气囊一样都是现代汽车上的安全装置，共同构成乘员约束系统（SRS），但是安全带历史悠久，应用更普遍。

车辆碰撞时，车与车（或固定物体）的碰撞称为一次碰撞，乘员撞在车内结构物上称为二次碰撞。乘员的伤害程度取决于二次碰撞的程度，车速越高，二次碰撞的减速度越大，伤害越严重。

实践证明，使用安全带，对于减轻交通事故中的人身伤害有积极作用，特别是在高速公路上最常见的多车追尾事故中，安全带的作用尤为明显。

安全带的保护方式分为主动和被动两大类，被动又分为半被动和完全被动。主动保护的方式是由乘员自己系上安全带；完全被动保护方式是不管乘员愿意与否，由自动机构将安全带穿着在乘员身上；半被动保护方式是有辅助操作的自动作用安全带。

2. 安全带的种类

根据安装方式不同，可将安全带分为四种，如图 5-65 所示。

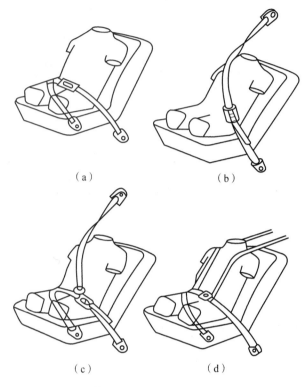

（a）　　　　　　　　　　　　　（b）

（c）　　　　　　　　　　　　　（d）

图 5-65　安全带的种类

（a）两点式；（b）斜挂式；（c）三点式；（d）四点式

1）两点式

两点式又称腰带式，软带从腰的两侧挂在腹部，是安全带的基本形式，飞机乘员一般使用的就是这种安全带。其优点是使用方便，容易逃出车外，其缺点是腹部负荷很大，撞车时，上身容易前倾，前座乘员头部会碰到仪表板或者挡风玻璃。后座乘员一般可以使用这种安全带。

2）斜挂式

斜挂式又称安全肩带，软带经乘员胸前斜挂在肩部，可防止上半身转动。其缺点是撞车时乘员受力不均匀，下半身容易向前挤出，若安装不当，身体会从带中脱出或头部被撞。这种安全带在欧洲被采用得较多，但日本、加拿大、澳大利亚等在标准中排除了这种安全带。国际标准中虽通过了这种安全带，但不推荐单独使用。由于最近开发了膝部保护装置，能与这种安全带并用，消除了这一缺点，因此美国已认可使用。

3）三点式

三点式安全带有两种，一种是两点式和斜挂式合二为一的复合式，又称连续三点式；另一种是将防止上体前倾的肩带连在两点式安全带上任意点而成的，称为分离三点式。三点式兼有两点式和斜挂式的优点并且消除了缺点，对乘客保护效果良好，实用性高，是现在应用最广泛的一种安全带。

4）四点式

四点式又称马夹式安全带，是在两点式安全带上再连两条肩带组合而成的。其保护性最好，也是最完善的一种，但使用不便，一般用于特殊用途车或赛车上。

3. 安全带的结构

安全带的基本结构一般包括软带、安全带锁扣、高度调节器、卷收器和固定部分。

软带是安全带的本体，一般是用尼龙织物、聚酯纤维、维尼纶等合成纤维原丝编织成的宽约50 mm、厚约1.5 mm的带子。软带要求具有足够的强度、延伸性和吸收能量性，以便在撞车时起到缓冲作用，可用作腰带和肩带。各国对软带的性能和试验要求都有标准规定。生产的软带必须经过强度、伸长率、收缩率、耐磨、耐寒、耐热、耐水和耐光照等考核试验，符合规定后才能使用。

安全带锁扣用以扣合或脱开安全带，分为有舌安全带和无舌安全带两类。其中，有舌安全带分为包围型按钮式安全带和开放型按钮安全带两种。

高度调节器是为了适应乘员的体形而调整软带长度的机构。

卷收器是在不用安全带时自动将软带收卷的装置，以防止损伤带扣和软带。在使用时其还具有调整软带长度的功能。卷收器按卷带方式可分为无锁紧式卷收器（不能在软带拉出的位置自动锁紧软带）、自动锁紧式卷收器（可在软带拉出的任何位置自动锁紧软带）、手动无锁紧式卷收器（能用手拉出软带但不能锁紧的卷带装置）、紧急锁紧式卷收器（可将安全带自由拉出或收回，但当拉出带子的速度超过某限值时，则立即锁住）四种。

4. 预紧式安全带

1）功能与特点

预紧式安全带（Pre-tensional Seat Belt）的特点是，当汽车发生碰撞事故的一瞬间（0.1 s左右），即乘员尚未向前移动时，它能立即拉紧织带，将乘员紧紧地绑在座椅上，然后锁止织带以防止乘员前倾，有效保护乘员的安全。预紧式安全带的外形如图5-66所示。

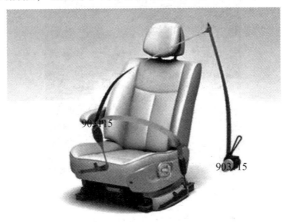

图5-66　预紧式安全带的外形

座椅安全带卷收器结构如图5-67所示。

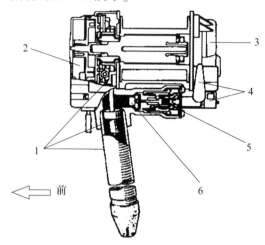

图5-67　座椅安全带卷收器结构

1—收紧机构；2—安全带收缩机构；3—ELR锁止机构；4—安全装置（仅限M型）；

5—收紧传感器（仅限M型）；6—含发火极的气体发生器

预紧式安全带中起主要作用的卷收器与普通安全带的卷收器的不同之处在于，它除了具有普通卷收器的收放织带功能外，还具有当车速发生急剧变化时，能够在0.1 s左右加强对乘员的约束力。因此，预紧式安全带中的卷收器还有控制装置和预拉紧装置。

2）预紧式安全带卷收器

预紧式安全带卷收器控制装置分为电子式（E型）和机械式（M型）两种，两者的基本构造和工作原理实质上是一样的，只是气体发生器的点火方式不同而已。

座椅安全带卷收器由收紧机构、收缩机构和ELR（紧急锁紧收缩器）组成，如图5-68所示，其中收缩机构和ELR属于不带预紧装置的普通座椅安全带的组成部分。

图5-68　座椅安全带卷收器

E型安全带卷收器由中央安全气囊传感器总成控制其工作。M型安全带卷收器带有自己的预拉紧传感器，可以检测减速惯性力，并据此点燃气体发生器，此外它还有一个安全装置锁定该传感器。

（1）收紧机构。

点火式收紧机构由气体发生器、缸筒、活塞以及与活塞连在一起的拉索组成，如图5-69所示。为了不影响安全带的正常工作，拉索绕在一鼓轮上，而不与轴的外表面接触。

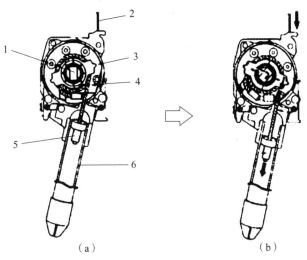

（a）　　　　　　　　　　（b）

图5-69　收紧机构的结构

1—轴；2—安全带；3—鼓轮；4—拉索；5—活塞；6—缸筒

当卷收器动作时，气体发生器释放出的大量气体迫使活塞向下运动，由于拉索与活塞连在一起，所以活塞带动拉索，使鼓轮夹紧轴。这样，轴向收紧安全带的方向转动，使安全带收紧一定的长度，实现安全带的预紧。

（2）气体发生器（E型）

气体发生器由传爆管（发热丝和点火药粉）和装在金属容器内的气体发生剂（无烟火药）组成，如图5-70所示。当气囊传感器接通时，电流流到传爆管的发热丝而点燃点火药粉，火焰随即在极短的时间内传到气体发生剂，并产生高压气体。

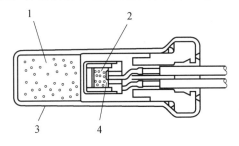

图5-70　气体发生器

1—气体发生剂；2—点火药粉；3—外壳；4—发热丝

特别注意，由于微弱的电流也可能点燃传爆管，因此维修时绝不可使用万用表测量其电阻。

思考题

1. 地面制动力与附着力有怎样的关系？

2. 说明汽车采用 ABS 的必要性。

3. 后轮低选控制的优缺点是什么？

4. 当转向车轮抱死时，会对汽车的行驶产生什么样的影响？

5. 简述循环式制动力压力调节器的工作过程。

6. ASR 的作用是什么？

7. 简述 ASR 的工作原理。

8. ESP 的作用是什么？

9. 简述 ESP 的工作原理。

10. ESP 的主要结构包含什么？

11. SRS 的作用是什么？

12. 简述 SRS 的工作原理。

13. 安全带的作用什么？

14. 简述智能安全带的工作原理。

 **第6章**

电子控制动力转向系统

6.1 液压式电子控制动力转向系统

电子控制动力转向系统（EPS）可以在低速时减轻转向力，在高速时适当加重转向力，以提高转向系统的操纵稳定性。液压式 EPS 是在传统的液压动力转向系统的基础上增设电子控制装置而构成的。根据控制方式的不同，可将液压式 EPS 分为流量控制式 EPS、反力控制式 EPS 和阀灵敏度控制式 EPS 三种。

6.1.1 流量控制式 EPS

1. 丰田凌志轿车 EPS

凌志轿车 EPS 如图 6-1 所示。由图 6-1 可见，该系统主要由车速传感器、电磁阀、整体式动力转向控制阀、动力转向液压泵和 ECU 等组成。电磁阀安装在通向转向动力缸活塞两侧油室的油道之间，当电磁阀的阀针完全开启时，两油道就被电磁阀旁通。流量控制式 EPS 就是根据车速传感器的信号，控制电磁阀阀针的开启程度，从而控制转向动力缸活塞两侧油室的旁路液压油流量，以改变转向盘上的转向力。车速越高，流过电磁阀电磁线圈的平均电流值越大，电磁阀阀针的开启程度越大，旁路液压油流量越大，而液压助力作用越小，使转动转向盘的力也随之增加。这就是流量控制式动力转向系统的工作原理。

EPS 电磁阀的结构如图 6-2 所示，EPS 电磁阀的驱动信号如图 6-3 所示。由图 6-3 可以看出，驱动电磁阀电磁线圈的脉冲电流信号频率基本不变，但随着车速增大，脉冲电流信号的占空比将逐渐增大，使流过电磁线圈的平均电流值随车速的升高而增大。凌志轿车 EPS 的电路图如图 6-4 所示。

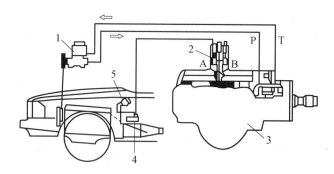

图 6-1　凌志轿车 EPS

1—动力转向液压泵；2—电磁阀；3—动力转向控制阀；4—ECU；5—车速传感器

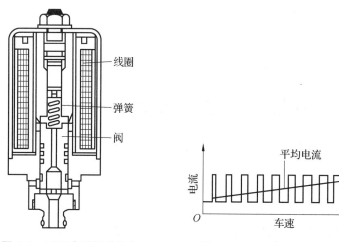

图 6-2　EPS 电磁阀的结构　　　　图 6-3　EPS 电磁阀的驱动信号

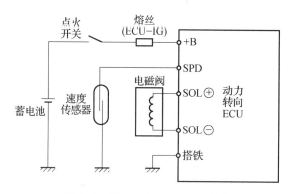

图 6-4　凌志轿车 EPS 的电路图

2. 蓝鸟轿车 EPS

日产蓝鸟轿车流量控制式 EPS 如图 6-5 所示。它在一般液压动力转向系统的基础上增加了旁通流量控制阀、车速传感器、转向角速度传感器、ECU 和控制开关等。转向油泵与转向机体之间设有旁通管路，旁通管路中又设有旁通油量控制阀。根据车速传感器、转向角速度传感器和控制开关等信号，ECU 向旁通流量控制阀发出控制信号，控制旁通流量，从而调整向转向器供油的流量，如图 6-6 所示。

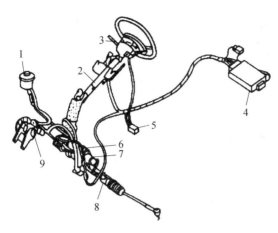

图6-5 日产蓝鸟轿车流量控制式 EPS

1—动力转向油罐；2—转向管柱；3—转向角速度传感器；4—ECU；5—转向角速度传感器增幅器；

6—旁通流量控制阀；7—电磁线圈；8—转向齿轮联动机构；9—油泵

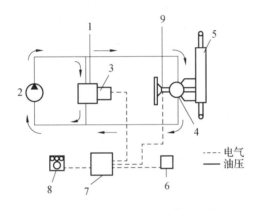

图6-6 流量控制式动力转向系统

1—旁通流量控制阀；2—动力转向泵；3—电磁线圈；4—控制阀；5—动力转向齿轮机构；

6—车速传感器；7—ECU；8—选择开关；9—转向角速度传感器

当向转向器供油流量减少时，动力转向控制阀灵敏度下降，转向助力作用降低，转向力增加。在这一系统中，利用仪表板上的转换开关，驾驶员可以选择三种分别适应不同行驶条件的转向力特性曲线，如图6-7所示。另外，在汽车急转弯时，ECU 还可根据转向角速度传感器输出信号的大小，按照图6-8所示的转向力特性曲线实施最优控制。

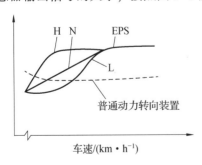

图6-7 三种适应不同行驶条件的转向力特性曲线

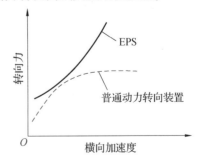

图6-8 汽车急转弯时的转向力特性曲线

日产蓝鸟轿车 EPS 旁通流量控制阀的结构如图 6-9 所示。阀体内装有主滑阀 2 和稳压滑阀 7，主滑阀 2 的右端与电磁线圈柱塞 3 连接。主滑阀 2 与电磁线圈 5 的推力成正比移动，从而改变其左端流量主孔 1 的开口面积。调整调节螺钉 4 可以调节旁通流量的大小。稳压滑阀 7 的作用是保持流量主孔前后压差的稳定，以使旁通流量与流量主孔的开口面积成正比。当因转向负荷变化而使流量主孔前后压差偏离设定值时，稳压滑阀 7 的阀芯将在其左侧弹簧张力和右侧高压油压力的作用下发生滑移。如果压差大于设定值，则阀芯左移，使节流孔 6 的开口面积减小，流入到阀内的液压油量减少，前后压差减小；如果压差小于设定值，则阀芯右移，使节流孔 6 的开口面积增大，流入到阀内的液压油量增多，前后压差增大。流量主孔前后压差的稳定，保证了旁通流量的大小只与主滑阀 2 控制的流量主孔的开口面积有关。

日产蓝鸟轿车流量控制式 EPS 的电路如图 6-10 所示。系统中 ECU 的基本功能是接收车速传感器、转向角速度传感器及变换开关的信号，以控制旁通流量控制阀的电流，并可进行故障自诊断。流量控制式 EPS 通过车速传感器信号调节向动力转向装置供应的压力油，改变压力油的输入、输出流量，以控制转向力的大小。这种方法的优点是在原来液压动力转向功能上再增加压力油流量控制功能，结构简单，成本较低。但是，当流向动力转向机构的压力油流量降低到极限值时，对于快速转向会产生压力不足、响应较慢等缺点，它的推广应用也因此受到限制。

当 ECU、传感器、开关等电气系统发生故障时，安全保险装置能够确保其与一般动力转向装置的功能相同。

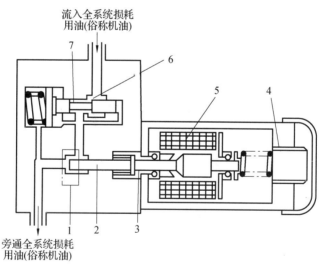

图 6-9 日产蓝鸟轿车 EPS 旁通流量控制阀的结构

1—流量主孔；2—主滑阀；3—电磁线圈柱塞；4—调节螺钉；5—电磁线圈；6—节流孔；7—稳压滑阀

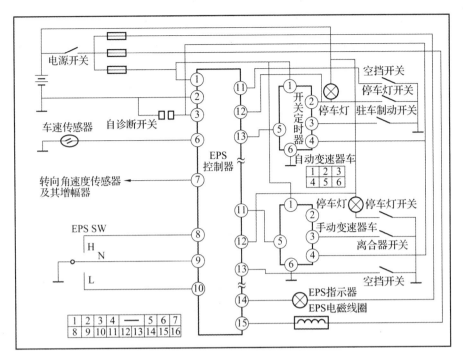

图 6-10　日产蓝鸟轿车流量控制式 EPS 的电路

6.1.2　反力控制式 EPS

1. 系统组成及工作原理

反力控制式 EPS 的工作原理如图 6-11 所示。该系统主要由转向控制阀、分流阀、电磁阀、转向动力缸、转向泵、储油箱、阻尼小孔及 ECU 等组成。转向控制阀是在传统的整体转阀式动力转向控制阀的基础上增设油压反力室而构成的。扭力杆的上端通过销子与转阀阀杆相连，下端通过销子与小齿轮轴连接。小齿轮轴的上端通过销子与控制阀阀体相连。转向时，转向盘上的转向力通过扭力杆传递给小齿轮轴。当转向力增大，扭力杆发生扭转变形时，控制阀体和转阀阀杆之间将发生相对转动，于是就改变了阀体和阀杆之间油道的通断和工作油液的流动方向，从而实现转向助力作用。分流阀的作用是把来自转向油泵的液压油向控制阀一侧和电磁阀一侧进行分流，按照车速和转向要求，改变控制阀一侧与电磁阀一侧的油压，确保电磁阀一侧具有稳定的液压油流量。固定小孔的作用是把供给转向控制阀的一部分流量分配到油压反力室一侧。

电磁阀的作用是根据需要使油压反力室一侧的液压油流回储油箱。ECU 根据车速的高低线性控制电磁阀的开口面积。当车辆停驶或速度较低时，ECU 使电磁线圈的通电电流增大，电磁阀开口面积增大，经分流阀分流的液压油，通过电磁阀重新回流到储油箱中，作用于柱塞的背压（油压反力室压力）降低。于是，柱塞推动控制阀转阀阀杆的力（反力）变得较小，即只需要较小的转向力就可使扭力杆扭转变形，使阀体与阀杆产生相对转动而实现转向助力作用。

当车辆在中、高速区域转向时，ECU 使电磁线圈的通电电流减小，电磁阀开口面积减小，油压反力室的油压升高，作用于柱塞的背压增大，于是柱塞推动转阀阀杆的力增大。此时，需要较大的转向力才能使阀体与阀杆之间做相对转动（相当于增加了扭力杆的扭转刚度），以实现转向助力作用。所以，汽车在中、高速时，驾驶员能够获得良好的转向手感和转向特性。

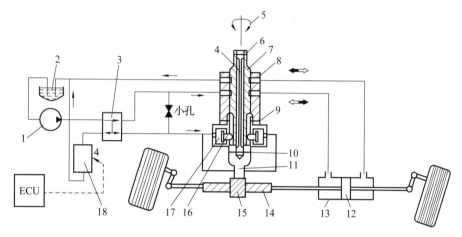

图6-11　反力控制式EPS的工作原理

1—转向泵；2—储油箱；3—分流阀；4—扭力杆；5—转向盘；6—销；7—转向控制阀；8—控制阀阀体；

9，10—销；11—小齿轮轴；12—活塞；13—动力缸；14—齿条；15—小齿轮；16—柱塞；

17—油压反力室；18—电磁阀

2. 反力控制式动力转向系统实例

丰田汽车公司"马克Ⅱ"型车用反力控制式EPS如图6-12所示。分流阀将来自转向泵的液压油分送到回转阀、油压反力室和电磁阀，到达电磁阀和油压反力室中的液压油流量是由回转阀中的油压力来调节，当转动转向盘时，回转阀中的油压增大，分配到电磁阀和油压反力室的液压油流量增加；当回转阀中的油压达到一定值时，回转阀中的油压便不再升高，则分配给电磁阀和油压反力室的液流量不变。固定孔分流把供给回转阀的一部分流量分配到油压反力室一侧。电磁阀根据需要将油压反力室一侧的油液压回储油箱。ECU根据车速的高低控制电磁阀油路的阻尼面积，开口面积随电磁线圈通电电流占空比而变化，进而控制油压反力室一侧的液压油压力大小。车速传感器检测汽车行驶速度，ECU根据车速传感器输入信号控制通入电磁阀的电流，实现相应的控制功能。车速提高时，为了增大转向操纵力，需要加大电磁阀的电流；而当车速超过120 km／h时，为防止电流过大而造成过载，ECU使通往电磁阀的通电电流保持恒定。转向时，方向盘上的转向力通过扭力杆传递给小齿轮轴，带动小齿轮旋转，使齿条运动，实现转向。当转向力增大，扭力杆发生扭转变形时，回转阀阀杆和控制阀体之间将发生相对转动，以此改变阀体和阀杆之间油道的通断关系和工作油液的流动方向，从而实现液压助力转向作用。反力控制式EPS转向控制阀（增设了反力油压控制阀和油压反力室）的结构如图6-13所示。

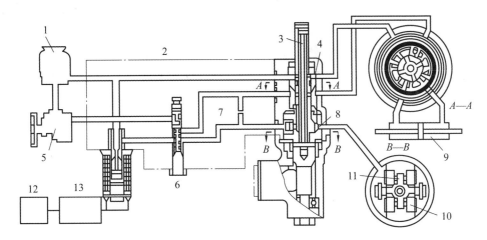

图 6-12　丰田"马克Ⅱ"型反力控制式 EPS

1—储油箱；2—转向齿轮箱；3—扭杆；4—回转阀；5—转向泵；6—分流阀；7—固定孔；
8—油压反力室；9—气缸；10—柱塞；11—控制阀轴；12—车速传感器；13—电磁阀

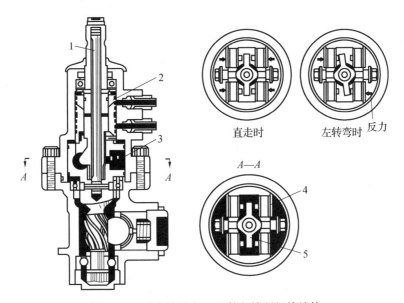

图 6-13　反力控制式 EPS 转向控制阀的结构

1—扭杆；2—回转阀；3—油压反力室；4—柱塞；5—控制阀轴

　　该系统电磁阀的结构及其特性曲线如图 6-14 所示。输入到电磁阀中的信号是通断脉冲信号，通过改变信号占空比（信号导通时间所占的比例）就可以控制流过电磁阀线圈平均电流值的大小。当车速升高时，受输出电流特性的限制，输入到电磁阀线圈的平均电流值减小，电磁阀的开度也随之减小。这样，根据车速的高低就可以调整油压室反力，从而得到最佳的转向操纵力。

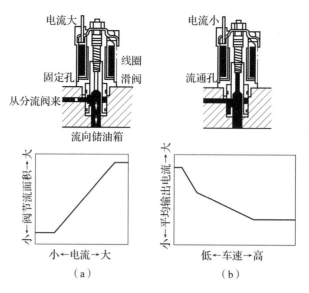

图6-14 反力控制式EPS电磁阀的结构及其特性曲线

流量控制式EPS与反力控制式EPS转向特性的比较如图6-15所示。从图6-15中可以看出,反力控制式EPS的转向还是比较理想的,停车摆放及车辆低速时的转向操纵力比较小,而中、高速时又具有转向力手感适宜的特性。

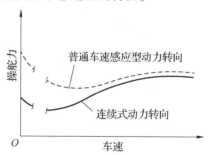

图6-15 两种动力转向特性的比较

反力控制式EPS根据车速大小控制反力室油压,从而改变输入、输出增益幅度以控制转向力。其优点是具有较大的选择转向力的自由度,转向刚度大,驾驶员能感受到路面情况,可以获得稳定的操作手感等;其缺点是结构复杂且价格较高。

6.1.3 阀灵敏度控制式 EPS

阀灵敏度控制式EPS是根据车速控制电磁阀,直接改变动力转向控制阀的油压增益(阀灵敏度)来控制油压的。这种转向系统结构简单、部件少、价格便宜,而且具有较大的选择转向力的自由度,与反力控制式EPS相比,转向刚性差,但可以通过最大限度地提高原来的弹性刚度来加以克服,从而获得自然的转向手感和良好的转向特性。

某轿车所采用的阀灵敏度控制式EPS如图6-16所示。该系统对转向控制阀的转子阀做了局部改进,并增加了电磁阀、车速传感器和ECU等。

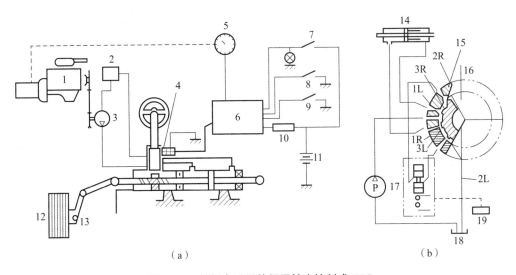

图6-16　某轿车采用的阀灵敏度控制式EPS

1—发动机；2—油箱；3—动力转向油泵；4—动力转向系统电磁阀；5—车速传感器；6—动力转向控制单元；
7—灯开关；8—空挡；9—离合器开关；10—熔丝；11—蓄电池；12—前轮；13—动力转向齿轮机构；
14—动力缸；15—外体；16—内体；17—动力转向电磁阀；18—机油箱；19—控制元件

　　转子阀及电磁阀的结构断面如图6-17所示。转子阀一般在圆周上形成六条或八条沟槽，各沟槽利用阀部外体，与泵、动力缸、电磁阀及油箱连接。设有控制上下流量的旁通油道，是可变的节流阀。在低速时，向电磁线圈通以最大的电流，使可变孔关闭，随着车速升高，依次减小通电电流，可变孔开启；在高速时，开启面积达到最大值。因为该阀在左右转向时，油液流动的方向可以逆转，所以在上下流动方向中，可变小孔必须具有相同的特性。为了确保高压时流体有效作用于阀，系统必须提供稳定的油压控制。

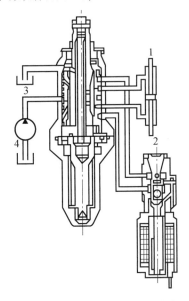

图6-17　转子阀及电磁阀的结构断面

1—动力缸；2—电磁阀；3—油箱；4—泵

　　阀部的等效液压回路如图6-18所示。转子阀的可变小孔分为低速专用小孔（1R、1L、2R、2L）和高速专用小孔（3R、3L）两种，在高速专用可变孔的下边设有旁通电磁阀回路，其工作过程如下：

　　当车辆停止时，电磁阀完全关闭，此时如果向右转动转向盘，则高灵敏度低速专用小孔1R及2R在较小的转向扭矩作用下即可关闭，转向液压泵的高压油液经1L流向转向动力缸右腔室，其左腔室的油液经3L、2L流回储油箱。所以，此时具有轻便的转向特性。而且施加在转向盘上的转向力矩越大，可变小孔1L、2L的开口面积越大，节流作用就越小，转向助力作用就越明显。

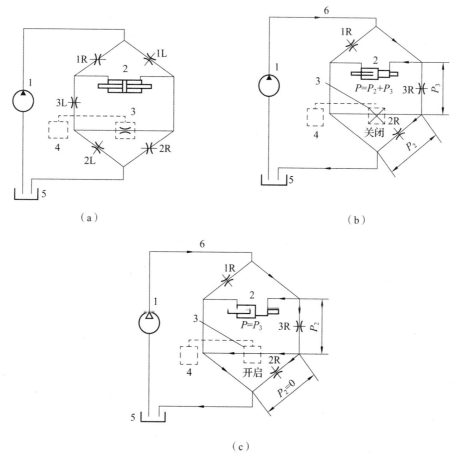

图6-18　阀部的等效液压回路

（a）停止时；（b）转向时；（c）高速时

1—液压泵；2—动力缸；3—动力转向系统电磁阀R；4—控制元件；5—油箱；6—动力转向系统

　　随着车辆行驶速度的提高，在ECU的作用下，电磁阀的开度也线性增加，如果向右转动转向盘，则转向液压泵的高压油液经1L、3R旁通电磁阀流回油箱。此时，转向动力缸右腔室的转向助力油压取决于旁通电磁阀和灵敏度低的高速专用可变孔3R的开度。车速越高，在ECU的控制下，电磁阀的开度越大，旁路流量越大，转向助力作用越小；在车速不变的情况下，施加在转向盘上的转向力越小，高速专用小孔3R的开度越大，转向助力作用也越小,当转向力增大时,3R 的开度逐渐减小,转向助力作用随之增大。由此可见,阀灵敏度控制式 EPS 可使驾驶员获得非常自然的转向手感和良好的速度转向特性。此外,从低速到高速的过渡区间,由于电磁阀的作用,按照车速控制可变小孔的油量,因而可以按顺序改变特性。

ECU 接收来自车速传感器的信号,控制向电磁阀和电磁线圈输出电流。控制系统电路如图 6-19 所示。

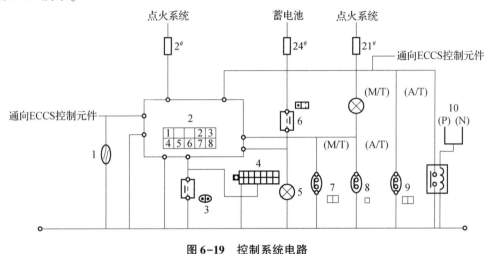

图6-19 控制系统电路

1—车速传感器;2—动力转向系控制元件;3—动力转向系电磁线圈;4—接插件;5—停车灯;
6—停车灯开关;7—离合器开关;8—驻车制动开关;9—空挡开关;10—阻化开关

6.2 电动式电子控制动力转向系统

液压式 EPS 由于工作压力和工作灵敏度较高,外廓尺寸较小,因而获得了广泛的应用。在采用气压制动或空气悬架的大型车辆上,也有采用气压动力转向的,但这类动力转向系统的共同缺点是结构复杂、消耗功率大、容易产生泄漏、转向力不易有效控制等。近年来,随着计算机技术在汽车上的广泛应用,出现了电动式电子控制动力转向系统,简称电动式 EPS。

6.2.1 电动式 EPS 的组成、原理与特点

电动式 EPS 通常由转矩传感器、车速传感器、ECU、电动机和电磁离合器等组成,如图 6-20 所示。这些部件的主要参数如表 6-1 所示。

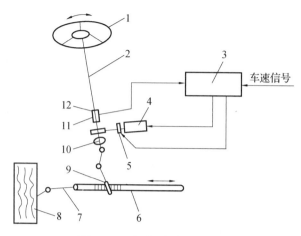

图 6-20　电动式 EPS 的组成

1—转向盘；2—输入轴；3—ECU；4—电动机；5—电磁离合器；6—转向齿条；7—横拉杆；

8—转向轮；9—输出轴；10—扭力杆；11—转矩传感器；12—转向齿轮

表 6-1　电动式 EPS 的主要参数

部件名称	参数名称	规格
电动机	励磁方式	永磁铁励磁式
	额定电压/V	DC 5
	额定转矩/（N·m）	0.98
	额定电流/A	30
电磁离合器	形式	干式单片电磁式
	额定电压/V	DC 12
	额定电阻/Ω	19.5（20 ℃）
	额定传递转矩/（N·m）	1.18（15 V，20 ℃）
转矩传感器	额定电压/V	5
	额定输出电压/V	2.5（中立时）
	全电阻/Ω	2.18±0.66
车速传感器	输出特性/V	9.5（1 000 r/min）
	内阻/Ω	165（20C）
电动助力转向控制件	控制方式	微机控制（8 位）12
	额定电压/V，工作电压范围/V	DC 10，DC 16

　　电动式 EPS 利用电动机作为助力源，根据车速和转向等参数，由 ECU 完成助力控制，其原理可概括如下：

　　当操纵转向盘时，装在转向盘轴上的转矩传感器不断地测出转向轴上的转矩信号，该信号与车速信号同时输入到 ECU。ECU 根据这些输入信号，确定助力转矩的大小和方向，即选定电动机的电流和转向，调整转向辅助动力的大小。电动机的转矩由电磁离合器通过减速机构减速增扭后，加在汽车的转向机构上，得到一个与汽车工况相适应的转向作用力。

电动式 EPS 有许多液压式 EPS 所不具备的优点：

（1）电动式 EPS 将电动机、离合器、减速装置、转向杆等部件装配成一个整体，这样既无管道又无控制阀，使其结构紧凑、质量减轻。一般电动式 EPS 的质量比液压式 EPS 的质量轻 25% 左右。

（2）电动式 EPS 没有液压式 EPS 所必需的常运转式转向液压泵，电动机只是在需要转向时才接通电源，动力消耗和燃油消耗均可降到最低。

（3）电动式 EPS 省去了油压系统，不需要给转向液压泵补充油，也不必担心漏油。

（4）电动式 EPS 可以比较容易地按照汽车性能的需要设置、修改转向助力特性。

6.2.2 电动式 EPS 主要部件的结构及工作原理

1. 转矩传感器

转矩传感器的作用是测量转向盘与转向器之间的相对转矩，以作为电动助力的依据之一。

无触点式转矩传感器的结构及工作原理如图 6-21 所示。在输出轴的极靴上分别绕有 A、B、C、D 四个线圈，转向盘处于中间位置（直驶）时，扭力杆的纵向对称面正好处于图 6-21 所示输出轴极靴 AC、BD 的对称面上。当在 U、T 两端加上连续的输入脉冲电压信号 U_i 时，由于通过每个极靴的磁通量相等，所以在 V、W 两端检测到的输出电压信号 $U_i = 0$。转向时，由于扭力杆和输出轴极靴之间发生相对扭转变形，极靴 A、D 之间的磁阻增加，B、C 之间的磁阻减少，各个极靴的磁通量发生变化，于是在 V、W 之间就出现了电位差。该电位差与扭力杆的扭转角和输入电压 U_i 成正比。

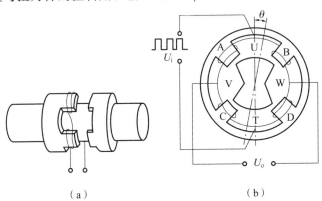

（a）　　　　　　　　　　（b）

图 6-21　无触点式转矩传感器的结构及工作原理

（a）结构；（b）工作原理

所以，通过测量 V、W 两端的电位差就可以测量出扭力杆的扭转角，也就知道了转向盘施加的转矩。

滑动可变电阻式转矩传感器的结构如图 6-22 所示。该传感器将负载力矩引起的扭力杆角位移转换为电位器电阻的变化，并经滑环传递出来作为转矩信号。

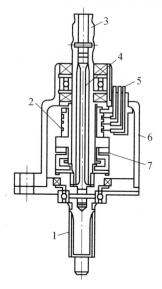

图6-22 滑动可变电阻式转矩传感器的结构

1—小齿轮；2—滑环；3—轴；4—扭矩；5—输出端；6—外壳；7—电位计

2. 电动机

电动式 EPS 用电动机与起动用直流电动机的原理基本相同，但电动式 EPS 用电动机一般采用永久磁场，其最大电流一般为 30 A，电压为 DC 12 V，额定转矩为 10 N·m 左右。

转向助力用直流电动机需要正、反转控制，其控制电路如图 6-23 所示。a_1、a_2 为触发信号端，当 a_1 端得到输入信号时，晶体管 VT3 导通，VT2 得到基极电流而导通，电流经 VT2、电动机 M、VT3、搭铁而构成回路，电动机正转；当 a_2 端得到输入信号时，电流则经 VT1、M、VT4、搭铁而构成回路，电动机反转。控制触发信号端电流的大小，就可以控制通过电动机电流的大小。

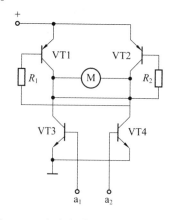

图6-23 直流电动机正反转控制电路

3. 电磁离合器

单片干式电磁离合器的工作原理如图 6-24 所示。当电流通过滑环进入电磁离合器线圈时，主动轮产生电磁吸力，带花键的压板被吸引与主动轮压紧，电动机的动力经过轴、主动轮、压板、花键、从动轴传递给执行机构。

电动式 EPS 一般都设定有一个工作范围。当车速达到 45 km/h 时，就不需要辅助动力转向，这时电动机就停止工作。为了不使电动机和电磁离合器的惯性影响转向系统的工作，离合器应及时分离，以切断辅助动力。另外，当电动机发生故障时，离合器会自动分离，这时仍可手动控制转向。

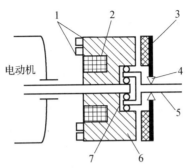

图 6-24　单片干式电磁离合器的工作原理

1—滑环；2—线圈；3—压板；4—花键；5—从动轴；6—主动轮；7—从动轴承

4. 减速机构

减速机构是电动式 EPS 不可缺少的部件。目前，实用的减速机构有多种组合方式，一般采用蜗轮蜗杆与转向轴驱动组合式，也有的采用两级行星齿轮与传动齿轮组合式。为了抑制噪声，减速机构中的齿轮有的采用特殊齿形，有的采用树脂材料制成。

6.2.3　电动式 EPS 实例

奥拓汽车电动式 EPS 配件布置如图 6-25 所示。该系统由转矩传感器、车速传感器、ECU、电动机和减速机构等组成。转矩传感器（滑动可变电阻型）、电动机和减速机构制成一个整体，安装在转向柱上，如图 6-26 所示。电磁离合器安装在电动机的输出端旁，ECU 安装在驾驶员座位下面。

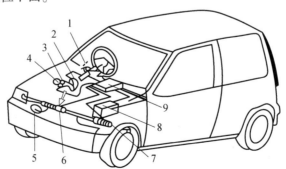

图 6-25　奥拓汽车电动式 EPS 配件布置

1—车速传感器；2—转矩传感器；3—减速机构；4—电动机和离合器；5—发电机；
6—转向齿轮；7—发动机转速传感器；8—蓄电池；9—ECU

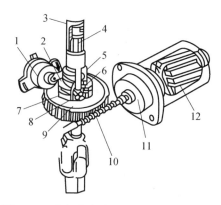

图 6-26　奥拓汽车电动式 EPS 的内部结构

1—转矩传感器；2—控制臂；3—传感器轴；4—扭杆；5—滑块；6—球槽；7—连接环；

8—钢球；9—蜗轮；10—蜗杆；11—离合器；12—电动机

　　奥拓汽车用转矩传感器的结构如图 6-27 所示。当转向系统工作时，施加在转向盘上的转向力经输入轴、扭杆传递给输出轴，扭杆的扭曲变形使输入轴与输出轴之间发生相对扭转。与此同时，滑块沿轴向移动，控制臂将滑块的轴向移动变换成电位器的旋转角度，即将转矩值变换成电压量，并输入到 ECU。

　　当转向盘处于中间位置时，传感器的输出电压为 2.5 V；当转向盘向右旋转时，其输出电压大于 2.5 V；当转向盘向左旋转时，其输出电压小于 2.5 V。转矩传感器的输出特性曲线如图 6-28 所示。因此，ECU 根据传感器输出电压的高低，就可以判定转向盘的转动方向和转动角度。

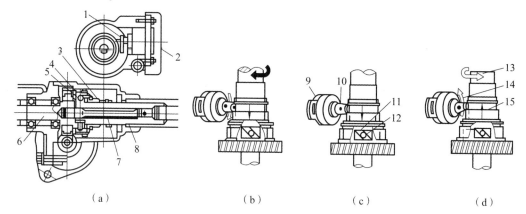

（a）　　　　　　　（b）　　　　　　　（c）　　　　　　　（d）

图 6-27　奥拓汽车用转矩传感器的结构

（a）传感器结构；（b）转向盘右转时；（c）转向盘在中间位置时；（d）转向盘左转时

1，10—控制臂；2—电位器；3—滑块；4—环座；5，12—钢球；6—输出轴；7—扭杆；8—输入轴；

9—扭矩传感器；11—钢球槽；13—芯轴旋转方向；14—控制臂旋转方向；15—滑块滑动方向

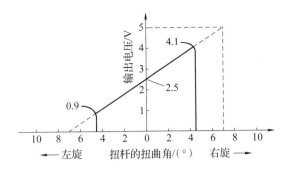

图 6-28　转矩传感器的输出特性曲线

奥拓汽车电动式 EPS 控制框图如图 6-29 所示。

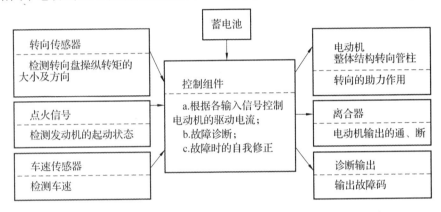

图 6-29　奥拓汽车电动式 EPS 控制框图

1. 电动机电流控制

ECU 根据转向力矩和车速信号确定并控制电动机的驱动电流的方向和大小，使其在每一种车速下都可以得到最优化的转向助力转矩。

2. 速度控制

当车速高于 43 km/h 时，停止对电动机供电，同时使电动机内的电磁离合器分离，并按普通转向控制方式工作，以确保行车安全。

3. 临界控制

临界控制是为了保护系统中的电动机及控制组件而设的控制项目。在转向器偏转至最大（即临界状态）时，由于此时电动机不能转动，所以流入电动机的电流达最大值，为了避免持续的大电流使电动机及控制组件发热损坏，每当较大电流连续通过 30 s 后，系统就会控制电流使之逐渐减小。当临界控制状态解除后，控制系统再逐渐增大电流，一直达到正常的工作电流值为止。

4. 自诊断和安全控制

该系统的 ECU 具有故障自诊断功能。当 ECU 检测到系统存在故障时，系统即会显示出相应的故障码，以便采取相应的措施。当检测出系统的基本部件（如转矩传感器、电动机、车速传感器等）出现故障而导致系统处于严重故障的情况下，系统就会使电磁离合器断开，停止转向助力控制，确保系统安全、可靠。

思考题

1. 简述电子控制式 EPS 的类别和工作原理。
2. 简述阀灵敏度可变式 EPS 的工作过程。
3. 简述电动式 EPS 的基本组成和工作原理。

第7章
电子控制悬架系统

悬架是车架（或承载式车身）与车桥（或车轮）之间的一切传力、连接装置的总称。汽车行驶在路面上时因地面的变化而受到振动及冲击，这些冲击的力量一部分会由轮胎吸收，但绝大部分是依靠轮胎与车身间的悬架装置来吸收的。

悬架的主要作用是把路面作用于车轮上的垂直反力、纵向反力和侧向反力（牵引力和制动力）以及这些反力所造成的力矩传递到车架（或承载式车身）上，保证汽车的正常行驶，即起传力作用；利用弹性元件和减震器起到缓冲减振的作用；利用悬架的某些传力构件使车轮按一定轨迹相对于车架或车身跳动，即起导向作用；利用悬架中的辅助弹性元件和横向稳定器，防止车身在转向等行驶情况下发生过大的侧倾。

如图7-1所示，汽车悬架主要由减震器、弹性元件、导向机构和横向稳定器四部分组成。

图7-1 汽车悬架组成示意图

1—减震器；2—弹性元件；3—导向机构；4—横向稳定器

传统悬架系统的刚度和阻尼系数是按经验设计或优化设计方法选择的，一经选定后，在车辆行驶过程中就无法进行调节，因此其减振性能的进一步提高受到限制，这种悬架称为被动悬架。为了克服被动悬架的缺陷，20世纪60年代有人提出了主动悬架的概念。主动悬架就是由在悬架系统中采用有源或无源可控制的元件，它是一个闭环控制系统，根据车辆的运动状态和路面状况主动做出反应，以抑制车体的运动，使悬架始终处于最优减振状态。主动悬架的特点就是能根据外界输入或车辆本身状态的变化进行动态自适应调节，因此系统必须是有源的，半主动悬架则由无源但可控制的阻尼元件组成。目前，汽车的悬架系统通常分为传统被动式、半主动式、主动式三类。其中，半主动式又分为有级半主动式（阻尼力有级可调）和无级半主动式（阻尼力连续可调）两种；主动式悬架根据频带和能量消耗的不同，分为全主动式（频带宽大于 15 Hz）和慢全主动式（频带宽 3~6 Hz）。根据驱动机构和介质的不同，主动悬架可分为由电磁阀驱动的油气主动式悬架和由步进电动机驱动的空气主动式悬架。

无级半主动式悬架可以根据路面的状态和车身的响应对悬架阻尼力进行控制，并在几毫秒内由最小变到最大，使车身上的振动响应始终被控制在某个范围内，但在转向、起步、制动等工况时不能对阻尼力实施有效的控制。相比全主动式悬架，它的优点是不需要外加动力源，但所需要的传感器较多，使成本较高。

主动式悬架是一种带有动力源的悬架，在悬架系统中附加了一个可控制作用力的装置。主动式悬架可根据汽车载荷、路面状况、行驶速度、起动、制动、转向等状况的变化，自动调整悬架的刚度、阻尼力及车身高度等。

通常把用于提高平顺性的控制称为路面感应控制，而把用于增加稳定性的控制称为车身姿势控制。另外，车身高度控制是主动式悬架系统的重要控制项目之一。

汽车上用作普通减震器的伸张型减震器，其缸筒为全密封式结构，伸缩杆上有一个活塞，阻尼孔位于活塞上，活塞将缸筒分为上下两腔。当汽车向上振动带动活塞杆伸张时，上腔油液通过活塞上阻尼较大的阻尼孔，流向下腔。由于活塞杆收缩时，油液流动阻尼大，流速慢，汽车振动所消耗的能量大，因此有效地减轻了汽车的振动幅度，提高了汽车行驶的安全性和操纵稳定性。这种减震器的阻尼孔的通流截面积在汽车行驶过程中不可调节，它只能满足特定车速和路况条件下的有效减振。此外，对于在复杂的路况条件下行驶的汽车，其不可能满足汽车在所有行驶车速和行驶条件卜的有效减振，也就很难满足现代汽车的舒适性和操纵稳定性、安全性的要求。因此，现代中、高档汽车上很少采用普通的减震器，而是采用电控半主动悬架或电控主动悬架，以提高汽车的综合性能。

7.1 电控半主动悬架的结构和工作原理

大部分半主动悬架采用了手动控制方式，即由驾驶员根据路面状况和汽车的行驶条件，手动控制相关的动作，对减震器的阻尼力进行变换。当减震器的阻尼力被调整为"硬"时，还可增强汽车在转弯或在不平道路上行驶时抗侧倾的能力，提高汽车操纵的稳定性。当减震器的阻尼力被调整为"软"时，能使汽车行驶时的上下颠簸幅度减小，提高汽车乘坐的舒适性。这种悬架系统可以通过驾驶员根据汽车行驶的路面状况，借助挡位转换开关来控制特性参数变化。悬架系统性能控制的特性参数包括：减震器的阻尼力、横向稳定杆的刚度。其控制方式有机械式和电子控制式两种。

电控半主动悬架的工作原理是：利用传感器对汽车行驶时路面的状况和车身的状态进行检测，将检测到的信号经输入接口电路处理后，传输给 ECU 进行处理，再通过驱动电路控制悬架系统的执行器动作，完成悬架特性参数的调整，如图 7-2 所示。

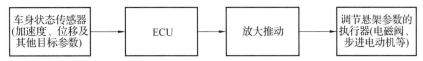

图7-2 半主动悬架系统的工作原理

7.1.1 阻尼力的调节

所谓阻尼力的调节就是根据汽车负荷、行驶路面的条件和汽车行驶状态（加速、减速、制动或转弯等）来控制减震器的阻尼力，使汽车整个行驶状态下的减振阻尼力在二段（软、硬）或三段（软、中等、硬）之间变换。近年来，大多数阻尼力控制系统允许连续改变减震器的阻尼力，并且各种传感器和执行器也可以连续对行驶情况进行检测，从而提高系统的响应性。

丰田汽车装用的电子控制半主动悬架系统（TEMS）如图 7-3 所示。它主要由模式选择开关、ECU、可调节阻尼力的减震器、转换阻尼力的执行器、车速传感器、转向盘转角传感器、节气门位置传感器、制动灯开关、空挡起动开关等部件组成。

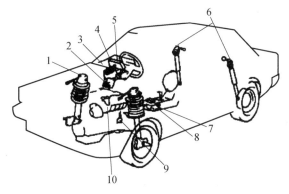

图7-3 丰田汽车装用的电子控制半主动悬架系统
1—执行部件；2—动力转向传感器；3—制动灯开关；4—TEMS 指示灯；5—车速传感器；
6—执行部件；7—ECU；8—模式选择开关；9—空挡起动开关；10—节气门位置传感器

该系统的基本工作原理是：通过相关的传感器对汽车的行驶状态、路面反应及车速等进行检测，并将信号传给 ECU。ECU 对这些信号进行比较和处理后，控制相关的执行机构来改变减震器的阻尼力，抑制汽车急加速时车尾的下蹲、汽车转弯时的侧倾和紧急制动时的点头，以及高速行驶时车身的振动等，来提高汽车乘坐的舒适性和操纵的稳定性。

1. 模式选择开关

模式选择开关位于变速器操纵手柄旁，如图 7-4 所示。驾驶员根据汽车的行驶状况和路面情况选择模式选择开关的组合方式，从而确定选择模式来决定减震器的阻尼力大小。

模式选择开关的不同组合，可使悬架系统有四种工作方式：自动（Auto）、标准（Normal）；自动（Auto）、运动（Sport）；手动（Manu）、标准（Normal）；手动（Manu）、运动（Sport）。

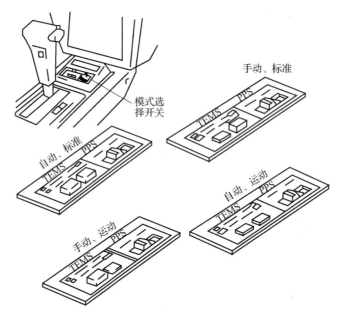

图 7-4　模式选择开关的位置和操作方法

如选择自动模式，悬架系统可以根据汽车行驶状态和车速等自动地调节减震器的阻尼力，以保证汽车乘坐的舒适性和操纵的稳定性。在手动模式下，悬架系统的阻尼力只有标准（中等）和运动（硬）两种状态的转换。

2. 减震器

可调阻尼力的减震器主要由缸筒、活塞及活塞控制杆和回转阀等组成，如图 7-5 所示。活塞杆为一空心杆，其中心装有控制杆。控制杆的上端与执行器相连，下端装有回转阀，回转阀上有三个油孔。活塞杆上有两个直孔，缸筒中的油液一部分经活塞上的阻尼孔在缸筒的上下两腔流动，一部分经回转阀与活塞杆上连通的孔在缸筒的上下两腔间流动。根据回转阀与活塞杆上的小孔不同的连通情况，减震器的阻尼力有硬（hard）、中等（normal）、软（soft）三种，其特性分别是：

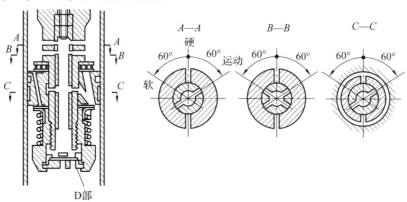

图 7-5　减震器的结构

硬（hard）——减震器的阻尼力较大，减振能力强，使汽车具有跑车的优良的操纵稳定性。

中等（normal）——适合用于汽车高速行驶。

软（soft）——减震器的阻尼力较小，减振能力较弱，可充分发挥弹性元件的缓冲作用，使汽车具有高级旅游车的舒适性。

当模式选择开关处于自动模式下，减震器的阻尼力与汽车的行驶状态和路面状况的配置情况如表 7-1 所示。

表 7-1　减震器的阻尼力与汽车的行驶状态和路面状况的配置情况

汽车行驶状态	减震器	阻尼力
	自动、标准	自动、运动
一般情况下	软	中等
汽车急加速、急转弯或紧急制动	硬	硬
匀速行驶	中等	中等

可调节阻尼力减震器的基本工作原理：当 ECU 促使执行器工作时，通过控制杆带动回转阀相对活塞杆转动，使回转阀与活塞杆上的油孔连通或切断，从而增加或减小油液的流通面积，使油液的流动阻力改变，达到调节减震器阻尼力的目的。当回转阀上的 A、C 油孔相连时，流通面积较大，减震器的阻尼力为软；当只有回转阀 B 油孔与活塞杆油孔相连时，减震器的阻尼力为中等；当回转阀上三个油孔均被堵住时，仅有活塞上的阻尼孔起衰减作用，减震器的阻尼力为硬。

3. 执行器

丰田汽车采用的直流电动机式执行器的结构和工作原理如图 7-6 所示。从图 7-6 中可以看出，该执行器主要由直流电动机、小齿轮、扇形齿轮、电磁线圈、挡块、控制杆等组成。每个执行器安装于悬架系统中减震器的顶部，并通过其上的控制杆与减震器的回转阀相连接，直流电动机和电磁线圈直接接受 ECU 的控制。

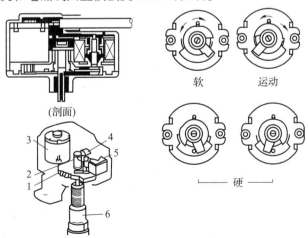

图 7-6　直流电动机式执行器的结构和工作原理

1—扇形齿轮；2—小齿轮；3—直流电动机；4—挡块；5—挡块用电磁铁；6—减震器

该执行器的基本工作原理是：ECU 输出控制信号使电磁线圈通电控制挡块的动作（如将挡块与扇形齿轮的凹槽分离）。直流电动机根据输入的电流方向做相应方向的旋转，从而驱动扇形齿轮做对应方向的偏转，带动控制杆改变减震器的回转阀与活塞杆油孔的连通情况，使减震器的阻尼力按需要的阻尼力大小和方向改变。当阻尼力调整合适后，电动机和电磁线圈都断电，挡块重新进入扇形齿轮的凹槽，使被调整好的阻尼力大小能稳定地保持住。执行器的直流电动机和电磁线圈在工作时的通电情况如表 7-2 所示。

表 7-2　执行器的直流电动机和电磁线圈在工作时的通电情况

减震器的阻尼状态		电动机		电磁线圈
调整前	调整后	正极	负极	
	软	−	+	断开
	中等	+	−	断开
软	硬	+	−	接通
中等	硬	−	+	接通

当 ECU 发出软阻尼力信号时，电动机转动促使扇形齿轮做逆时针方向转动，直到扇形齿轮上凹槽的一边靠在挡块上为止；当 ECU 发出中等硬度信号时，电动机反向通电，使扇形齿轮做顺时针方向偏转，直到扇形齿轮上凹槽的另一边靠在挡块上为止；当 ECU 发出硬阻尼力信号时，ECU 同时向电动机和电磁线圈发出控制信号，电动机带动扇形齿轮离开软阻尼力位置或中等阻尼力位置，电磁线圈将挡块拉紧，使挡块进入扇形齿轮中间的一个凹槽内。

可调节阻尼力减震器的驱动器主要由直流电动机、齿轮减速机构、驱动轴及与轴连在一起的电刷、印制电路板、挡位转换开关、制动电路等组成，其构造如图 7-7 所示。

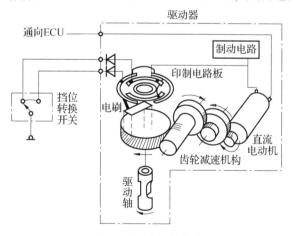

图 7-7　驱动器的构造

该驱动器只有两段（Touring/Sport）模式控制。随着驱动器的工作，驱动轴带动电刷在电路板上扫过，可以接通或切断模式选择开关的电流通路。一般驱动轴每转过 90°就进行一次"Touring/Sport"的转换，从而控制直流电动机的工作状态。电刷与印制电路板形成两个接点开关 SW1 和 SW2，它们分别与模式选择开关的"Touring"挡和"Sport"挡做电路上的连接。接点开关 SW1 和 SW2 与模式选择开关的对应位置关系如表 7-3 所示。

表 7-3　接点开关 SW_1、SW_2 与模式选择开关的对应位置关系

接点开关	"Touring" 挡	"Sport" 挡
SW1	OFF	ON
SW2	ON	OFF

电路工作分析：当模式转换开关转换到"Touring"挡时（见图 7-8），ECU 与驱动电路被接点开关 SW1 接通，电动机有电流通过而工作，带动输出轴转动，从而使减震器回转阀也转动，这时减震器的阻尼力变为软（Soft）状态。当输出轴的转角超过 90°时，输出轴上的电刷使接点开关 SW1 断开，而接点开关 SW2 接通。电动机电路被切断而停止运转，维持减震器的阻尼力为"Touring"状态。

虽然电动机外电路被切断，但它因惯性会继续运转，从而产生较大的感应电动势。为防止电动机被烧坏，电动机处于待命状态，如图 7-9 所示。

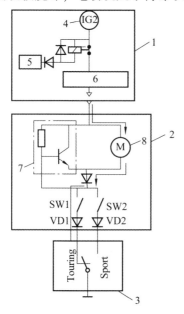

图 7-8　电子控制单元 ECU 与驱动器电路图

1—ECU；2—减震器驱动器；3—挡位转换开关；

4—电源电路；5—时间电路；6—电压控制电路；

7—制动电路；8—直流电动机

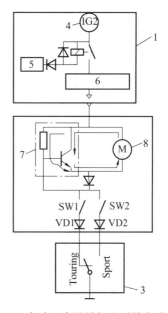

图 7-9　电动机电流被切断时的电路状态

1—ECU；2—减震器驱动器；3—挡位转换开关；

4—电源电路；5—时间电路；6—电压控制电路；

7—制动电路；8—直流电动机

4. 转向盘转角传感器

转向盘转角传感器用于检测汽车转向盘的偏转方向和偏转角度，以便于 ECU 判别各减震器阻尼力的控制方式。ECU 根据转向盘的转角信号、汽车的车速信号及模式开关的挡位等，计算出各车轮减震器阻尼力的大小，然后通过各执行器进行调节，以控制车身姿势。

5. ECU

ECU 可根据汽车行驶时的各种传感器信号，如制动灯开关信号、车速传感器信号、模式选择开关信号、节气门位置信号等，确认汽车的行驶状态和路面情况（如汽车是低速行驶还是高速行驶；是直线行驶还是处于转弯状态；是在制动还是在加速；自动变速器是否处在空挡位置等），以确定各悬架减震器的阻尼力大小，并驱动执行器予以调节。ECU 的系统原理如图 7-10 所示。

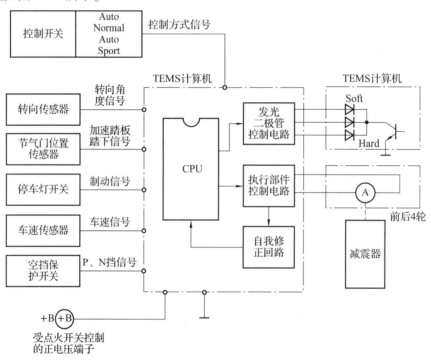

图 7-10 ECU 的系统原理

ECU 的基本工作原理：各传感器和控制开关产生的电信号，经输入接口电路整形放大后，送入 CPU 中，经过处理和判断后 CPU 分别输出各控制信号，驱动相关的执行器和显示器工作。这些控制信号有：促使执行器改变悬架减震器阻尼力的阻尼控制信号；促使发光二极管显示悬架系统当前阻尼力状态的显示控制信号。

6. TEMS 指示灯

TEMS 指示灯的作用：一是显示当前状态下悬架系统的阻尼力状况，二是显示 TEMS 系统是否工作正常和指示 TEMS 系统是否存在故障。一般情况下，当打开点火开关时，TEMS 指示灯应持续亮约 2 s，然后全部熄灭，表明 TENS 系统工作正常；如果不亮或出现闪烁的现象，表明 TEMS 系统存在故障，应予以检修。

行驶过程中，当前状态下悬架系统阻尼力的显示情况如下。

阻尼力软：只有左边的一只 LED 灯亮。

阻尼力中等硬度：右边和中间的 LED 灯亮。

阻尼力硬：三只 LED 灯均亮。

丰田汽车电控悬架系统的阻尼力大小与汽车的行驶状态、模式选择开关所处的挡位有关。当汽车行驶车速超过 120 km/h 时，悬架系统的阻尼力被调节为柔软状态；当模式选择开关转换为"Sport"挡位时，汽车在大部分行驶状态下，悬架系统的阻尼力处于中等硬度状态。

在出现如下的情况时，控制装置自动使减震器从柔软或中等硬度状态变为硬状态：

（1）速度传感器和转角传感器显示汽车急转弯；

（2）速度传感器和节气门位置传感器显示汽车在低于 20 km/h 的速度下急加速；

（3）速度传感器和制动灯开关显示汽车在高于 60 km/h 的速度下制动；

（4）速度传感器和空挡起动开关显示汽车在低于 10 km/h 的速度下，自动变速器从空挡换入任何其他挡位。

在出现下列情况时，控制装置使减震器从坚硬变为中等硬度或柔软状态：

（1）转弯行驶 2 s 及以上；

（2）加速已达 3 s 或汽车速度达到 50 km/h；

（3）制动灯开关断开 2 s 及以上；

（4）自动变速器从空挡或停车挡位置换挡后已达 3 s 或汽车行驶速度达到 15 km/h。

7.1.2　横向稳定器刚度的调节

具有液压缸结构的横向稳定器，可以通过内部油路的开闭，使其成为刚性体或弹性体，从而调节横向稳定器的刚度。基本控制原理是：驱动器根据 ECU 的信号，通过稳定器缆绳来控制稳定杆内部油路的关闭和开启。

1. 稳定器驱动器

稳定器驱动器的外形如图 7-11（a）所示，挡位选择开关处于不同挡位时驱动杆的位置如图 7-11（b）所示。

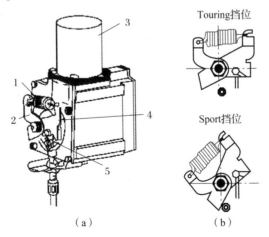

图 7-11　驱动器的外形及驱动杆的位置

（a）驱动器的外形；（b）驱动杆的位置

1—弹簧；2—驱动杆；3—直流电动机；4—从动杆；5—稳定器缆绳

驱动器由直流电动机、蜗杆、蜗轮、行星轮机构及限位开关等组成，其结构如图7-12所示。行星轮机构由与蜗轮一体的小太阳轮、两个行星轮和齿圈构成。两个行星轮装在与变速输出轴为一体的行星架上，齿圈是固定元件，太阳轮为主动件。变速器输出轴上装有驱动杆，直流电动机可通过蜗杆蜗轮机构和行星轮机构使驱动杆转动。

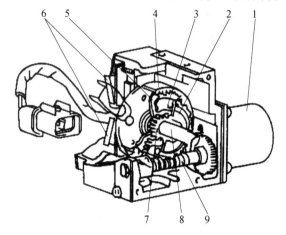

图7-12　驱动器的结构

1—直流电动机；2—蜗轮；3—小行星轮；4—齿圈；5—托架；6—限位开关；

7—太阳轮；8—变速传动轴；9—蜗杆

处于"Sport"挡位时稳定器驱动器的电路如图7-13所示，图中SW1和SW2为两个限位开关。驱动杆位置与限位开关的关系如表7-4所示。

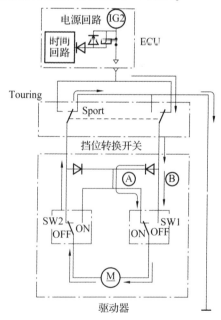

图7-13　手动选择开关在"Sport"挡位时的电路状态

表7-4 驱动杆位置与限位开关的关系

限位开关	"Touring"挡	"Sport"挡
SW1	ON	OFF
SW2	OFF	ON

电路的工作情况：当模式选择开关刚转换到"Sport"挡位时，开关SW1处于ON位，而SW2处于OFF位。此时，电流流向为：ECU→模式选择开关→右边的二极管→SW1的ON接点→直流电动机→SW2的OFF接点→模式选择开关→地。直流电动机旋转，并通过蜗杆、蜗轮、行星轮机构驱动输出轴转动，带动稳定器驱动杆偏转实现阻尼力变化。稳定器驱动原理及限位开关的位置如图7-14所示。

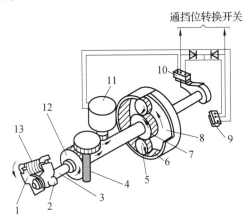

图7-14 稳定器驱动原理及限位开关的位置

1—驱动杆；2—从动杆；3—变速传感器；4—蜗杆；5—小行星轮；6—齿圈；7—太阳轮；8—托架；

9—限位开关（SW2）；10—限位开关（SW1）；11—直流电动机；12—蜗轮杆；13—弹簧

当驱动器的输出轴转动时，限位开关SW1由ON位转换到OFF位（见图7-13中的虚线），电动机的电流由SW1的OFF接点提供。当驱动杆转过全程时，限位开关SW2变为ON状态（见图7-13中的虚线），电动机电流被切断。但此时，电动机在惯性作用下继续旋转，线圈中有感应电动势产生，该电动势产生的电流通过：SW1（OFF接点）→右边的二极管→SW2（ON接点）→电动机。电动机因短路而被强制制动，避免损坏。

值得提出的是：如果驱动杆上连接的缆绳因卡滞而不能动作时，可在从动杆不动的情况下，通过一边拉伸驱动杆，一边使弹簧回转，直至限位开关动作使电动机被切断，并顺利地实现制动来防止电动机被烧毁。

2. 稳定器杆

稳定器杆安装在稳定器臂（扭杆）端部与独立悬架下摆臂（下臂）之间，如图7-14所示。可以以两种状态改变安装在活塞杆上端的稳定器臂的扭转刚度，从而改变汽车的抗侧倾刚度。

当在"Touring"挡位时,稳定杆具有能伸缩的弹性体的作用[见图7-15(a)],汽车的抗侧倾刚度比以21 mm直径的稳定器臂获得的抗侧倾刚度小,相当于直径为16 mm的稳定器臂的状态。当转为"Sport"挡位时,稳定器具有刚性体的作用,如图7-15(b)所示,汽车的抗侧倾刚度大,等于稳定器臂(直径为21 mm)获得的刚度。

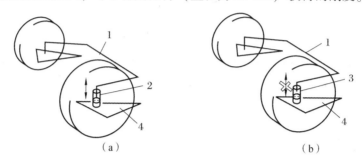

图7-15 稳定器杆的作用

(a)"Touring"挡位;(b)"Sport"挡位

1—稳定器臂;2—稳定器杆(成为弹性体);3—稳定器杆(成为刚性体);4—下臂

稳定器杆的结构如图7-16所示。单向阀与推杆用来开、闭液压缸上下室与存油室之间的油路,单向阀受推杆控制。

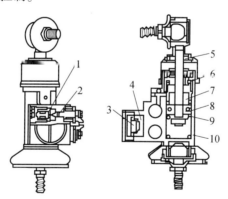

图7-16 稳定器杆的结构

1—单向阀;2—推杆;3—膜片;4—储油腔;5—挡块(压缩侧);6,9—圈簧;

7—挡块(伸张侧);8—活塞;10—油泵

"Touring"挡位时稳定器杆的动作状态如图7-17所示。因缆绳呈放松状态,推杆受弹簧力作用而将单向阀推开,使液压缸上腔与储油室、液压缸下腔与储油室之间的油路呈开放状态。因此,液压缸内的油液可在液压缸与储油室之间自由流动,活塞的动作不受限制。但是,由于活塞行程仅有16 mm,因此在急转弯的情况下,活塞运动达全行程状态,稳定器杆又变为刚性体,汽车的抗侧倾刚度自动增大,避免操纵稳定性过低。

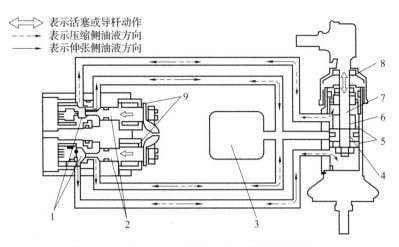

图7-17 "Touring"挡位时稳定器杆的动作状态

1—单向阀；2—推杆；3—储油腔；4—活塞；5—圈簧；6—挡块（伸张侧）；7—活塞杆；
8—挡块（压缩侧）；9—回位弹簧

"Sport"挡位时（见图7-18），稳定器驱动器通过缆绳拉动推杆向外移，单向阀在弹簧作用下关闭，切断液压缸上、下腔与储油室之间的油路。液压缸上腔与下腔均是独立的密封状态，活塞动作受限，稳定器具有刚性体作用。

模式选择开关处于"Sport"挡位时，活塞可能不处在中央位置。例如，在稳定器杆受压缩状态下向"Sport"挡位转换时，推杆与止回阀将各油路的通道关闭，液压缸上下腔与储油室之间的油路被切断。这样，由于液压缸下室被封闭，故稳定器杆不能被进一步压缩，成为刚性体状态。反之，由于液压缸上腔控制孔未被封住，受到拉伸作用时，稳定器伸张，如图7-18所示。液压缸上腔油液通过控制孔，被挤回储油室。同时，由于活塞上升而使液压缸下腔形成负压，单向阀打开，储油室向液压缸下腔补充油液。活塞回到中央位置时，控制孔被切断，液压缸上腔也被封闭，活塞被固定在液压缸中央位置。

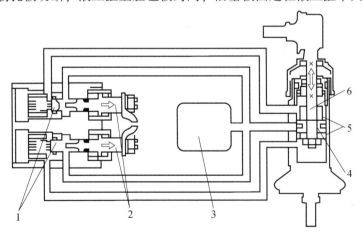

图7-18 "Sport"挡位时稳定器杆的动作状态

1—单向阀（关闭）；2—推杆；3—储油腔；4—活塞；5—圈簧；6—活塞杆

7.1.3 传感器

传感器主要用于采集有关汽车行驶状态和路面情况等信息，形成电信号后输入 ECU。ECU 进行比较处理后驱动执行器，完成减震器阻尼力和横向刚度的调节。电控半主动悬架系统的传感器有车速传感器、节气门位置传感器、转向盘转角传感器。

1. 车速传感器

车速是汽车悬架系统常用的控制信号，而汽车车身的侧倾程度取决于汽车的车速和转向半径的大小。通过对车速的检测来调节电控悬架的阻尼力，可改善汽车行驶的安全性。

常用车速传感器的类型有舌簧开关式车速传感器、磁阻元件式车速传感器、磁脉冲式车速传感器和光电式车速传感器。一般情况下，舌簧开关式和光电式车速传感器与车速表一起安装在汽车仪表板上，并用软轴与变速器的输出轴相连；而磁阻元件式和磁脉冲式车速传感器装在变速器上，通过蜗杆蜗轮机构与变速器的输出轴连动。

2. 节气门位置传感器

节气门位置传感器安装在节气门体上，它将节气门开度转换成电压信号输出，以便ECU 控制喷油量。节气门位置传感器有开关式和线性输出两种类型。

触点开关式节气门位置传感器作为较早类型使用比较广泛，此处就以触点开关式节气门位置传感器为例阐述其工作原理。触点开关式节气门位置传感器主要由接线插接器1，节气门轴、大负荷触点（PSW）、凸轮和怠速触点（IDL）组成，其结构如图 7-19 所示。凸轮与节气门轴同轴转动，控制怠速触点和全负荷触点的开启与闭合，节气门轴随节气门开度的大小而转动。

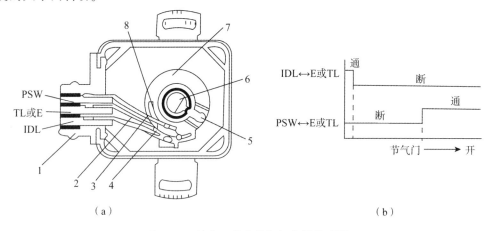

图 7-19 触点开关式节气门位置传感器

（a）结构；（b）特性

1—接线插接器；2—动触点；3—全负荷触点；4—怠速触点；5—控制臂；6—节气门轴；7—凸轮；8—槽

其工作原理如下：

（1）怠速和减速。当节气门关闭时，传感器的怠速触点 IDL 闭合，全开触点 PSW断开，怠速触点 IDL 输出端子输出一个低电平信号"0"，全开触点 PSW 输出端子输出一个高电平信号"1"。电控单元接收到节气门位置传感器 TPS 输入的这两个电压信号时，如果车速传感器输入电控单元的信号表示车速为 0，那么电控单元便可根据这两个信号判定发动机处于怠速状态，并控制喷油器增加喷油量，保证发动机怠速转速稳定而不致熄火；如果此时车速传感器输入 ECU 的信号表示车速不为 0，那么 ECU 便可根据这两个信号判定发动机处于减速状态，从而控制喷油器停止喷油，以减少排放量和提高经济性。

（2）加速。当节气门开度逐渐增大时，凸轮随节气门轴转动并将怠速触点 IDL 顶开，从而使怠速触点处于断开状态，但由于此时全开触点 PSW 也处于断开状态，因此怠速触点 IDL 端子输出高电平信号"1"，功率触点 PSW 端子也输出高电平信号"1"。ECU 接收到两个高电平信号时，便可判定发动机处于部分负荷状态，此时 ECU 再根据空气流量传感器信号和发动机转速信号计算确定喷油量，保证发动机的经济性和排放性能。

（3）大负荷。当节气门接近全部开启（80% 以上负荷）时，凸轮转动使全开触点 PSW 闭合，此时 PSW 端子输出一个低电平信号"0"，而 IDL 端子仍处于断开状态，从而输出一个高电平信号"1"，如图 7-20 所示。ECU 接收到这两个信号时，便可判定发动机处于大负荷运行状态，从而控制喷油器增加喷油量，保证发动机输出足够的动力。

当节气门全开时，ECU 将控制系统进入开环控制模式，此时不采用氧传感器信号。如果此时机车空调器在工作，那么 ECU 将中断空调主继电器信号约 15 s，以便切断空调电磁离合器的线圈电流，使空调压缩机停止工作，增大发动机输出功率，提高汽车的动力性。

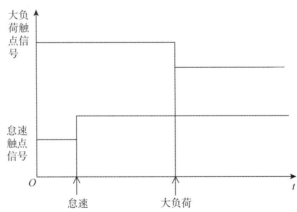

图 7-20　触点开闭输出判定负荷状态

3. 转向盘转角传感器

转向盘转角传感器用于检测转向盘是否位于中间位置及转向盘可能的偏转方向、偏转角度和偏转速度。在电控悬架中，ECU 可根据车速传感器信号和转向盘转角传感器信号，判断汽车转向时侧向力的大小和转向的方向，从而适时控制汽车抗侧倾的能力。

丰田汽车 TEMS 应用的是光电式转角传感器，其安装位置和结构如图 7-21 所示。

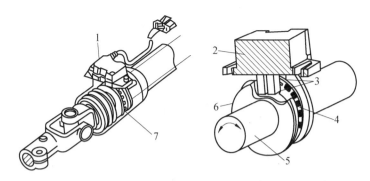

图7-21　光电式转角传感器的安装位置和结构

1—转角传感器；2—传感器；3—光电元件；4—遮光盘；5—轴；6—圆盘；7—传感器圆盘

在转向盘的转向轴上装有一个带窄缝的圆盘，传感器的光电元件（即发光二极管）和光敏接收元件（光敏晶体管）相对地装在遮光盘两侧形成遮光器。由于圆盘上的窄缝呈等距均匀分布，当转向盘的转轴带动圆盘偏转时，窄缝圆盘将扫过遮光器件中间的空穴，从而在遮光器的输出端进行 ON、OFF 变换，形成脉冲信号。

光电式传感器的工作原理如图 7-22 所示，其电路原理如图 7-23 所示。

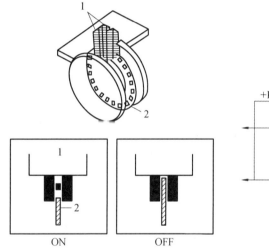

图7-22　光电式转角传感器的工作原理

1—光电元件；2—遮光盘

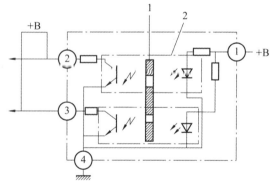

图7-23　光电式转角传感器电路原理

1—遮光盘；2—光耦合器件

转向盘偏转时，窄缝圆盘随之转动，使遮光器之间的光束产生通/断变化，这种反复开/关状态形成与转向轴转角成一定比例的一系列数字脉冲信号。系统控制装置可根据此信号的变化来判断转向盘的转角和转速。同时，传感器在结构上采用两组光耦合器，可实现根据检测到的脉冲信号的相位差来判断转向盘的偏转方向。这是因为在两个遮光器安装时使它们的 ON、OFF 变换的相位错开 90°，通过判断哪个遮光器首先转变为 ON 状态，即可检测出转向轴的偏转方向。例如，左转时，左侧遮光器总是先于右侧遮光器达到 ON 状态；而右转时，右侧遮光器总是先于左侧遮光器达到 ON 状态。

半主动悬架系统应用比较普遍，类型也比较多。例如，日产公司于 1988 年研制成功的，装备于 Maxima 轿车和 Limited 轿车上的超声波悬架系统。它利用安装于汽车前轮内侧上方与车架上的超声波发射器和接收器对路面的状态进行检测，电控装置利用接收到的信号来驱动执行器，实现悬架阻尼力的调节。美国福特公司的雷鸟 Turbo 轿车上配置了一种快速作用旋转式螺管电磁开关，在传感器和电控装置的配合下，该开关可以调节减震器的阻尼力。

7.2 电子控制主动悬架系统

7.2.1 电子控制主动悬架系统的功能

装备电子控制主动悬架系统的汽车能够根据本身的负载情况、行驶状态和路面情况等，主动地调节包括悬架系统的阻尼力、汽车车身高度和行驶姿势、弹性元件的刚度在内的多项参数。这类悬架系统大多采用空气弹簧或油气弹簧作为弹性元件，通过改变弹簧的空气压力或油液压力来调节弹簧的刚度，使汽车的相关性能始终处于最佳状态。

1. 减震器的阻尼力调节

由于减震器的阻尼力对汽车乘坐的舒适性和安全性有较大的影响，所以目前可调节阻尼力的减震器应用十分普遍，其可以实现的控制目标如下：

（1）防止车尾下蹲控制。汽车在急速起步或加速时，在惯性力和驱动力的作用下，该控制将汽车尾部的下蹲控制到最低程度，以保持车身的稳定。

（2）防止汽车点头控制。汽车在高速行驶采取紧急制动时，由于惯性力和车轮与地面之间的附着力的作用，车头会下沉。防止汽车点头控制就是要使这种点头现象减小到最低程度。

（3）防止汽车侧倾控制。汽车在转弯时，由于离心力的作用，汽车与车身的外侧下沉，转弯结束时，车身外侧恢复，这将造成汽车横向摆动。防止汽车侧倾控制就是将这种现象减小到最低程度。

（4）防止汽车纵向摇动控制。产生汽车纵向摇动的原因一方面是汽车在换挡过程中，驱动车轮上的驱动力在短时间内发生较大变化使汽车纵向摇动；另一方面是汽车在不平整的道路上行驶时，汽车的车速与路面的波动产生共振，或受路面的影响造成车身纵向摇动。防止汽车纵向摇动控制就是使车身的这种状态得到最佳的控制。

2. 悬架系统弹性元件刚度的调节

影响汽车乘坐的舒适性和行驶的安全性的另一个主要因素就是汽车悬架弹性元件的刚度，该因素将直接影响车身的振动强度和对路况及车速的感应程度。目前，中、高档汽车倾向于利用可调刚度的空气弹簧或油气弹簧，通过调节这些元件的空气压力或油液压力来调整弹性元件的刚度。

3. 车身高度和姿势的调节

通过调节弹性元件的刚度和减震器的阻尼力，可使汽车四个车轮上的悬架参数具有不同组合，从而可进行车身高度和姿势的调节。例如，对于使用空气弹簧的悬架，当乘员人数和载物较重使车身下沉时，通过加大空气弹簧气压的办法，可使车身恢复到正常高度；当汽车高速行驶时，为了提高汽车行驶的安全性，减少空气阻力，可适当减小空气弹簧的气压，同时减小因减震器的阻尼力使车身降低的高度等。

7.2.2 电子控制主动悬架系统的组成

三菱 GALANT 轿车的空气主动悬架系统如图 7-24 所示，它能系统地控制汽车的车身高度、行驶姿势和悬架系统的阻尼力特性。

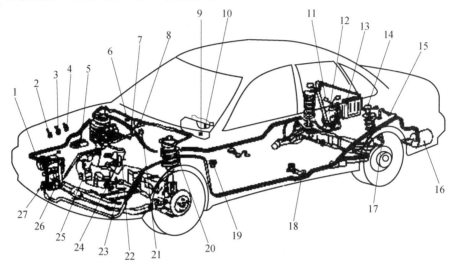

图 7-24 三菱 GALANT 轿车的主动电子控制悬架系统

1—前储气筒；2—回油液压泵继电器；3—空气压缩机继电器；4—电磁阀；5—ECS 电源继电器；
6—加速度计开关；7—节气门位置传感器；8—制动灯开关；9—车速传感器；10—转角传感器；
11—右后车门开关；12—后电磁阀总成；13—ECU；14—阻尼力转换执行器；15—左后车门开关；
16—后储气筒；17—后高度传感器；18—左前车门开关；19—ECS 开关；
20—阻尼力转换执行器（步进电动机型）；21—加速度计位置；22—空气压缩机总成；
23—G 传感器；24—前高度传感器；25—系统禁止开关；26—空气干燥器；27—流量控制电磁阀总成

该系统主要由空气弹簧、普通螺旋弹簧、ECU、车速传感器、G 传感器、转角传感器、节气门位置传感器、高度传感器、阻尼力转换执行器、电磁阀、空气压缩机、储气筒、空气管路和继电器等组成。

1. 汽车车身高度调节系统

当出现以下情况时，车身高度调节系统将对车身高度进行调节。

（1）汽车停车状态下，为增强汽车外观的可观赏性，系统将自动使车身高度降低。

（2）汽车在发动机起动后，为保证汽车行驶的安全性，系统将自动使车身高度升高。

（3）当汽车乘员数量和载货质量改变时，系统将对局部车身高度进行调整，以防止车身发生倾斜，保证车身高度的协调性。因装载质量增加而使车身高度下降时，系统将使受影响一侧的车身高度升高，使其恢复到装载前的高度；反之，将使受影响一侧的车身高度降低。

（4）汽车在高速状态下行驶时，车身高度将降低以减少风阻系数，提高汽车的抓地性能和行驶时的安全性。

（5）汽车行驶在坑洼的路面上时，为了提高汽车的通过性，防止车身与地面刮擦，系统将使车身高度增加。

（6）汽车转向或制动时，系统保持车身水平姿势。

采用空气弹簧调节车身高度的系统有两类。一类是外排气式，即为了降低车身高度需要而将空气弹簧中的空气压力降低。系统将空气弹簧的空气经干燥罐排入大气，同时可将干燥罐中的水气带走，以维持系统中空气的干燥性，如丰田公司的 LEXUS LS400 轿车。另一类是内排气式，为了降低车身高度，需要将空气弹簧中的空气量减少。由于该系统是将空气弹簧中的空气排向储气筒的低压腔而不排入大气，因此该系统又称封闭式悬架系统。三菱 GALANT 轿车采用的就是这样的系统，如图 7-25 所示。

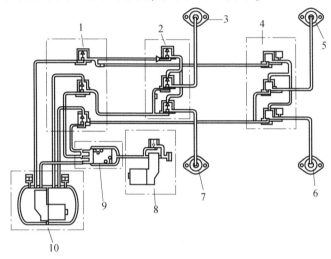

图 7-25　ESC 空气压力回路

1—流量控制电磁阀；2—前悬架控制用电磁阀；3—右前带减震器的空气弹簧；

4—后悬架控制用电磁阀；5—右后带减震器的空气弹簧；6—左后带减震器的空气弹簧；

7—左前带减震器的空气弹簧；8—空气压缩机；9—空气干燥器；10—储气筒

该系统由空气压缩机、空气干燥器、储气筒、流量控制电磁阀、前后悬架控制电磁阀、空气弹簧和连接它们的管路等组成，其工作原理如下：

（1）气压的建立。发动机起动后，当处于充电状态时（如果发电机没有发电，此时空气压缩机将不工作，以防蓄电池放电），直流电动机将带动空气压缩机工作。空气经过滤后从进气阀进入气缸，被压缩后的空气由排气阀流向空气干燥器，干燥后的空气进入储气筒。储气筒上有空气压力调节装置，气压达到规定值时，空气压缩机将进气阀打开，使空气压缩机空转，防止消耗发动机的功率。储气筒的气压一般保持在 750～1 000 kPa。

（2）车身高度的升高。当 ECU 发出提高车身高度的指令时，流量控制电磁阀和前后悬架控制电磁阀的进气阀打开，储气筒的空气进入空气弹簧使其气压提高；车身高度上升至规定高度时，各电磁阀关闭。

（3）车身高度的降低。当 ECU 发出降低车身高度的指令时，流量控制电磁阀和前后悬架控制电磁阀的排气阀打开，空气弹簧中的空气经这些阀门流向储气筒的低压腔；当车身降低至预定调节高度时，各电磁阀关闭。

（4）空气的内部循环。由于该系统是一个封闭系统，从空气弹簧排出的空气并不排向大气，而是排入储气筒的低压腔。因此，当储气筒中需要补充气压时，低压腔中压力较高的空气又经空气压缩机通过气阀进入气缸，被压缩和干燥后，进入储气筒的高压腔。这样做有助于提高充气效率，减少能量消耗，防止过多的水分进入系统污染元器件。

该系统的各空气弹簧为并联独立式布置，各空气弹簧可以单独地进行充排气操作，互不干扰，各控制电磁阀均由 ECU 进行控制。空气弹簧有三种工作状态，即低、正常和高。一般的行驶状态下，车身高度保持正常；车速超过 120 km/h 时，车身高度为低；在 100 km/h 以下时，车身高度为正常；在坏路上行驶时，车身高度为高。其他的车身高度由汽车的行驶状态来决定。

2. 可调阻尼力减震器的执行器

可调阻尼力减震器的执行器是安装于悬架系统上方的步进电动机。步进电动机根据ECU 发出的脉冲信号的波形数量驱动减震器回转阀动作，通过改变减震器油孔的通流截面积改变减震器的阻尼力，使悬架系统具有软、中等、硬三种阻尼力的模式。

步进电动机主要由转子、定子、电磁线圈组成，如图 7-26 所示。其基本工作原理是利用转子和定子间的齿形磁极的相互吸引或排斥，实现转子的转动与停止。一般情况下，每一次脉冲使转子所转过的角度取决于转子或定子上均匀分布的齿形磁极的数量。假设转子上齿形磁极的数量是见电动机转子可做360°范围的旋转。那么，定子线圈每接收一个脉冲信号波，转子所转过的圆心角是 α，则

$$\alpha = 360°/磁极对数 N \qquad (7-1)$$

或
$$\alpha = 2\pi/磁极对数 N （rad） \qquad (7-2)$$

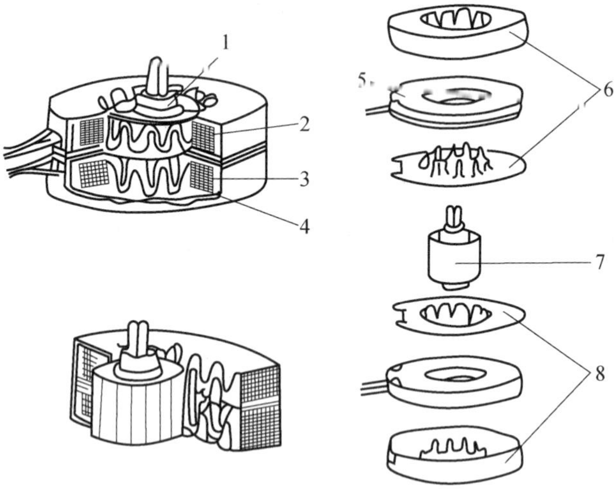

图 7-26　步进电动机的结构
1，7—转子；2，3，5，9—线圈；4，6，8—定子

步进电动机转子的旋转方向取决于脉冲信号的输入方式。如果输入正脉冲信号使转子正转，那么负脉冲将使步进电动机转子反转。步进电动机的工作方式是：有脉冲波输入时，转子转动，而且一个脉冲波只能使转子转动一步（即一个圆心角的大小，又称齿距）；没有脉冲波输入时，转子处于暂停状态，所以转子的转速只取决于脉冲频率。

近年来步进电动机发展很快，品种规格与结构形式多种多样，但常用的类型多为三相、四相、五相和六相等。一般励磁相数越多，产生的转矩越大，动作稳定性越好，步距角越小。另外，励磁方式不同，步距角的大小差别也较大。

步进电动机常用于开环控制系统，受数字脉冲信号控制，其输出角位与输入的脉冲数成正比，其转速与输入脉冲频率成正比，具有自锁能力，不需要角度传感器和制动机构，控制较简单。对于低速、小转角的控制采用步进电动机较为有利。在机电一体化系统中，步进电动机一般用于精确的角度和位置控制。通常对于步进电动机的要求为：响应速度快、响应特性好、步距角精度高、阻尼特性好。但响应特性和阻尼特性之间又是相互矛盾的，因此应根据实际使用场合而有所侧重。

3. 空气悬架系统弹性元件

空气悬架气动缸的基本结构断面图如图 7-27 所示。气动缸由封入低压惰性气体和阻尼力可调的减震器、旋转式膜片、主气室、副气室和悬架执行元件组成。主气室的容积是可变的，在它的下部有一个可伸展的隔膜。压缩空气进入主气室可升高悬架的高度，反之使悬架高度下降。主、副气室设计为一体，既节省了空间，又减轻了质量。悬架的上方与车身相连，下方与车轮相连，如图 7-28 所示。随着车身与车轮的相对运动，主气室的容积也在不断变化。主气室与副气室之间通过一个通道连通，气体可相互流通，改变主、副气室间的气体通道的大小，就可以改变空气悬架的刚度。减震器的活塞通过中心杆（阻尼调整杆）和齿轮系与直流步进电动机相连接。步进电动机转动可改变活塞阻尼孔的大小，从而改变减震器的阻尼系数。

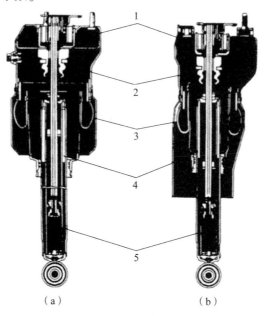

图 7-27 空气悬架气动缸的基本结构断面图

（a）前气动减震器；（b）后气动减震器

1—副气室；2—主气室；3—橡胶皮膜；4—低压气体（氮气）；5—减震器

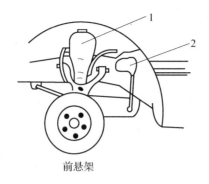

前悬架

图 7-28　悬架安装位置

1—空气悬架；2—车身高度传感器

悬架刚度的自动调节原理如图 7-29 所示。主、副气室间的气阀体上有一大一小两个通道。步进电动机带动空气阀控制杆转动，使空气阀阀芯转过一个角度，改变气体通道的大小，就可以改变主、副气室之间的气体流量，使悬架的刚度发生变化。

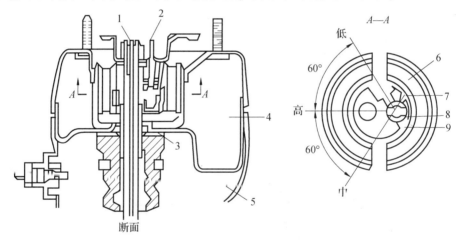

断面

图 7-29　悬架刚度的自动调节原理

1—阻尼调节杆；2—空气阀调节杆；3—主、副气室通道；4—副气室；5—主气室；
6—气阀体；7—气体小通道；8—阀芯；9—气体大通道

悬架刚度可以在低、中、高三种状态下改变，如图 7-29（b）所示。

当阀芯的开口转到低位置时，气体通道的大孔被打开。主气室的气体经过阀芯的中间孔、阀体侧面通道与副气室的气体相通，两气室之间空气流量越大，相当于参与工作的气体容积增大，悬架刚度处于低状态。

当阀芯的开口转到中间位置时，气体通道的小孔被打开。两气室之间的流量小，悬架刚度处于中间状态。

当阀芯开口转到高位置时，两气室之间的气体通道全部被封住，两气室之间的气体相互不能流动。压缩空气只能进入主气室，悬架在振动过程中只有主气室的气体单独承担缓冲工作，悬架高度处于高状态。

7.2.3　传感器

1. 转向盘转角传感器

三菱GALANT轿车采用光电式转角传感器，其包括三个固定的遮光器和一个带窄槽的圆盘。带窄槽的圆盘固定在转向轴上，并随转向盘一起转动。当转动转向盘时，带窄槽的圆盘移过遮光器，各遮光器向ECU输出脉冲信号，ECU利用这些信号来判定转向盘的转角和转动速率，并确定转向盘的转动方向。两边的遮光器用于确定转向盘的转动方向，中间的遮光器用于确定转向盘的中间位置（汽车直线行驶位置）。

2. 横向加速度传感器

横向加速度传感器主要用于检测转向时汽车因离心力的作用而产生的横向加速度，并将产生的电信号输送给ECU，使ECU能判定悬架系统的阻尼力变化的大小及空气弹簧中空气压力的调节情况，以维持车身的最佳姿势。

三菱GALANT汽车采用的G传感器是一个小型半导体加速度计，安装于汽车前端，用于确定汽车转向时的横向加速度。它根据储气筒中空气压力的大小，通过低压开关和高压开关打开或关闭空气压缩机。后压力传感器中有一弹性膜片，当空气压力变化时，弹性膜片移动，并通过一电位计转化为电压信号输入ECU。

除上述半导体加速度传感器外，横向加速度传感器还有差动变压器式加速度传感器和钢球位移式加速度传感器。

（1）差动变压器式加速度传感器的结构如图7-30所示，其工作原理如图7-31所示。

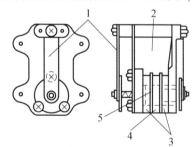

图7-30　差动变压器式加速度传感器的结构

1—弹簧；2—封入硅油；3—检测线圈；4—励磁线圈；5—芯杆

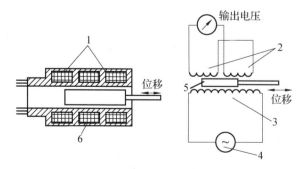

图7-31　差动变压器式加速度传感器的工作原理

1，2—二次绕组；3，6—一次绕组；4—电源；5—芯杆

给励磁线圈（一次绕组）通以交流电，当汽车转弯（或加、减速）行驶时，芯杆在汽车横向力（或纵向力）的作用下产生位移，随着芯杆位置的变化，检测线圈（二次绕组）的输出电压发生变化。所以，检测线圈（二次绕组）的输出电压与汽车横向力（或纵向力）相对应，反映了汽车横向力（或纵向力）的大小。悬架系统电子控制装置根据此输入信号即可正确判断汽车横向力（或纵向力）的大小，对车身姿势进行控制。

（2）钢球位移式加速度传感器的结构如图7-32所示。根据所检测的力（横向力、纵向力或垂直力）不同，加速度传感器的安装方向也不一样。例如，汽车转弯行驶时，钢球在汽车横向力的作用下产生位移，随着钢球位置的变化，磁场也发生变化，造成线圈的输出电压发生变化。所以，悬架系统电子控制装置根据加速度传感器输入的信号即可正确判断汽车横向力的大小，从而实现对汽车车身姿势的控制。

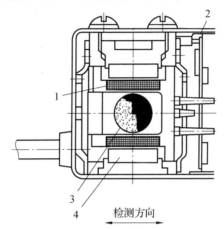

图7-32 钢球位移式加速度传感器的结构

1—线圈；2—电路；3—钢球；4—磁铁

3. 车身高度传感器

车身高度传感器的作用是检测汽车行驶时车身高度的变化情况（汽车悬架的位移量），并转换成电信号输入悬架系统的ECU。车身高度传感器一般有如下几种：片簧开关式高度传感器、霍尔集成电路式高度传感器、光电式高度传感器。

（1）片簧开关式高度传感器的结构和工作原理如图7-33所示。片簧开关式高度传感器有四组触点式开关，它们分别与两个晶体管相连，构成四个检测回路。两个端子作为输出信号与悬架ECU连接，两个晶体管均接受ECU"输出"端子的控制。该传感器将车身高度组合成四个检测区域，分别是低、正常、高、超高。

工作原理：当车身高度调定为正常高度，因乘员数量的增加，而使车身高度偏离正常高度时，片簧开关式高度传感器的另一对触点闭合，产生电信号输送给ECU。ECU随即做出车身高度偏低的判断，从而输出电信号到车身高度控制执行器，促使车身高度恢复正常高度状态。片簧开关式车身高度传感器在福特车型上应用较多。

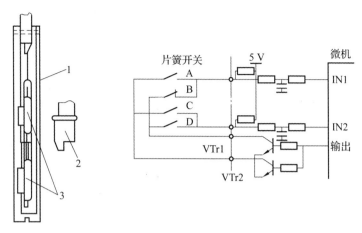

图7-33 片簧开关式高度传感器的结构和工作原理

1—车高传感器；2—磁体；3—片簧开关

（2）霍尔集成电路式高度传感器的结构和工作原理如图7-34所示。霍尔集成电路式高度传感器分别由两个霍尔集成电路、磁体等组成，其基本工作原理是：当两个磁体因车身高度的改变而产生相对位移时，将在两个霍尔集成电路上产生不同的霍尔电效应，形成相应的电信号，悬架的电控装置根据这些电信号做出车身高度偏离调定高度的情况判别，从而驱动执行器做出有关调整。由于两个霍尔集成电路和两个磁体安装时，对它们的相对位置进行了不同的组合，因此可以对车身高度状态分三个区域进行检测。

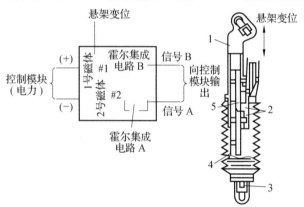

图7-34 霍尔集成电路式高度传感器的结构和工作原理

1—传感器体；2—霍尔集成电路；3—弹簧夹；4—滑轴；5—窗孔

（3）光电式高度传感器。以上介绍的均是接触式车身高度传感器，这类传感器在使用过程中存在磨损而影响检测精度和灵敏度，应用受到一定的局限。光电式车身高度传感器属于非接触型高度传感器，它有效地克服了上述缺点，因此现代轿车越来越多地采用了光电式车身高度传感器。

光电式高度传感器的结构如图7-35所示。在主动悬架系统中，要对车身高度进行检测与调节，一般只需在悬架上安装三个车身高度传感器即可，即在左、右前轮和后桥中部各装一个车身高度传感器。如果传感器多于三个，则会出现调整干涉现象。

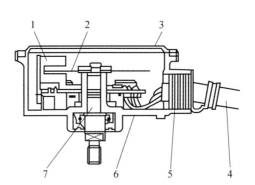

图7-35 光电式高度传感器的结构

1—遮光器；2—回盘；3—传感器盖；4—信号线；5—金属油封环；6—传感器壳；7—传感器轴

在传感器上，有一根靠连杆带动转动的转轴，转轴上固定了一个带有许多窄缝的圆盘，圆盘两边是由发光二极管和光敏晶体管组成的光耦合器。每一个光耦合器共有四组发光二极管和光敏晶体管的组合。一般情况下，传感器中有两个光耦合器组。

光电式高度传感器的工作原理是：当车身高度发生变化时，导杆带动转轴转动，圆盘扫过光耦合器组，使光耦合器组相对应的发光二极管和光敏晶体管上的光线产生 ON/OFF 转换，光敏晶体管把接收到的光线转换成电信号并通过导线输送给悬架 ECU。ECU 根据每一个光耦合器上每组发光二极管和光敏晶体管 ON/OFF 转换的不同组合，判断圆盘转过的角度，从而计算出悬架高度的变化情况。

思考题

1. 简述电控半主动悬架的结构和工作原理。
2. 简述电控主动悬架系统的结构和工作原理。

第8章
巡航控制系统

8.1 概述

巡航控制系统（Cruising Control System，CCS）是指利用电子技术，在一定的车速范围内，驾驶员不用控制加速踏板，而能保证汽车以设定的速度稳定行驶的一种电子控制装置。装有这种装置的汽车在高速公路上行驶时，可以省去驾驶员频繁踩加速踏板这一人为动作而自动维持预先设定的车速，从而可以大大减轻驾驶员的疲劳程度，提高行驶时的稳定性、安全性、舒适性和燃料经济性。

8.2 巡航控制系统的组成

巡航控制系统主要由指令开关、传感器、ECU 和执行器组成，如图 8-1 所示。

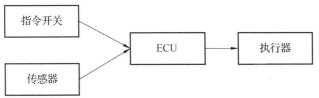

图 8-1 巡航控制系统的组成

指令开关：一般为杆式开关，安装在转向柱上驾驶员容易接近的地方，或为组合开关，设计在方向盘上。

传感器：这里分为两种传感器，一种是车速传感器，一般安装在变速器的输出轴上，这是因为实际车速与变速器输出轴转速成正比；另一种是节气门位置传感器，用于监测节气门控制摇臂的位置，并将信号传送给巡航控制 ECU。其中，车速传感器有磁感应式、霍尔式、光电式等多种结构形式，但简单常用的是磁感应式。

ECU：即电子控制单元，用于接收各种传感器送来的信号或外界所发送过来的指令，再经计算、加工处理后向执行器发出指令，控制执行器的动作。ECU 有两个信号输入，一个是驾驶员按要求设定的指令速度信号，一个是实际行车中车速的反馈信号。控制器检测到这两个输入信号间的误差后，产生一个送至节气门执行器的节气门控制信号，从而使节气门执行器根据节气门控制信号来调节发动机节气门的开度，以修正电子式控制装置所检测到的误差，从而使车速保持恒定。

执行器：又称伺服器，受巡航控制 ECU 的控制驱动并作为与节气门拉索并联的拉线盘，用于调整节气门的开度，使车辆做加速、减速及定速行驶。执行器常分为电动式和真空式（气动式）两种。

1. 电动式执行器

电动式执行器的结构如图 8-2 所示。

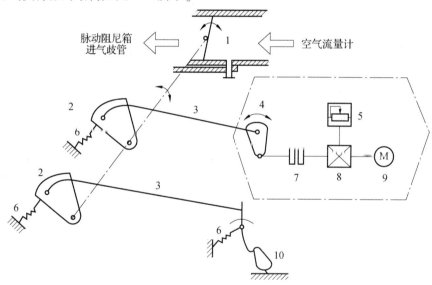

图 8-2　电动式执行器的结构

1—节气门；2—节气门臂；3—传动索缆；4—控制臂；5—电位计；6—回位弹簧；
7—电磁离合器；8—减速机构；9—电动机；10—加速踏板

电动式执行器主要由电动机、安全电磁离合器和位置传感器组成。电动机采用直流永磁式电动机，通过改变电动机中电流方向即可改变节气门转动方向。电动机转动时可带动执行元件控制臂转动，控制臂通过控制拉索改变节气门开度。为限定控制臂转动角度，电动机电路装有限位开关。在电动机与控制臂间装有安全电磁离合器。当进行巡航控制时，安全电磁离合器接合，此时电动机旋转可使节气门开度改变；若在巡航控制行驶阶段执行器或车速传感器发生故障，安全电磁离合器立即分离。在电动式执行器中还装有位置传感器，它是一个由滑动变阻器构成的电位计，用于检测执行器控制臂的转动位置，并将信号输入巡航控制 ECU 中。

2. 真空式执行器

真空式执行器的结构如图 8-3 所示。密封套筒内装有膜片、膜片弹簧、两个空气电磁阀和一个真空电磁阀。真空电磁阀和空气电磁阀的搭铁线分别接到巡航控制 ECU 的端子上，在 ECU 内部搭铁时，电磁阀起作用。真空电磁阀内部有一个真空管接头，通过一根橡皮管与进气歧管相连。在膜片的中间装有拉动节气门的拉索。真空式执行器利用发动机进气歧管的真空度吸引膜片，通过节气门拉索，使节气门开度增大，并可保持固定位置不动。如果空气电磁阀打开，则膜片弹簧的弹力会使节气门拉索放松，节气门开度减小。

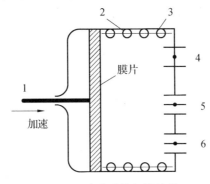

图 8-3 真空式执行器结构

1—节气门拉索；2—膜片弹簧；3—密封套筒；4—真空电磁阀；5，6—空气电磁阀

真空式巡航控制系统的原理如图 8-4 所示。在巡航控制系统未工作时，真空电磁阀保持关闭，空气电磁阀打开，密封圆筒与大气相通。当汽车加速时，真空电磁阀打开，与进气歧管相通，而两个空气电磁阀则关闭，密封圆筒内真空度增大，吸动膜片，克服弹簧力，通过拉索使节气门开度增大，车辆加速行驶。当加速到一定车速时，真空电磁阀与空气电磁阀同时关闭，此时密封圆筒内的真空度不变，汽车保持恒速行驶。当汽车减速时，空气电磁阀又恢复为打开状态，此时空气进入密封圆筒，膜片弹簧把膜片压回原位，节气门开度减小，汽车减速。

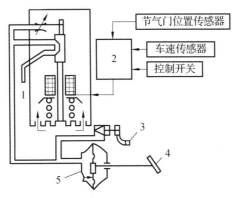

图 8-4 真空式巡航控制系统的原理

1—接进气管；2—ECU；3—制动踏板；4—节气门；5—节气门驱动伺服膜盒

8.3 巡航控制系统的工作原理

典型闭环汽车电子巡航控制系统的工作原理如图 8-5 所示。控制器的输入是以下两个车速信号的差：一个是驾驶员按要求车速设定的车速信号；另一个是实际车速的反馈信号。ECU 将这两种信号进行比较，得出误差信号。误差信号经放大、处理后成为节气门控制信号，被送至节气门执行器，驱动节气门执行器工作，调节发动机节气门开度，以修正实际车速，从而将实际车速很快调整到驾驶员设定的车速，并保持恒定。

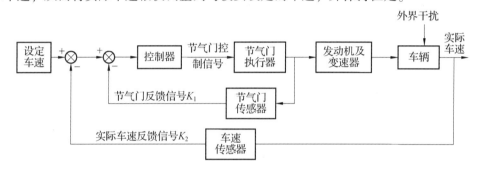

图 8-5 典型闭环汽车电子巡航控制系统的工作原理

通常将汽车在平坦路面上行驶时车速与节气门开度的关系存储在巡航控制系统 ECU 的 ROM 中。汽车在平坦、上坡与下坡路面上行驶时的车速与节气门开度的关系如图 8-6 所示。巡航控制系统使微机根据目标车速自动维持汽车恒速行驶。ECU 设置了输出控制线，输出控制线斜率应尽量使车速变化小，且斜率还可以调整。当汽车速度下降时，微机就命令加大节气门开度，使发动机功率升高，转矩增大，从而恢复设定速度。系统进行巡航控制时，若在平坦路面上车速为 V_0 时，按下设定开关进入巡航控制的自动行驶状态，系统控制节气门开度到 O 点时，一旦遇到爬坡时，则行驶阻力增加，如不进行调节控制，车速就会降到 V_1 点，使行驶达到动态平衡，此时的巡航控制则按照控制线操作节气门，使开度从 O 点变为 A 点，相应的车速稳定在 V_A 点，重新取得动力平衡。当遇到下坡时，行驶阻力减小，巡航控制系统也沿着控制线操作节气门，节气门的开度由 O 点变到 B 点，使车速保持在 V_B 点取得平衡。因此，即使行驶阻力发生变化，车速也只在 V_A 和 V_B 的小范围内变化。

巡航控制系统根据目标车速自动维持汽车恒速行驶。汽车在巡航定速状态下，当汽车速度下降时，ECU 加大节气门开度，使发动机功率升高，转矩增大，车速达到设定速度。反之，减小节气门开度。

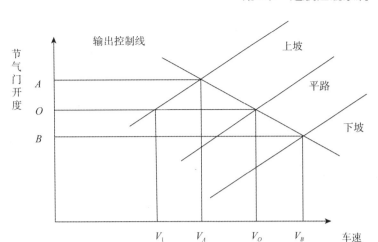

图 8-6　车速与节气门开度的关系图

一旦系统的传感器出现故障，或控制信号电路被切断，因没有车速信号，低速限制电路将认为车速为零，使巡航控制系统停止工作。

8.4　巡航控制系统的功能

巡航控制系统主要实现以下几个方面功能。

1. 定速巡航

将控制手柄开关拨到 ON 位置后，在 40 km/h 以上的任何速度，按住（SET/ACC）键 1 s 设定巡航车速，即可进入巡航状态（无须踩加速踏板，车辆即可按设定的速度巡航）。

2. 巡航加速

在巡航状态下，每按住（SET/ACC）键 0.5 s 速度可以增加 1 km/h；也可一直按住（SET/ACC）键，车速会自动缓缓提升，直至适合的速度再松开按键。此外，在定速巡航状态下可以直接踩加速踏板加速，当松开油门后，车速将缓缓恢复到先前设定的巡航速度。

3. 巡航减速

在巡航状态下，每按住（RES/DEC）键 0.5 s 速度可以降低 1 km/h；也可一直按住（RES/DEC）键，车速会自动缓缓下降直至适合的速度再松开按键。

4. 定速解除

在巡航状态下，轻轻踩下制动踏板，便可解除定速。

5. 定速恢复

解除定速后，只要按住（RES/DEC）键 1 s，不用踩加速踏板，车速即可自动恢复到定速解除之前的巡航速度。

思考题

1. 巡航控制系统的概念是什么？

2. 巡航控制系统的结构由哪些部分组成？

3. 巡航控制系统所实现功能是什么？

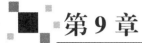

第9章
中央门锁与防盗系统

9.1 中央门锁系统

中央门锁系统使得驾驶员在操作左前门锁时，能同时对其他专门的门锁（包括行李厢门锁等）进行操作。但其他各门门锁的开关仍然是独立的，各车门机械或弹簧锁可独立进行各门的操作，只是不能同时对其他门锁（含行李厢门锁）进行控制。中央门锁系统还可配合防盗系统，完善汽车的防盗功能。

9.1.1 基本组成

中央门锁系统主要由门锁主开关、门锁传动机构、门锁继电器及门锁电动机等组成。

1. 门锁主开关

门锁主开关安装在左前门和右前门的扶手上方便操作的地方，一般采用杠杆型或旋转型开关，如图9-1所示。门锁主开关的开锁与锁止操作放在同一个开关上，一个方向为开门操作，另一个方向为锁止操作。

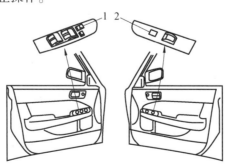

图9-1 门锁开关
1—左前门门锁主开关；2—右前门门锁主开关

2. 门锁传动机构

门锁传动机构由蜗杆、蜗轮、锁杆、位置开关等部件组成，如图9-2所示。当操作门锁时，门锁电动机转动，驱动蜗杆带动蜗轮减速转动，蜗轮上的齿轮推动锁杆，打开或锁止门锁。车锁打开或锁止后，蜗轮在回位弹簧作用下自动回位。位置开关在锁杆推向锁门位置时断开，推向开门位置时接通。

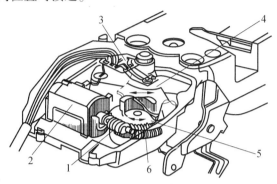

图9-2　门锁传动机构

1—蜗杆；2—右前门锁主开关；3—位置开关；4—锁杆；5—蜗轮；6—回位弹簧

3. 钥匙开锁报警开关

钥匙开锁报警开关用来探测点火钥匙是否插在钥匙孔内。当钥匙在钥匙孔内时，钥匙开锁报警开关电路取消报警，否则开锁报警开关电路接通报警，如图9-3所示。

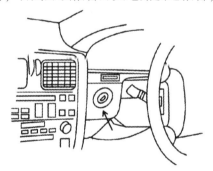

图9-3　钥匙开锁报警开关

4. 行李厢门开启器开关

行李厢门开启器开关位于仪表板下方，拉动此开关就能打开行李厢门，如图9-4所示。行李厢钥匙门靠近行李厢门开启器，用钥匙开启行李厢时，推压钥匙门，就断开行李厢内主开关，再拉动行李厢门开启器，开关就不起作用。将钥匙插进钥匙门内并顺时针旋转就能打开钥匙门。

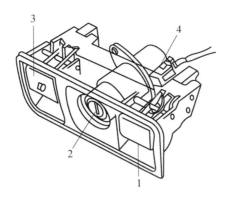

图9-4 行李厢门开启器开关

1—行李厢门开启器开关；2—钥匙门；3—燃油箱盖开启器开关；4—行李厢门开启器主开关

5. 门锁继电器

在每个车门上都有开锁继电器和锁止继电器，两个继电器可合成一体，但包含两套触点。各个继电器的触点有两个，一个是常开触点，一个是常闭触点。常开触点与蓄电池正极相连，常闭触点接地。在门锁控制电路中，两个继电器配合使用，完成对门锁电动机正反转的控制。当其中一个继电器线圈中有电流流过时，常开触点闭合，蓄电池电压经过继电器施加到门锁电动机上，而另一个继电器的线圈中无电流流过，常闭触点结合，使电动机中有电流流过。

6. 门锁电动机

门锁电动机一般采用永磁直流电动机，在控制电路中采用继电器或功率晶体管控制其转向，如图9-5所示。

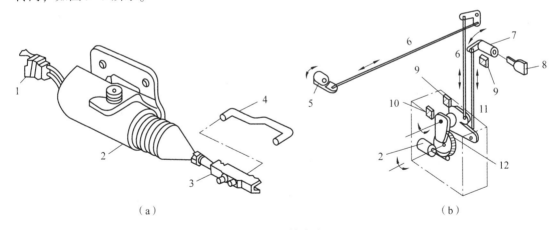

（a） （b）

图9-5 门锁电动机

（a）电动机总成；（b）传动机构

1—连接器（电源）；2—门锁电动机；3—支架；4—连杆；5—门锁按钮（车厢内）；6—连接杆；
7—门键筒体；8—键（钥匙）；9—门锁开关；10—位置开关；11—连接杆；12—锁杆

9.1.2　工作原理

中央门锁系统基本电路如图 9-6 所示。按下开锁按钮时，门锁主开关的门锁电动机的"开锁"触点闭合，门锁继电器右边的继电器线圈通电工作，将"开锁"触点吸合，而左边的继电器没有工作，触点被直接引到接地，蓄电池的电流经熔断器流经右边继电器开锁触点，再经过各门的门锁电动机后经左边继电器的触点接地，电动机正向转动将门锁打开。

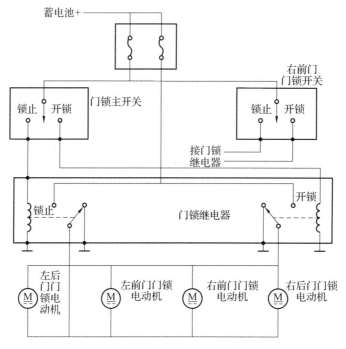

图 9-6　中央门锁系统基本电路

按下锁止按钮时，门锁主开关的"锁止"触点闭合，门锁继电器左边的继电器线圈通电工作，将"锁止"触点吸合，而右边的继电器没有工作，触点被直接引到接地，蓄电池的电流经熔断器流经左边继电器锁止触点，再经过各门的门锁电动机后经右边继电器的触点接地，电动机反向转动将门锁锁止。

带有防盗控制的门锁控制原理如图 9-7 所示，其控制方法如下：

1. 用门锁主开关锁门和开门

1）锁门控制

图 9-7 中防盗和门锁控制 ECU 内部为逻辑电路。当门锁主开关门 15 推向锁门侧"L"时，由于接地，信号"0"由端子⑯和反相器 A 送至或门 A，或门 A 的输出从"0"变为"1"，触发锁门定时器，供给晶体管 VT1 基极电流约 0.2 s，使其导通，最终 No.1 继电器线圈接通，触点闭合，电流路径为：蓄电池→端子⑧→No.1 继电器→端子④→门锁电动机→端子③→接地，各门电动机动作，全部车门锁止。

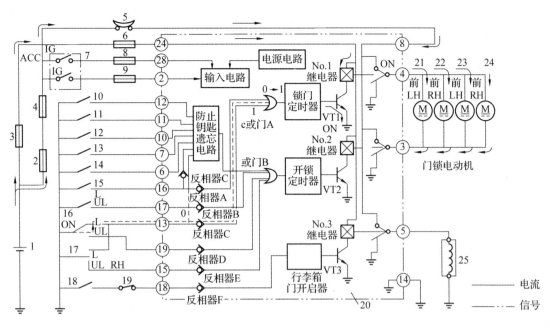

图9-7 带有防盗控制的门锁控制原理

1—蓄电池；2—易熔线（ALT）；3—易熔线（MAIN）；4—易熔线（AMI）；5—断路器；6—DOME熔丝；

7—点火开关；8—点烟器（CIG）熔丝；9—ECU熔丝；10—左前门锁主开关；11—右前门锁主开关；

12—左前位置开关；13—右前位置开关；14—钥匙开锁报警开关；15—门锁主开关；16—左前钥匙控制开关；

17—右前钥匙控制开关；18—行李厢开启器开关；19—主开关；20—防盗和门锁ECU；21—左前门锁电动机；

22—右前门锁电动机；23—左后门锁电动机；24—右后门锁电动机；25—行李厢门开启器电磁阀

2）开门控制

当门锁主开关推向开门侧"UL"时，"0"信号经端子⑰和反相器B送到或门B，或门B输出高电平信号"1"并触发开锁定时器，供给晶体管VT2基极电流约0.2s使其导通，最终No.2继电器线圈接通，触点闭合，电流路径为：蓄电池→端子⑧→No.2继电器→端子③→门锁电动机→端子④→接地，各门电动机动作，全部车门打开。

2. 用钥匙锁门和开门

1）锁门控制

当钥匙插进驾驶员侧或前排乘客侧钥匙门内并向锁门方向转动时，钥匙控制开关10向锁门侧"L"接通。此时，"0"信号经端子⑬和反相器C送至或门A，或门A输出从"0"变为"1"，触发锁门定时器，对晶体管VT1基极施加电流0.2s使其导通。No.1继电器接通，触点闭合，电流路径为：蓄电池→端子⑧→No.1继电器→端子④→门锁电动机→端子③→接地，各门电动机动作，全部车门锁止。

2）开门控制

当用钥匙开门时，钥匙开关向开门侧"UL"接通，"0"信号经端子⑲和反相器D送到或门B，或门B输出从"0"变为"1"，触发开锁定时器对晶体管VT2基极施加电流0.2s使其导通。因此，电流路径为：蓄电池→端子⑧→No.2继电器→端子③→门锁电动机→端子④→接地，各门电动机动作，全部车门打开。

3. 防止钥匙遗忘功能

防止钥匙遗忘功能是防止锁门时点火钥匙遗忘在钥匙门内而设计的。

（1）推动锁钮锁门。

当点火钥匙插在钥匙门内，驾驶员侧或前排乘客侧车门打开时，门锁开关 10 和钥匙开门报警开关 14 都接通。因此，这些开关经端子⑫和⑥将"0"信号送至防止钥匙遗忘电路。此时，将锁钮推向锁门侧，则由锁门控制电路将门立刻锁上。但由于位置开关 12 断开，高电平信号"1"经端子⑩送至防止钥匙遗忘电路，并使其输出信号"1"送至或门 B，使或门 B 的输出从"0"变到"1"。同时，开锁定时器接通晶体管 VT2 约 0.2 s。电流在系统中的流动路径与门锁主开关开门一样，电动机由 No.2 继电器供电而工作，全部车门打开。

（2）用门锁主开关锁门。

当点火钥匙插在钥匙门内，驾驶员侧或前排乘客侧车门打开时，门锁开关 10 和钥匙开锁报警开关 14 都接通。这些开关经端子⑫和⑥将低电平信号"0"送至防止钥匙遗忘电路。此时，若用门锁主开关锁门，门会立刻被锁上，但信号"1"经端子⑩送至防止钥匙遗忘电路，将高电平信号"1"送至或门 B，并使其输出从"0"变为"1"。同时，开锁定时器接通晶体管 VT2 约 0.2 s。电动机接通，全部车门打开。

（3）车门全关闭时，防止钥匙遗忘功能。

当防止钥匙遗忘功能起作用和门锁钮保持向下阻止开门时，门被立刻锁上。此时，门锁开关 10 和钥匙开锁报警开关 14 接通，并经端子⑫和⑥将低电平信号"0"送至防止钥匙遗忘电路。若此时门处于关闭状态，则门锁开关断开且输入到防止钥匙遗忘电路的信号由"0"变为"1"。约 0.8 s 后，防止钥匙遗忘电路输出高电平信号"1"给或门 B，或门 B 输出信号从"0"变为"1"。因此，开锁定时器接通晶体管 VT2 约 0.2 s，电动机接通，全部车门打开。若此时车门不能全部打开，则开锁定时器再次起动 0.8 s，使全部车门打开。

4. 行李厢门开启器控制

当行李厢门开启器开关 18 接通时，低电平信号"0"经端子⑱和反相器 F 送至行李厢门开启器。开启定时器送至晶体管 VT3 基极电流约 0.2 s，使其导通，电流路径为：蓄电池→端子⑧→No.3 继电器→端子⑤→行李厢门开启器电磁阀→接地，行李厢门打开。

9.2 防盗系统

为了防止车辆被盗，许多汽车公司开始将汽车防盗装置作为汽车的标准配置，防止有人非法进入车内，并可通过音响报警装置报警，由此来提高汽车的市场竞争力。防盗报警系统通常与汽车中控门锁系统配合工作。

汽车电子防盗系统的组成如图9-8所示，防盗装置在汽车上的布置如图9-9所示。当用钥匙锁好所有车门时，防盗系统处于约30 s检测时间报警状态。30 s检测时间之后，系统中的指示器（通常为发光二极管）开始断续闪光，表明系统处于报警状态。

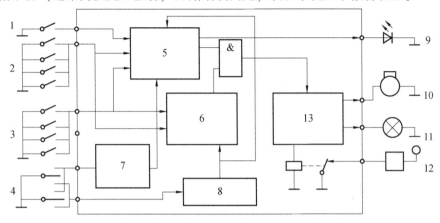

图9-8 汽车电子防盗系统的组成

1—钥匙存在开关；2—开门开关；3—锁门开关；4—钥匙操作开关；5—警报状态开关电路；
6—盗贼检测电路；7—30 s定时器；8—解除警报状态电路；9—LED指示灯；10—报警器；
11—警报灯；12—起动断电器；13—报警电路

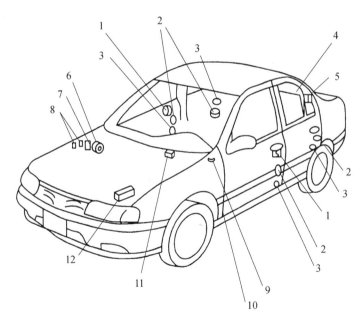

图9-9 防盗装置在汽车上的布置

1—车门开启开关/车门锁止开关/点火开关键筒保护开关；2—车门开启传感器；
3—车门开关；4—行李厢开启开关/点火开关键筒保护开关；5—行李厢灯光开关；
6—盗贼入侵报警喇叭；7—发动机罩开关；8—盗贼入侵报警继电器（1），盗贼入侵报警继电器（2）；
9—"安全"指示灯；10—盗贼入侵报警喇叭继电器；11—报警控制单元；
12—离合器联锁继电器（手动变速器）/限制继电器（自动变速器）

当有人试图非法解除门锁或打开车门时（所有输入开关均设定为关机状态时），系统则发出警报。当车主用钥匙开启门锁时，报警状态或报警运转解除。警报一般以闪烁灯或发声报警形式发出，持续时间为 1 min。在车主用钥匙正常打开汽车门锁之前，发动机起动电路始终处于短路的状态。

思考题

1. 简述中央门锁系统的分类及功用。
2. 简述中央门锁系统的工作原理。
3. 简述汽车防盗系统的组成和工作原理。

第10章
车载网络技术

随着电控系统的日益复杂，以及对汽车内部控制功能电控单元相互之间通信能力要求的日益增高，采用点对点的连接会使得车内线束急剧增多。这样，在考虑内部通信的可靠性、安全性以及质量的前提下给汽车设计和制造带来了很大的困扰。因此，为了减少车内连线，实现数据的共享和快速交换，提高可靠性等，在快速发展的计算机网络上，实现了CAN、LAN、LIN、MOST等基础构造的汽车电子网络系统，即车载网络。车载网络是早期的汽车内部传感器、控制和执行器之间的通信桥梁，用点对点的连线方式构成了复杂的网状结构。

10.1 概述

在早期生产的汽车上，只有一个ECU，其信息传输量较小，主要采取了传统布线方式（1对1布线），即线束一端与开关相接，另一端与控制单元、用电设备相连，其连接线束的数量也不是太多。

进入21世纪以来，随着电子技术的迅猛发展和在汽车上的广泛应用，汽车电子化程度越来越高。从发动机控制到传动系控制，从行驶、制动、转向系统控制到安全保障系统及仪表报警系统，从电源管理到为提高舒适性而做的各种功能，汽车电子系统形成了一个复杂的大系统。这些系统除了需要具备各自的电源、传感器和执行器外，还需要相互通信，且信息传输量非常大。若仍然采用传统布线方式，将导致车上线束数量急剧增加，使其质量占到整车质量的4%左右，这会降低车辆电气的可靠性，提高故障率，因此车载网络技术的应运而生。

现在的车载网络技术，其信息的传输主要是基于数据总线（Data Bus，DB）原理进行的。所谓数据总线技术，简单地说，就是指一种能在一条（或几条）数据线上，同时

（或分时）传输大量的、按照一定规律进行编码的数据（信号）的技术。在数据总线上所传输的数据信息可以被多个系统所共享，从而可以最大限度地提高系统的信息传输效率。

10.2 控制器局域网（CAN）

1. CAN 概述

CAN 总线是德国博世公司在 20 世纪 80 年代初为解决现代汽车中众多的控制与测试仪器之间的数据交换而开发的一种串行数据通信协议，它是一种多主总线，通信介质可以是双绞线、同轴电缆或光导纤维，通信速率最高可达 1 Mb/s。CAN 总线是车载网络系统中应用最多、也最为普遍的一种总线技术。

CAN 总线特点：①数据通信没有主从之分，任意一个节点可以向任何其他（一个或多个）节点发起数据通信，靠各个节点信息优先级先后顺序来决定通信次序，高优先级节点信息在 134 μs 内通信；②多个节点同时发起通信时，优先级低的避让优先级高的，不会对通信线路造成拥塞；③通信距离最远可达 10 km（速率低于 5 Kb/s），最高速率可达到 1 Mb/s（通信距离小于 40 m）；④CAN 总线传输介质可以是双绞线、同轴电缆。CAN 总线适用于大数据量短距离通信或者小数据量长距离通信，实时性要求比较高，适合在多主多从或者各个节点平等的现场中使用。

CAN 总线的基本系统是由多个控制单元和两条数据线组成，这些控制单元通过所谓的收发器并联在总线导线上，如图 10-1 所示。

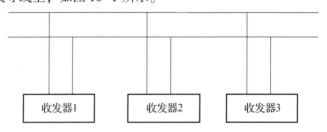

图 10-1　CAN 总线基本系统结构

上面各个收发器的条件是相同的，也就是说，所有收发器控制单元的地位均相同，没有哪个控制单元有特权。从这个意义上来讲，CAN 总线也称多主机结构。

CAN 总线所传输的每条完整信息是由 7 个部分构成，信息最大长度为 108 bit。而且在两条 CAN 导线上，所传输的数据内容是相同的，只是两条导线上电平状态相反。CAN 总线的数据结构如图 10-2 所示。

开始区（1）	状态区（12）	检验区（6）	数据区（64）	安全区（16）	确认区（2）	结束区（7）

图 10-2　CAN 总线的数据结构

（1）开始区：长度为 1 bit，标志数据开始。

（2）状态区：长度为 11 bit，用于确定所传数据的优先级。也就是说，假如在同一时刻，两个收发器控制单元都想发送数据时，则优先级高的数据优先发送。

（3）检验区：长度为 6 bit，用于显示数据区中的数据数量，以便让接收端控制单元检验自己所接收到的数据是否完整。

（4）数据区：最大长度为 64 bit，该区是信息的实质内容部分。

（5）安全区：长度为 16 bit，用于检验数据在传输中是否出现了错误。

（6）确认区：长度为 2 bit，是数据接收器发送给数据发送器的确认信号，表示接收端已经正确、完整地收到了发送器所发送的数据。如果检测到数据传输中出现错误，则接收器将会通知发送器，以便发送器能够重新发送该数据信息。

（7）结束区：长度为 7 bit，标志数据的结束。

2. CAN 总线的数据传输过程

下面以发动机控制单元的传感器接收到发动机转速信息（转速值）为例进行说明，该值以固定的周期到达 ECU 的输入存储器内。由于发动机瞬时转速值不仅可用于发动机运转控制、变速器换挡控制，还可用于其他控制单元，所以该值需要通过 CAN 总线来传输，以实现信息共享。于是，该转速值将被复制到发动机控制单元的发送存储器内，准备通过 CAN 构件的发送邮箱进行对外发送。在发送该转速值之前，应该将该数值根据 CAN 总线通信协议转换成标准的数据格式进行发送。

当一个收发器的控制单元的邮箱里存在需要发送的信息时，需要通过 RX 接收线来检查总线上是否有其他信息正在发送。若有其他信息正在传送，则该控制单元需要等待一段时间，等总线处于空闲状态，再继续发送。

最后是接收处理过程，该过程主要分成以下两步：

（1）检查信息是否正确。收发器控制单元接收 CAN 总线上所发送的所有信息，并且有相应的监控层来检查这些信息是否正确，这里主要采用监控层 CRC 校验和所接收到的信息来进行校验和检查。其校验的方法为：发送端在发送 CAN 信息之前，对所有数据位计算出一个 16 bit 的校验和值；同样，接收器在接收到该数据时，也根据接收到的数据位计算出一个校验和值，随后接收端系统将接收到的校验和值与本系统所计算出的实际校验和值进行比较，若两个校验和值是相等的，则确认该数据传送中无错误，将该接收到的正确信息送入到 CAN 构件的接收区。

（2）检查信息是否可用。这里主要由接收层来判断所接收到的信息是否有用，若本控制单元判断该数据有用，则将该数据信息接收，放入到接收邮箱中；否则，拒接接收该数据信息。

若多个发送控制单元同时发送数据信息时，那么数据总线上就必然会发生数据冲突。为此，CAN 总线设置了冲突仲裁机制，按照信息的重要程度来分配优先权，对于十分紧急的信息，设定高的优先权，以确保该信息能够优先发送。

10.3 局部连接网络（LIN）

1. 概况

LIN（Local Interconnect Network，区域互联网络）是一种结构简单、配置灵活、成本低廉的新型低速串行总线和基于序列通信协议的车载总线的子系统，为主从节点构架，1个主节点（Master Node）可以最多支持 16 个从节点（Slave Node）。

LIN 协议是基于 UART/SCI 的接口协议，具有极低的软硬件成本。同时，其信号传播时间是可以预先计算的，保证了传输的确定性。其最大的传输距离可以达到 40 m 左右，数据传输率可达 20 Kb/s。LIN 总线系统是单线式总线，仅靠一根导线传输数据。

自 1999 年 LIN1.0 版本推出后，不断有新版本的出现，如 LIN1.3、LIN2.0 等，持续地改进了 LIN 总线的性能与适用性。国际自动机工程师学会下属的车辆架构任务组（Task Force）也根据 LIN2.0 提出了 J2602 规范，从而使得 LIN 从节点所需要的软件代码长度大大缩短，进一步降低了 LIN2.0 中软件单元的复杂性，提高了系统配置的有效性。此外，主流厂商也会针对 LIN 的性能推出改进版本或技术，如意法半导体公司推出的 LINSIC。

LIN 主要用作 CAN 等高速总线的辅助网络或子网络，能为不需要用到 CAN 协议的装置提供较为完善的网络功能，包括了空调控制、后视镜、车门模块、座椅控制、智能性交换器、低成本传感器等。在带宽要求不高、功能比较简单以及实时性要求低的场合和设备，如车身电器的控制等方面，使用 LIN 总线可有效地简化网络线束、降低成本。

2. LIN 总线系统的组成

LIN 总线系统主要由三部分组成：LIN 上级控制单元（即 LIN 主控制单元）、LIN 下级控制单元（即 LIN 从属控制单元）和单根导线，其系统结构如图 10-3 所示。

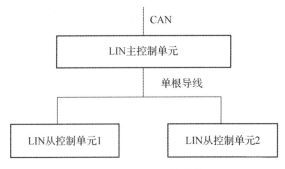

图 10-3　LIN 系统结构

1）LIN 主控制单元

LIN 主控制单元对上与 CAN 数据总线连接，可以与 CAN 总线上的其他设备或收发器设备进行通信；对下主要通过单根导线与一个或多个 LIN 从控制单元进行通信，主要实现以下几个方面的功能：

（1）监控数据传输过程和数据传输速率，发送信息标题；

（2）LIN 主控制单元的软件内已经设定好一个周期时间，该周期用于决定何时将哪些信息多少次发送到 LIN 数据总线。

（3）LIN 主控制单元在 LIN 数据总线系统的 LIN 控制单元与 CAN 总线之间起"翻译"作用，它是 LIN 总线系统中唯一与 CAN 数据总线相连的控制单元。

（4）通过 LIN 主控制单元进行与之相连的 LIN 从控制单元的自诊断。

LIN 总线的信息结构如图 10-4 所示。

同步区域	起始位	标识符	停止位	数据区域	校验区	信息标题	信息段

图 10-4　LIN 总线的信息结构

其中，标识符字节包含了 LIN 从控制单元地址、信息长度以及用于信息安全的两个位等信息。

2）LIN 从控制单元

在 LIN 数据总线系统结构内，单个的控制单元或传感器及执行元件都可看作 LIN 从控制单元。通常情况下，LIN 从控制单元不会主动发起与 LIN 主控制单元的通信，只会等待 LIN 主控制单元的指令；当为了结束休眠模式，LIN 从控制单元可自行发送唤醒信号。

3. LIN 总线的数据传输

LIN 总线传输数据时，首先由 LIN 主控制单元通过信息标题发送请求或主动向 LIN 从控制单元发送数据信息，其具体过程如图 10-5 所示。

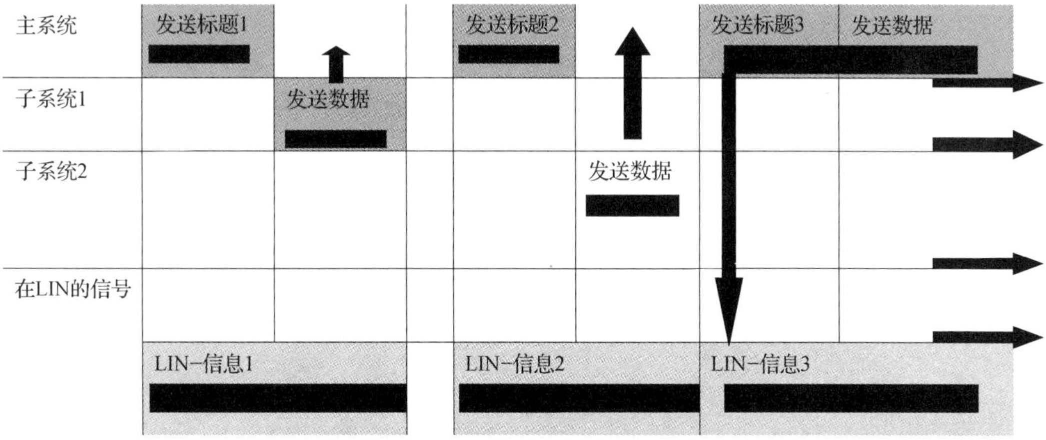

图 10-5　LIN 总线的数据传递流程

对于 LIN 总线的子系统来说，只有由主系统发送相应的信息标题要求时，它才向 LIN 总线发送数据，其发送到总线上数据可供每个 LIN 数据总线控制单元所接收。对于图 10-5，LIN-信息 1 表示主系统要求子系统 1 发送其相关数据时，先由主系统向 LIN 总线发送标示子系统 1 的请求信息，当子系统 1 接收到该请求信息后，则向 LIN 总线发送数据信息，所有 LIN 总线系统都能接收到。同样，主系统也可以要求子系统 2 发送数据信息。另外，对于 LIN-信息 3 来说，由主系统直接向 LIN 子系统发送数据信息。

思考题

1. 简述车载网络的分类。

2. 简述 CAN 总线的数据传输原理及其特点。

3. 简述 LIN 总线系统的组成和数据传输过程。

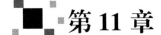

第11章
智能网联汽车技术

11.1 智能网联汽车的定义

1. 智能汽车

智能汽车是指在一般汽车上增加雷达、摄像头等先进传感器、控制器、执行器等装置，通过车载环境感知系统和信息终端实现与车、路、人等的信息交换，使车辆具备智能环境感知能力，能够自动分析车辆行驶的安全及危险状态，并使车辆按照人的意愿到达目的地，最终实现替代人来做驾驶决策及操作目的的汽车。

智能汽车的初级阶段是具有先进驾驶辅助系统（Advanced Driver Assistance Systems，ADAS）的汽车，智能汽车与网络相连便成为智能网联汽车。

2. 网联汽车

网联汽车基于通信互联可建立车与车之间的连接，车与网络中心和智能交通系统等服务中心的连接，甚至是车与住宅、办公室以及一些公共基础设施的连接，也就是可以实现车内网络与车外网络之间的信息交互，全面解决人、车、外部环境之间的信息交流问题。网联汽车的初级阶段是以车载信息技术为代表，如图11-1所示。

图 11-1　网联汽车信息交互

3. 自动驾驶汽车

自动驾驶汽车是指至少在某些具有关键安全性的控制功能方面（如转向、加速或制动）无须驾驶员直接操作即可自动完成控制动作的车辆。自动驾驶汽车一般使用车载传感器、GPS 和其他通信设备获得信息，针对安全状况进行决策规划，在某种程度上恰当地实施控制。

自动驾驶汽车至少包括自适应巡航控制系统、车道保持辅助系统、自动制动辅助系统、自动泊车辅助系统，比较高级的车型还应该配备交通拥堵辅助系统。

4. 无人驾驶汽车

无人驾驶汽车是通过车载环境感知系统感知道路环境，自动规划和识别行车路线并控制车辆到达预定目标的智能汽车，如图 11-2 所示。它利用环境感知系统来感知车辆周围环境，并根据所获得的道路状况、车辆位置和障碍物信息等，控制车辆的行驶方向和速度，从而使车辆能够安全、可靠地在道路上行驶。无人驾驶汽车能够在限定的环境乃至全部环境下完成全部的驾驶任务。

图 11-2　无人驾驶汽车

与智能汽车相比，无人驾驶汽车需要具有更先进的环境感知系统、中央决策系统以及底层控制系统。无人驾驶汽车能够实现完全自动的控制，全程检测交通环境，能够实现所有的驾驶目标。驾驶员只需提供目的地或输入导航信息，在任何时候均不需要对车辆进行操控。

无人驾驶汽车是汽车智能化、网联化的终极发展目标，是未来汽车发展的方向。无人驾驶汽车是一种将检测、识别、判断、决策、优化、执行、反馈、纠控功能融为一体，集微型计算机、微电机、绿色环保动力系统、新型结构材料等顶尖科技成果为一体的智慧型汽车。

5. 智能网联汽车

智能网联汽车（Intelligent Connected Vehicle，ICV）本身具备自主的环境感知能力，也是智能交通系统的核心组成部分，是车联网体系的一个节点，通过车载信息终端可实现与车、路、行人、业务平台等之间的无线通信和信息交换。智能网联汽车的聚焦点是在车上，发展重点是提高汽车安全性，其终极目标是实现无人驾驶。

因此，智能网联汽车属于一种跨技术、跨产业域的新兴汽车体系，从不同角度、不同背景对它的理解是有差异的，各国对智能网联汽车的定义不同，叫法也不尽相同，但终极目标都是实现可上路安全行驶的无人驾驶汽车。

随着电子信息技术的发展，智能网联汽车进入了广泛应用的时代，成为汽车产业战略发展的重要方向。2017 年 12 月由工信部、国家标准委共同制定的《国家车联网产业标准体系建设指南（智能网联汽车）》明确了智能网联汽车的定义：智能网联汽车是搭载先进的车载传感器、控制器、执行器等装置，并融合现代通信与网络技术，实现 V2X 智能信息交换共享，具备复杂的环境感知、智能决策、协同控制和执行等功能，可实现安全、舒适、节能、高效行驶，并最终可替代人来操作的新一代汽车。

从广义上讲，智能网联汽车是以车辆为主体和主要节点，融合现代通信和网络技术，使车辆与外部节点实现信息共享和协同控制，以达到车辆安全、有序、高效、节能行驶的新一代车辆系统。

根据中国汽车工程学会于 2016 年 10 月发布的《节能与新能源汽车技术路线图》，智能网联汽车可以分为智能化、网联化两个技术层面。

在智能化层面，汽车配备了多种传感器（摄像头、超声波雷达、毫米波雷达、激光雷达），实现对周围环境的自主感知，并进行信息识别和决策操作，按照预定控制算法要求的速度与预设定交通路线规划的寻径轨迹行驶。

在网联化层面，车辆采用新一代移动通信技术（LTE-V、5G 等），实现车辆位置信息、车速信息、外部信息等车辆信息之间的交互，并由控制器进行计算，通过决策模块计算后控制车辆按照预先设定的指令行驶，进一步增强车辆的智能化程度和自动驾驶能力。

网联化是指汽车与 X（人、车、路、云端等）之间通过通信和网络技术进行信息交换。智能化主要是指汽车自主获取信息、自主决策和自动控制能力。智能网联汽车要实现的最终目标是高度自动化（无人）驾驶。在国外，国际自动机工程师学会及美国国家高速公路交通安全管理局分别对自动驾驶的等级做出划分，其中，根据动态驾驶任务及其失效后的接管者、操作场景限定范围等，将自动驾驶划分为 L0 ~ L5 共六个等级，如表 11-1 所示。

表 11-1 国际自动机工程师学会的自动驾驶等级划分

等级	描述	动态驾驶任务		任务失败的接管者	操作范围
		Motion Ctrl[①]	OEDR[②]		
L0	无自动驾驶	驾驶人	驾驶人	驾驶人	—
L1	辅助驾驶	驾驶人和系统	驾驶人	驾驶人	限定
L2	部分自动驾驶	自动驾驶系统	驾驶人	驾驶人	限定
L3	有条件自动驾驶	自动驾驶系统	自动驾驶系统	应变准备用户[③]	限定
L4	高度自动驾驶	自动驾驶系统	自动驾驶系统	自动驾驶系统	限定
L5	完全自动驾驶	自动驾驶系统	自动驾驶系统	自动驾驶系统	所有场景

注：①Motion Ctrl：动作实施者；

②OEDR：任务及事件的检测与响应者；

③应变准备用户：通过系统提醒，能够及时接管系统的用户。

我国也在加快制定智能网联汽车相关标准、法规，引导行业规范、健康、稳定发展，先后出台了《节能与新能源汽车技术路线图》《国家车联网产业标准体系建设指南（智能网联汽车）》《智能网联汽车自动驾驶功能测试规程（试行）》等指导文件。根据我国相关标准、指南文件的定义，在汽车智能化方面，我国将智能化分为五个层次：驾驶辅助（DA）、部分自动驾驶（PA）、有条件自动驾驶（CA）、高度自动驾驶（HA）和完全自动驾驶（FA），如表 11-2 所示。

表 11-2 我国汽车智能化分级

智能化等级	等级名称	等级定义	控制	监视	失效应对	典型工况
1	驾驶辅助（DA）	通过环境信息对方向和加减速中的一项操作提供支援，其他驾驶操作都由人操作	人与系统	人		车道内正常行驶，高速公路无车道干涉路段，泊车工况
2	部分自动驾驶（PA）	通过环境信息对方向和加减速中的多项操作提供支援，其他驾驶操作都由人操作	人与系统	人	人	高速公路及市区无车道干涉路段，换道、环岛绕行、拥堵跟车等工况
3	有条件自动驾驶（CA）	由无人驾驶系统完成所有驾驶操作，根据系统请求，驾驶人需要提供适当的干预	系统	系统	人	高速公路正常行驶工况，市区无车道干涉路段

续表

智能化等级	等级名称	等级定义	控制	监视	失效应对	典型工况
4	高度自动驾驶（HA）	由无人驾驶系统完成所有驾驶操作，特定环境下系统会向驾驶人提出响应请求，驾驶人可以对系统请求不进行响应	系统	系统	人	高速公路全部工况及市区有车道干涉路段
5	完全自动驾驶（FA）	无人驾驶系统可以完成驾驶人能够完成的所有道路环境下的驾驶操作	系统	系统		所有工况

在汽车网联化方面，将网联分为网联辅助信息交互、网联协同感知、网联协同决策与控制三个层次，如表11-3所示。

表11-3 网联化分级

网联化等级	等级名称	等级定义	控制	典型信息	传输需求
1	网联辅助信息交互	基于车-路、车-后台通信，实现导航等辅助信息的获取，以及车辆行驶与驾驶人操作等数据的上传	人	地图、交通流量、交通标志、油耗、里程等信息	传输实时性、可靠性要求较低
2	网联协同感知	基于车-车、车-路、车-人、车-后台通信，实时获取车辆周边交通环境信息，与车载传感器的感知信息融合，作为车辆自动驾驶决策与控制系统的输入	人与系统	周边车辆/行人/非机动车位置、信号灯相位、道路预警等信息	传输实时性、可靠性要求较高
3	网联协同决策与控制	基于车-车、车-路、车-人、车-后台通信，实时并可靠地获取车辆周边交通环境信息及车辆决策信息，车-车、车-路灯各交通参与者之间信息进行交互融合，形成车-车、车-路等各交通参与者之间的协同决策与控制	人与系统	车-车、车-路间的协同控制信息	传输实时性、可靠性要求最高

各种分类方法分别从不同的技术、行业角度出发，细节略有不同。但是，无论是何种分类，从驾驶人对车辆的控制角度来看，都可分为三种形式：驾驶人对车辆具有完全控制权、只具有部分车辆控制权以及无车辆控制权。当驾驶人拥有车辆控制权时，车辆的智能网联程度决定驾驶人对车辆的控制程度，智能网联的等级越高，驾驶人对车辆的控制越少，自动驾驶的程度越高。

11.2 智能网联汽车的关键技术

1. 环境感知技术

环境感知包括车辆本身状态感知、道路感知、行人感知、交通信号感知、交通标识感知、交通状况感知、周围车辆感知等，如图11-3所示。

图11-3 环境感知技术

各种环境感知的具体内容如下：

（1）车辆本身状态感知包括行驶速度、行驶方向、行驶状态、车辆位置等；

（2）道路感知包括道路类型检测、道路标线识别、道路状况判断、是否偏离行驶轨迹等；

（3）行人感知主要判断车辆行驶前方是否有行人，包括白天行人识别、夜晚行人识别、被障碍物遮挡的行人识别等；

（4）交通信号感知主要是自动识别交叉路口的信号灯，以及如何高效通过交叉路口等；

（5）交通标识感知主要是识别道路两侧的各种交通标志，如限速、弯道等，及时提醒驾驶员注意；

（6）交通状况感知主要是检测道路交通拥堵情况，以及是否发生交通事故等，以便车辆选择通畅的路线行驶；

（7）周围车辆感知主要检测车辆前方、后方、侧方的车辆情况，避免发生碰撞，也包括交叉路口被障碍物遮挡的车辆。

在复杂的路况交通环境下，单一传感器无法完成环境感知的全部，必须整合各种类型的传感器，利用传感器融合技术，使其为智能网联汽车提供更加真实可靠的路况环境信息。

2. 无线通信技术

长距离无线通信技术用于提供即时的互联网接入，主要采用4G/5G技术，特别是5G技术，有望成为车载长距离无线通信专用技术。短距离通信技术有专用短程通信技术（DSRC）、蓝牙、WiFi等，其中DSRC重要性较高且亟须发展，它可以实现在特定区域内对高速运动的移动目标的识别和双向通信，如V2V、V2I双向通信，实时传输图像、语音和数据信息。

3. 车载网络技术

目前，汽车上广泛应用的网络有CAN、LIN和MOST总线等，它们的特点是传输速率小、带宽窄。随着越来越多的高清视频应用进入汽车，如ADAS、360°全景泊车系统和蓝光DVD播放系统等，这些总线的传输速率和带宽已无法满足需要。以太网最有可能进入智能网联汽车环境工作，它采用星形连接架构，每一个设备或每一条链路都可以专享100M带宽，且传输速率达到万兆级。同时，以太网还可以顺应未来汽车行业的发展趋势，即开放性、兼容性原则，从而可以很容易地将现有的应用纳入新的系统中。

4. 智能互联技术

当两个车辆距离较远或被障碍物遮挡，导致直接通信无法完成时，两者之间的通信可以通过路侧单元进行信息传递，即构成一个无中心、完全自组织的车载自组织网络。车载自组织网络依靠短距离通信技术实现V2V和V2I之间的通信，它使在一定通信范围内的车辆可以相互交换各自的车速、位置等由车载传感器感知的数据，并自动连接建立起一个移动的网络，典型的应用包括行驶安全预警、交叉路口协助驾驶、交通信息发布以及基于通信的纵向车辆控制等。

5. 先进驾驶辅助技术

先进驾驶辅助技术如图11-4所示，其通过车辆环境感知技术和自组织网络技术对道路、车辆、行人、交通标志、交通信号等进行检测和识别，并对识别信号进行分析处理后，将控制指令传输给执行机构，保障车辆安全行驶。先进驾驶辅助技术是智能网联汽车重点发展的技术，其成熟程度和使用范围代表了智能网联汽车的技术水平，是其他关键技术的具体应用体现。

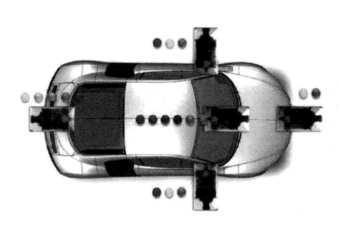

● 3D环视；

● 后视摄像头；

● 后视交通警示系统；

● 盲点检测；

● 车道偏离告警；

● 智能前大灯控制；

● 交通标牌识别；

● 前向碰撞告警；

● 智能速度控制；

● 行人检测

图11-4　先进驾驶辅助技术

6. 信息融合技术

信息融合技术是指在一定准则下利用计算机技术对多源信息进行分析和综合以实现不同应用的分类任务的技术。该技术主要用于对多源信息进行采集、传输、分析和综合，将不同数据源在时间和空间上的冗余或互补信息依据某种准则进行组合，产生出完整、准确、及时、有效的综合信息。智能网联汽车采集和传输的信息种类多、数量大，必须采用信息融合技术才能保障实时性和准确性。

7. 信息安全与隐私保护技术

智能网联汽车在接入网络的同时，也带来了信息安全的问题。在应用中，每辆车及其车主的信息都将随时随地地传输到网络中被感知，这种显露在网络中的信息很容易被窃取、干扰甚至修改，从而直接影响智能网联汽车体系的安全。因此，在智能网联汽车中，应重视信息安全与隐私保护技术的研究。

8. 人机界面技术（HMI）

人机界面技术，尤其是语音控制、手势识别和触摸屏技术，在全球未来汽车市场上将被大量采用。全球领先的汽车品牌，如奥迪、宝马、奔驰、福特以及菲亚特等，其制造商都在研究人机界面技术。

不同国家的汽车人机界面技术的发展重点也不尽相同。美国和日本侧重于远程控制，主要通过呼叫中心实现；德国则把精力放在车主对车辆的中央控制系统，主要有奥迪的MMI、宝马的iDrive、奔驰的COMMAND。

智能网联汽车人机界面的设计，其最终目的在于提供好的用户体验，即增强用户的驾驶乐趣或驾驶过程中的操作体验，同时更加注重驾驶的安全性，这样使得人机界面的设计必须在好的用户体验和安全之间做好平衡，安全始终是第一位的。智能网联汽车人机界面应集成车辆控制、功能设定、信息娱乐、导航系统、车载电话等多项功能，方便驾驶员快捷地从中查询、设置、切换车辆系统的各种信息，从而使车辆达到理想的运行和操纵状态。未来车载信息显示系统和智能手机将实现无缝连接，人机界面提供的输入方式将会有更多的选择，通过使用不同的技术允许消费者能够根据不同的操作、不同的功能进行自由切换。

思考题 \\\\

1. 智能网联汽车的关键技术有哪些?
2. 自动驾驶汽车应包含哪些系统?
3. 环境感知技术包含哪些内容?

参 考 文 献

[1] 曹红兵. 现代汽车电子控制技术［M］. 北京：机械工业出版社，2012.

[2] 孙仁云，付百学. 汽车电器与电子技术［M］. 北京：机械工业出版社，2011.

[3] 彭忆强，甘海云. 汽车电子与控制技术基础［M］. 北京：机械工业出版社，2014.

[4] 舒华，姚国平. 汽车电子控制技术［M］. 3 版. 北京：人民交通出版社，2012.

[5] 于京诺. 汽车电子控制技术［M］. 北京：机械工业出版社，2014.

[6] 冯渊. 汽车电器与电子控制技术［M］. 北京：高等教育出版社，2009.

[7] 麻友良. 汽车电器与电子控制系统［M］. 北京：机械工业出版社，2015.

[8] 魏民祥，李玉芳. 汽车电子与电气现代设计［M］. 北京：国防工业出版社，2015.

[9] 冯崇毅，鲁植雄，何丹娅. 汽车电控制技术［M］. 北京：人民交通出版社，2011.

[10] 吴刚. 汽车电子控制技术［M］. 北京：人民交通出版社，2014.

[11] 汤沛. 汽车电子技术与电路设计［M］. 长沙：中南大学出版社，2016.

[12] 司景萍，高志鹰. 汽车电器及电子控制技术［M］. 北京：北京大学出版社，2012.

[13] 刘振闻. 汽车电器与电子技术［M］. 北京：人民交通出版社，2010.

[14] 陈家瑞. 汽车构造（上册）［M］. 3 版. 北京：人民交通出版社，2001.

[15] 泰明华. 汽车电器与电子技术［M］. 北京：北京理工大学出版社，2003.

[16] 舒华，姚国平. 汽车电子控制技术［M］. 2 版. 北京：人民交通出版社，2010.

[17] 何渝生，石晓辉. 汽车电子技术及控制系统［M］. 北京：国防工业出版社，1997.

[18] 张宝城. 汽车电子技术与维修［M］. 北京：国防工业出版社，1998.

[19] 陈德宜. 新型汽车电子装置结构原理检修［M］. 福州：福建科学技术出版社，1997.

[20] 贺建波，贺展开. 汽车传感器的检测［M］. 北京：机械工业出版社，2005.

[21] 冯崇毅，鲁植雄，何丹娅. 汽车电控制技术［M］. 北京：人民交通出版社，2005.

[22] 陈志恒，胡宁. 汽车电控技术［M］. 北京：高等教育出版社，2003.

[23] 张西振. 汽车发动机电控技术［M］. 北京：机械工业出版社，2004.

[24] 王秀红，田有为. 汽车发动机电控技术［M］. 大连：大连理工大学出版社，2007.

[25] 孙余凯，项琦明. 新型汽车电子电器元器件的检测与修理［M］. 北京：人民邮电出版社，2003.

［26］邹长庚，赵琳．现代汽车电子控制系统构造原理与故障诊断［M］．北京：北京理工大学出版社，2004.

［27］李妙然，邹德伟．智能网联汽车技术概论［M］．北京：机械工业出版社，2019.

［28］崔胜民．智能网联汽车技术概论［M］．北京：人民邮电出版社，2020.

［29］常远，欧阳光耀，杨昆，等．基于模型的高压共轨喷油器驱动控制研究［J］．海军工程大学学报，2016，（1）．

［30］徐劲松，魏亮，吴鸿兵，等．高压共轨柴油机喷油控制策略研究［J］．农业机械学报，2016，（4）．

［31］于京诺．汽车电子控制技术［M］．北京：机械工业出版社，2014.

［32］舒华，赖瑞海．汽车电子控制技术．［M］．北京：人民交通出版社，2008.

［33］凌永成，于京诺．汽车电子控制技术［M］．北京：机械工业出版社，2011.

［34］于晨斯．现代汽车车载网络技术应用探析［J］．科技资讯，2015，（20）．

［35］朱江源，常久鹏，闫明．某纯电动轻型客车 CAN 总线车载网络系统开发［J］．汽车电器，2016，（1）．

［36］谭佳庆．试论车载网络中 CAN 总线技术的应用［J］．电子制作，2015，（9）．

［37］李丹．CAN-FD 总线协议及其车载网络应用［J］．汽车制造业，2015，（4）．

［38］许信冬．浅谈车载网络技术对汽车的影响［J］．无线互联科技，2015，（8）．

［39］郭雪剑．现代汽车车载网络技术应用［J］．电子技术与软件工程，2014，（18）．

［40］李振林．浅析 CAN 汽车车载网络［J］．商情，2014，（43）．

［41］黄晓鹏，蔺宏良．汽车车载网络系统控制原理分析［J］．陕西交通职业技术学院学报，2014，（2）．

［42］曹红兵．现代汽车电子控制技术［M］．北京：机械工业出版社，2012.

［43］李春明．汽车车身电子技术［M］．北京：北京理工大学出版社，2013.

［44］彭忆强，甘海云．汽车电子及控制技术基础［M］．北京：机械工业出版社，2014.

［45］史晓磊．基于激光雷达的自动泊车系统研究［D］．上海交通大学，2010.

［46］李红．自动泊车系统路径规划与跟踪控制研究［D］．湖南大学，2014.

［47］姜辉．自动平行泊车系统转向控制策略的研究［D］．吉林大学，2010.

［48］金翰宇．单向离合器在 AMT 坡道起步辅助装置中的应用研究［D］．吉林大学，2012.

［49］鲁佳．基于多信号融合的 AMT 重型越野车坡道起步控制策略研究研究［D］．湖南大学，2014.

［50］崔海峰，刘昭度，吴利军．基于 ABS/ASR 集成控制系统的汽车坡道起步辅助装置［J］．农机化研究，2006，（8）．

［51］陈平．辅助驾驶中控制与决策关键技术研究［D］．上海交通大学，2011.

［52］黄晓慧．车辆弯道安全辅助驾驶控制系统设计［D］．大连理工大学，2013.